Verbraucherforschung

herausgegeben vom

Koordinierungsgremium des Bundesnetzwerks
Verbraucherforschung gefördert vom
Bundesministerium der Justiz und für Verbraucherschutz

Band 2

Nadine Schreiner

Konsumentenverhalten in der Sharing Economy

Analysen ausgewählter Einflussfaktoren auf das Sharingverhalten

Die Deutsche Nationalbibliothek verzeichnet diese Publikation in der Deutschen Nationalbibliografie; detaillierte bibliografische Daten sind im Internet über http://dnb.d-nb.de abrufbar.

Zugl.: Düsseldorf, Heinrich Heine Univ., Diss., 2018

ISBN 978-3-8487-6448-8 (Print)
ISBN 978-3-7489-0572-1 (ePDF)

D61

edition sigma in der Nomos Verlagsgesellschaft

1. Auflage 2020

Vorwort

Angesichts einer global zunehmenden Ressourcenknappheit steht auch die Verbraucherforschung immer mehr in der Verantwortung einen Beitrag zur nachhaltigen Bewältigung von Knappheit zu leisten. Die Wahrnehmung dieser Verantwortung führt dazu, dass weniger Fragen des „sorglosen Konsums“ beforscht werden, sondern vielmehr, wie ein nachhaltiger Konsum ermöglicht werden kann. Eine in diesem Zusammenhang wohl besonders bedeutsame Entwicklung und Konsumpraktik ist das „Sharing“ – es bildet den Kern des vorliegenden Buchs von Dr. Nadine Schreiner.

Über „Sharing“ zu forschen ist freilich nicht nur aus einer ethisch-normativen Perspektive relevant; es ist auch phänomenologisch spannend, handelt es sich doch um zentrales Phänomen des „entgrenzten Konsums“. Und nicht zuletzt „lohnt“ sich Sharing, denn ökonomisch gesehen basiert es darauf, die durch die fortschreitende Digitalisierung vieler Lebensbereiche entstehenden Kostensenkungspotenziale zu nutzen. Dies ermöglicht die Realisierung neuer, oft spontaner Organisationsformen der Produktion und des Konsums. Sharing ist daher sowohl aus der eher ökonomischen Perspektive der Betriebswirtschaft, und hier insbesondere des Marketings, als auch aus der eher integrativen Perspektive der Verbraucherwissenschaften hochinteressant.

Unabhängig aber aus welcher Perspektive man sich „Sharing“ nähert, für seinen dauerhaften Erfolg in der Realität ist es bedeutsam, die mit ihm verbundenen Verhaltensweisen und Konsumpraktiken besser zu verstehen. Vor diesem Hintergrund ist es der Anspruch der vorliegenden Arbeit einen Beitrag dazu zu leisten, das „Konsumentenverhalten in der Sharing Economy“ zu erfassen und erklären zu können. Dabei zielt die vorliegende Arbeit insbesondere darauf ab, ausgewählte Einflussfaktoren auf die „Sharing“-Intention theoretisch zu fundieren, empirisch zu analysieren und damit insgesamt zur Varianzaufklärung dieses (neuen) Konsumentenverhaltens beizutragen.

Um dieses Ziel zu erreichen, kommen verschiedene Methoden und Theorien zum Einsatz. Nicht zuletzt durch diese in verbraucherwissenschaftlicher Hinsicht „idealtypische“ Offenheit gibt die vorliegende Arbeit von Frau Dr. Schreiner einige wichtige phänomenologische, theoretische, methodische, konzeptionelle und instrumentelle Impulse für die Verbraucherforschung. Dies gilt im phänomenologischen Sinne vor allem für das in diesem Zusammenhang bisher kaum untersuchte Konzept der Sozialen Distanz. Zudem liefert die Arbeit erste wichtige Ansätze für ein im Sharing-

Kontext zu erweiterndes, betriebliches Marketingmanagement. Demzufolge findet man in diesem Buch auch zahlreiche nützliche und wegweisende Hinweise darauf, wie die „klassische“ Marketingkonzeption vor dem Hintergrund einer zunehmenden Bedeutung von Sharing weiterentwickelt werden könnte.

Das vorliegende Werk schließt zweifelsohne eine gesellschaftlich relevante und phänomenologisch in mehrfacher Hinsicht spannende Forschungslücke. Es wäre zu wünschen, dass es eine entsprechend positive Rezeption nicht nur in der betriebswirtschaftlichen Forschung und Praxis erfährt, sondern auch und insbesondere in den Verbraucherwissenschaften.

Düsseldorf im April 2020

Peter Kenning
(Mitglied des Koordinierungsgremiums des Bundesnetzwerks Verbraucherforschung)

Danksagung

An dieser Stelle möchte ich allen Menschen meinen großen Dank aussprechen, die mich in dieser herausfordernden, aber auch ungemein lohnenden Phase meiner akademischen Laufbahn begleitet haben.

Besonders danken möchte ich Herrn Prof. Dr. Peter Kenning für die unermüdliche Unterstützung und Diskussionsbereitschaft, die mir stets Inspiration war und neue Perspektiven eröffnete. Neben dem fachlichen Austausch haben auch die Freude an der Zusammenarbeit und die guten Rahmenbedingungen am Lehrstuhl zum Gelingen dieser Arbeit beigetragen. Ein herzlicher Dank gilt ebenso Herrn Prof. Dr. Christian Schwens für die Übernahme des Zweitgutachtens sowie Herrn Prof. Dr. Justus Haucap für die Übernahme des Prüfungsvorsitzes im Rahmen meiner Disputation. Ebenso möchte ich mich für die gute und konstruktive Zusammenarbeit bei meinen Ko-Autorinnen Frau Prof. Dr. Doreén Pick, Frau Sarah Blümle M.Sc. und Frau Olga Zibert B.Sc. bedanken.

Ein weiterer Dank gebührt meinen Kolleginnen und Kollegen am Lehrstuhl für Betriebswirtschaftslehre, insbesondere Marketing für die fachliche Unterstützung sowie die kollegiale und freundschaftliche Verbundenheit. Insofern gilt mein ganz besonderer Dank Herrn Sebastian Danckwerts M.Sc., Frau Nadine Gier M.Sc., Herrn Caspar Krampe M.Sc./Laurea Magistrale, Frau Dr. Helena Maria Lischka, Herrn Lasse Meißner M.A., Herrn Maximilian Pohst M.Sc., Frau Dr. Julia Römhild und Frau Rabea Schrage M.Sc.

Ein nicht minder großer Dank gilt meiner Mutter Christine Haag-Schreiner, die mich in allen Phasen meines Bildungsweges stets unterstützt und gefördert hat. Sicherlich wären weder Studium noch Promotion ohne diese wertvolle Rückendeckung möglich gewesen.

Zuletzt gilt mein Dank dir, lieber Timm. Ohne deine bedingungslose Unterstützung in allen Belangen, deine unermüdliche Geduld sowie deine Aufmunterung in den schwierigen Phasen der Promotion, hätte ich dieses Ziel sicherlich nicht erreicht. Daher ist dir diese Arbeit gewidmet.

Düsseldorf im Mai 2020 *Nadine Schreiner*

Inhalt

Abbildungsverzeichnis

Tabellenverzeichnis

Abkürzungsverzeichnis

AMOS	Analysis of moment structures
AVE	Average variance extracted
bspw.	beispielsweise
bzw.	beziehungsweise
B2B	Business-to-business
B2C	Business-to-consumer
CFA	Confirmatory factor analysis
CFI	Comparative fit index
CR	Composite Reliability
C2C / P2P	Consumer-to-consumer/ Person-to-person bzw. Peer-to-peer
d. h.	das heißt
e. g.	exempli gratia (zum Beispiel)
ERG	Theory of existence, relatedness and growth needs
et al.	et alii (und andere)
GFI	Goodness of fit index
ggf.	gegebenenfalls
M	Mean
MSV	Maximum shared variance
RMSEA	Root mean square error of approximation
SD	Standard Deviation
SDT	Self-determination theory
SEM	Structural equation modeling
S-O-R-Modell	Stimulus-Organismus-Response-Modell
SRMR	Standardized root mean square residual
TBL	Triple Bottom Line
WTS	Willingness to share
z. B.	zum Beispiel

1. Zur Notwendigkeit der Untersuchung von Sharing im Konsumentenverhalten

1.1 Zur Relevanz von Sharing im Konsumentenverhalten

Die Ökonomie des Teilens wird in der öffentlichen Diskussion als Phänomen beschrieben, welches Märkte und das mit ihnen korrespondierende Verhalten von Konsumenten nachhaltig verändert (Bittner, o. J.; Oppermann, 2012; Werner, 2014). Nach dem Prinzip „Teilen statt Besitzen" können Güter und Dienstleistungen nicht mehr ausschließlich durch klassischen Kauf bzw. Inanspruchnahme einer Dienstleistung erworben, sondern vielmehr kurzfristig und flexibel über Online-Plattformen in Anspruch genommen werden. Die Wahrnehmung der Leistung erfolgt oftmals in direkter Interaktion zwischen Konsument und Konsument (C2C bzw. P2P). Die Sharing Economy ermöglicht damit ein effizientes Zusammenführen von Angebot und Nachfrage auf digitaler Ebene (Haucap, 2015).

Das Teilen von Gütern und Dienstleistungen ist historisch betrachtet nicht ungewöhnlich, da auch in der analogen Welt Ressourcen bis heute kollaborativ genutzt werden, z.B. im Rahmen von Genossenschafts- oder Leasingmodellen.[1] Dennoch hat das sog. „Sharing"[2] in den vergangenen Jahren und mit Aufkommen neuer Vermittlungsdienste wie Airbnb und Uber stark zugenommen. Dies lässt sich nicht zuletzt an der **ökonomischen Relevanz** des Phänomens beobachten: So wurde für 2013 der weltweite Umsatz der Sharing Economy auf 3,5 Milliarden US-Dollar geschätzt (Geron, 2013). In Deutschland wird aktuell ein Anstieg des Marktvolumens um 5,3 Prozent im Jahr 2017 auf 24,1 Milliarden Euro in 2018 prognostiziert (Presseportal, 2018b). Eine andere Quelle beziffert einen Anstieg der weltweiten Umsätze von 15 Milliarden in 2015 auf 335 Milliarden US-Dollar in 2025 (PwC, 2014).

---

1 Hier sind bspw. Maschinenringe in der Landwirtschaft, Taxigenossenschaften oder das gemeinsame Nutzen von Kraftwerken von unterschiedlichen Energieunternehmen zu nennen. Die Nutzung von Bibliotheken oder Lesezirkeln im Friseursalon folgt gleichermaßen der Idee der gemeinsamen Nutzung von Gütern (Haucap, 2015; Theurl, 2015).

2 Für eine konsistente Verwendung des zentralen Begriffs wird durchgehend die englische Bezeichnung „Sharing" verwendet, die sich wiederum an der phänomenologischen Betrachtung des Phänomens der sog. „Sharing Economy" ausrichtet. Sharing kann gemeinhin mit „teilend" übersetzt werden, während die Sharing Economy die „teilende Wirtschaft" meint (von Stokar et al., 2018, S. 57).

Eine ähnliche Entwicklung zeigt die Sharing Economy in Europa: Hier gelten v.a. die Bereiche Mobilität, Unterkunft/Übernachtung und sog. „on-demand" Services als Sektoren mit den höchsten Wachstumsraten (PwC, 2016). Allein Transportangebote im C2C-Bereich werden laut Prognose ein Umsatzwachstum von 40 % bis 2025 erfahren.[3] Zudem zeigen jüngste Zahlen von Eurostat, dass bereits jeder sechste EU-Bürger im Jahr 2017 online eine Unterkunft bei einer Privatperson (C2C) buchte. Mit Blick auf Deutschland nahm etwa jeder Fünfte zwischen 16 und 74 Jahren eine Unterkunft von privat in Anspruch (Brandt, 2018). Airbnb als weltweit führende Vermittlungsplattform solcher Angebote wurde im Februar 2015 ein Unternehmenswert von 20 Milliarden US-Dollar unterstellt (Saitto, 2015). Im Vergleich dazu wurden die beiden größten Hotelketten Hilton und Marriot mit einer Bewertung von 27,8 bzw. rund 23 Milliarden US-Dollar im gleichen Zeitraum nur geringfügig höher eingestuft (Ali, 2015). Damit ist Airbnb das zweitwertvollste Sharing-Startup hinter dem Fahrdienstvermittler Uber, welcher Ende 2014 eine Bewertung von 41 Milliarden US-Dollar erreichen konnte (MacMillan, Schechner & Fleisher, 2014). Beachtlich ist vor diesem Hintergrund auch, dass Airbnb keine vermietete Wohnung selbst besitzt, sondern die Geschäftstätigkeit ausschließlich auf dem Akt der Vermittlung beruht. Die der Unternehmensbewertung zugrunde liegende Wachstumsannahme sollte demnach kritisch hinterfragt werden, da bei einer zu optimistischen Zukunftsprognose die Gefahr eines „Hockeystick-Effekts"[4] besteht (Schumich, 2016).

Die Einschätzung der ökonomischen Relevanz des Sharing-Phänomens wird nicht nur von der ggf. problematischen Annahme einer stets besseren Zukunft erschwert, sondern ebenso durch eine fehlende Definition, was als „Sharing Economy" verstanden werden kann.

---

3 An dieser Stelle sei erwähnt, dass diverse Studien zu abweichenden Daten und Prognosen kommen (siehe Kapitel 5.5.2). Eine naheliegende Vermutung über die unterschiedlichen Wachstums- und Umsatzzahlen könnte in einer divergierenden Auswahl begründet sein, welche Unternehmen und Geschäftsmodelle unter der „Sharing Economy" subsummiert werden können.

4 Der Hockeystick-Effekt beschreibt die Gefahr der Fehlsteuerung von Investitionen, aufgrund einer zu optimistischen Prognose von Ertragsaussichten. Hohe Verluste zu Beginn einer Geschäftstätigkeit werden mit überproportional hohen Gewinnen in der ferneren Zukunft wettgemacht. Diese verzerrte Wahrnehmung von wachsenden Umsätzen und Gewinnen kann u.a. bei Startup-Unternehmen beobachtet werden (Behringer, 2018; Hoefle, Marquart & Schnopp, 2008).

Tabelle 1: Definitionen der Begriffe „Sharing Economy" und „Share Economy" bzw. „Shareconomy" (Quelle: Eigene Darstellung)

Autor(en)	**Definitionen**
Definitionen aus dem akademischen Schrifttum	
Demary (2014, S. 4)	"Sharing Economy includes all economic activities that focus on sharing goods, services or knowledge. The sharing part of the business activities can either take place between consumers only as in so called peer-to-peer models or involve suppliers as well."
Richter, Kraus & Syrjä (2015, S. 22)	"Shareconomy is an economic model enabled by modern ICT, based on the sharing of digital content, physical goods, or the participation in commercial, cultural or social projects to access underutilized assets for monetary or non-monetary benefits."
Munoz & Cohen (2017, S. 21)	"A socio-economic system enabling an intermediated set of exchanges of goods and services between individuals and organizations which aim to increase efficiency and optimization of under-utilized resources in society."
Definitionen aus dem nicht akademischen Schrifttum	
Botsman (2013, o.S.)	Sharing Economy as "an economic model based on sharing underutilized assets from spaces to skills to stuff for monetary or non-monetary benefits. It is currentlylargely talked about in relation to P2P marketplaces but equal opportunity lies in the B2C models."
Meelen & Frenken (2015, o.S.)	"The sharing economy is consumers (or firms) granting each other temporary access to their under-utilized physical assets ("idle capacity"), possibly for money."
Stephany (2015, S. 9)	"The sharing economy is the value in taking underutilized assets and making them accessible online to a community, leading to a reduced need for ownership of those assets."

Um der Vielzahl von Ansätzen gerecht zu werden, gibt Tabelle 1 einen Überblick über verschiedene Definitionen der Sharing Economy in der akademischen und öffentlichen Wahrnehmung.[5]

Betrachtet man voranstehende Definitionen, so zeigt sich deutlich, dass die Sharing Economy als „umbrella term" (Codagnone & Martens, 2016; Hawlitschek, Teubner & Gimpel, 2016; John, 2013) fungiert. Den meisten Definitionen (mit Ausnahme der von Demary (2014)) ist jedoch die Idee

5 Die in Tabelle 1 aufgeführten Definitionen wurden auf Basis explorativer Überlegungen ausgewählt. Ziel war es, einen fundierten Überblick über die interpretatorische Vielfalt des Phänomens „Sharing Economy" aufzuzeigen. Da der Begriff „Phänomen" (von griech. phainomenon, = Erscheinung) das Wahrnehmbare bzw. Beobachtbare meint, erscheint es für eine ganzheitliche Betrachtung zweckmäßig, sowohl die akademische als auch die öffentliche Wahrnehmung aufzuzeigen.

einer besseren **Auslastung kaum genutzter Güter oder Dienstleistungen** gemein. Damit wird Sharing auch im Lichte der Debatte um die Förderung nachhaltigen Konsums geführt. Mit Blick auf die endlichen Ressourcen unseres Planeten (Rockström et al., 2009), könnte durch Sharing – so oftmals die implizite Annahme – ein Beitrag zur Etablierung nachhaltiger Konsummuster geleistet werden (Martin, 2016; Piscicelli, Ludden & Cooper, 2018; Scholl et al., 2015; Scholl et al., 2013).[6]

Das Aufkommen der Sharing Economy ist neben dem Wunsch nachhaltiger Konsummöglichkeiten nicht zuletzt zwei weiteren Aspekten zu verdanken, die im nationalen und internationalen Schrifttum als Treiber diskutiert werden. Allen voran wird die **Digitalisierung** als zentrales Argument angebracht, warum Eigentum für die Nutzung von Produkten und Dienstleistungen nicht mehr zwingend erforderlich ist (Botsman & Rogers, 2010; Haucap, 2015; Rifkin, 2000). So können durch die Nutzung von ICT („information and communication technology") (Davies & Legg, 2018; Rong et al., 2018) die Kosten der Leistungskoordination, -organisation und -kontrolle erheblich gesenkt werden;[7] z.B. werden die Suchkosten durch ein effizientes Matching von Anbieter und Nachfrager auf Plattformen wie Airbnb deutlich reduziert (Haucap, 2015). Zudem sorgen integrierte Bewertungsmechanismen der Plattformbetreiber dafür, dass Vertrauensprobleme überwunden werden können (Haucap, 2015; Haucap & Kehder, 2018). So kann Sharing verhältnismäßig flexibel und bequem auch zwischen Fremden und über große räumliche Distanzen hinweg erfolgen (siehe hierzu auch Kapitel 5.5.3.2).

Neben dem technologischen Fortschritt können weiterhin anhaltende **Gesellschaftstrends** für die Entwicklung der Sharing Economy verantwortlich gemacht werden. So werden unterschiedliche Facetten eines neuen Konsumenten diskutiert, welcher bspw. als **„Prosumer"** (Blättel-Mink & Hellmann, 2010; Ritzer & Jurgenson, 2010) oder mit Blick auf die Sharing Economy als „Homo Collaborans" (Stampfl, 2015) bezeichnet wird. Der Be-

---

6 Ob dies jedoch wirklich der Fall ist, oder sog. „Rebound-Effekte" (Berkhout, Muskens & Velthuijsen, 2000; Wigley, 1997) die Umweltbelastung steigen lassen, ist bis dato nicht abschließend geklärt (siehe hierzu auch Kapitel 5.5.3.2).

7 Ein Beispiel dafür, wie die Kosten von Leistungskoordination, -organisation und –kontrolle mithilfe von ICT gesenkt werden können ist das Projekt „creative construction", in welchem eine Datenbank für mehr als 4000 Foodsharing-Initiativen in 100 Städten programmiert wurde (Davies et al., 2017). Auch wenn sich das Projekt vornehmlich auf die technische Umsetzbarkeit des Vorhabens konzentrierte, so zeigt es dennoch das effizienzsteigernde Potential von ICT basiertem Sharing auf.

griff Prosumer[8] bezeichnet dabei einen Konsumenten, der sich durch starkes Engagement und hohe Bereitschaft zur Mitgestaltung auszeichnet (Hellmann, 2010; Kotler, 1986b; Toffler, 1980). Er agiert nicht ausschließlich als passiver, empfangender Konsument, sondern ist gleichermaßen in der proaktiven Rolle des Produzenten zu finden (Hellmann, 2010; Müller & Welpe, 2017; Ritzer, Dean & Jurgenson, 2012). Die beiden wohl bekanntesten Unternehmen der Sharing Economy agieren nach diesem Prinzip: Bei Airbnb haben Privatpersonen die Möglichkeit, neben ihrer Rolle als Nachfrager ebenso als Anbieter von verfügbarem Wohnraum aufzutreten. Auf der Plattform Uber agieren Privatpersonen im Sinne eines Taxifahrers – Sie bieten mit ihrem Privatfahrzeug Fahrten zu meist günstigen Preisen an, die über die Plattform gebucht und abgerechnet werden können. Sie selbst können jedoch ebenso in der Rolle des Kunden den Service der Plattform in Anspruch nehmen.

Zusammenfassend betrachtet, nutzen diese neuen aktiven Konsumenten die angesprochenen Vorteile der Digitalisierung, um in Echtzeit über digital Devices in Interaktion miteinander zu treten und mithilfe von peer-to-peer Netzwerken die Inanspruchnahme diverser Produkte und Dienstleistungen zu koordinieren (Rainie & Wellman, 2012; Stampfl, 2015) – entweder in der Rolle des Konsumenten, der Sharing-Angebote in Anspruch nimmt oder der des Produzenten, der seine Überkapazitäten an Produktionsmitteln im Rahmen von Sharing-Leistungen zur Verfügung stellt. Die Übergänge können diesbezüglich fließend sein (Hellmann, 2010) – Man stelle sich bspw. vor, dass man während seines Aufenthalts im Airbnb-Apartment von seinem „Host" darum gebeten wird, die Blumen zu gießen, den Müll am richtigen Tag rauszutragen oder die Katze zur entsprechenden Tageszeit zu füttern.

Auf Basis des interaktiven, über Plattformen organisierten Konsums, etabliert sich eine neue **„Kultur der Kooperation"** (Benkler, 2011), die für die Austauschform des Sharings grundlegend ist. Sharing gilt im Kern als nicht reziprokes, soziales Verhalten, welches auf Bindungen und Kooperation beruht (siehe auch Kapitel 2.3) (Belk, 2007, 2010). Der neue Konsument strebt beim Konsum nach einem „Wir-Gefühl", welches vor dem Hintergrund der peer-to-peer Netzwerke sozialen Anschluss und ein Konsumerlebnis unter Gleichgesinnten ermöglicht (Botsman & Rogers, 2010; Brühl & Pollozek, 2015; Stampfl, 2011, 2015). Besitz spielt für Sharing dabei eine zunehmend

---

8 Der Begriff des Prosumers wurde ursprünglich von Alvin Toffler (1980) geprägt, der in seinem Buch „The Third Wave" beschrieb, das Konsumenten gelegentlich auch als Produzenten auftreten – immer dann, wen sie z.B. etwas für sich selbst herstellen oder ihre eigene Dienstleistung (z.B. Hausarbeit) in Anspruch nehmen.

geringere Rolle, da im „Zeitalter des Zugangs“ (Rifkin, 2000) Güter und Dienstleistungen „on-demand“ bequem in Anspruch genommen werden können, ohne sich den Belastungen und Risiken von Eigentum auszusetzen.

1.2 Problemstellung und Zielsetzung der vorliegenden Arbeit

Abstrakter formuliert und fußend auf wissenschaftstheoretischen Überlegungen lässt sich festhalten, dass besonders das Konsumentenverhalten einem **fortwährenden Wandel** unterworfen ist. Mit Blick auf die Sharing Economy, weg von einem rein passiven Konsumieren, welches oft mit klassischem Besitztum einhergeht, hin zu einem aktiven Prosumer, der mithilfe interaktiver peer-to-peer Netzwerke Konsumption aktiv mitgestalten kann und damit klassische Rollen erodieren lässt.[9] Auf Basis aufgezeigter Diskurse ist davon auszugehen, dass sich Sharing neben dem klassischen Kauf von Produkten und Dienstleistungen als weitere Austauschform des ökonomischen Handelns etablieren wird. Dies ist insbesondere für das **Marketing** von grundlegender Bedeutung, da sich Marketing im Wesentlichen „mit der effizienten und bedürfnisgerechten Gestaltung von Austauschprozessen“ (Meffert, Burmann & Kirchgeorg, 2012, S. 3) befasst.

Eine zentrale Zukunftsaufgabe des Marketings wird es daher sein, die marktorientierte Unternehmensführung auf sich ändernde **Bedürfnisse der Kunden** auszurichten (Meffert, Burmann & Kirchgeorg, 2015). Die Erfassung der Kundenbedürfnisse zur Ableitung praktischer Handlungsimplikationen für das Marketing kann und sollte auf der Basis eines empirisch informierten Ansatzes beruhen, der es vermag, **Varianz im Sharingverhalten** aufklären zu können (Cheng, 2016). Vor diesem Hintergrund ergibt sich die Relevanz der Untersuchung des Sharing-Phänomens aus Perspektive der Konsumentenverhaltensforschung. Der Anspruch der vorliegenden Arbeit besteht daher darin, **ausgewählte Einflussfaktoren auf das Sharingverhalten empirisch zu analysieren** und zur Varianzaufklärung dieses neuen Konsumverhaltens beizutragen. Zudem sollen neben der mikroökonomischen Perspektive auf den Konsumenten darüber hinaus ausgewählte makroökonomische Aspekte auf der weiteren Umwelt des Konsumenten basierend, analysiert werden. Da die Sharing Economy und die mit ihr entstande-

9 Hier sei erwähnt, dass diese Schlussfolgerung umgekehrt nicht bedeutet, dass der klassische Konsument nicht auch innerhalb seines Konsums ein gewisses Mindestmaß an Aktivität aufweisen kann. So können die Tätigkeiten des Prosumers auch innerhalb eines Kontinuums verstanden werden, welches sich zwischen Konsumption und Produktion erstreckt und damit unterschiedliche Grade der aktiven Mitgestaltung innehat (Hellmann, 2010).

ne Konsumform in der wissenschaftlichen und öffentlichen Diskussion durch eine anhaltende Kontroverse über Nachhaltigkeit und ethische Fragestellungen bestimmt ist, erscheint ein Blick auf die erweiterten Umweltfaktoren gleichermaßen von Belang.[10]

Die Zielsetzung der Arbeit ist vor dem Hintergrund zu betrachten, dass insbesondere die behavioralen Aspekte von Sharing weder über eine lange Forschungstradition verfügen, noch eine breite empirische Untersuchung erfahren haben (Narasimhan et al., 2018).[11] Hierfür können verschiedene Gründe vermutet werden: Zum einen hat Sharing, obwohl im Grunde ein altes Phänomen (siehe hierzu auch Kapitel 2.1), erst mit den theoretischen Arbeiten von Belk (2007, 2010) an Relevanz in der modernen Konsumentenverhaltensforschung gewonnen. Seine Arbeiten gelten auch nach über zehn Jahren als weitestgehend alleinstehende theoretische und konzeptionelle Basis zur Erfassung des Sharing-Phänomens.[12] Zum anderen liegen dem Sharing-Begriff eine Vielzahl an Geber- und Nehmerrollen sowie situativen Kontexten zugrunde (siehe hierzu auch Kapitel 2.2), die aufgrund ihrer inhaltlichen Breite den Vergleich verschiedener empirischer Studien und damit die Verdichtung von Informationen zu generalisierbaren Erkenntnissen erschweren.

---

10 Siehe zur anhaltenden Kontroverse im wissenschaftlichen Diskurs z.B. Avital et al. (2015); Frenken (2017); Ganapati & Reddick (2018); Katz (2015); Smith & McCormick (2018) und in der öffentlichen Debatte Bala & Schuldzinski (2016); Mair (2016); Oberhuber (2016).

11 Für empirische quantitative Arbeiten an der Schnittstelle von Sharing und Konsumentenverhalten siehe exemplarisch Hamari, Sjöklint & Ukkonen (2016); Lamberton & Rose (2012); Möhlmann (2015); Ozanne & Ballantine (2010); Tussyadiah (2015), für empirische qualitative Arbeiten siehe u.a. Albinsson & Perera (2012); Bardhi & Eckhardt (2012); Bellotti et al. (2015); Shaheen, Mallery & Kingsley (2012)

12 Zur Bedeutung von Belk's Arbeiten siehe auch Cheng (2016), der infolge eines Literature Reviews herausfand, dass der Artikel von Belk (2010) zur theoretischen Fundierung von Sharing als besonders grundlegend erachtet werden kann, da er starke Netzwerkeffekte im Forschungsfeld von Sharing als Konsumpraxis aufzeigt. Aufgrund ihrer Bedeutung wird auf die Arbeiten von Belk in Kapitel 2 ausführlicher eingegangen. Zudem werden auch erste theoretische und konzeptionelle Weiterentwicklungen auf Basis von Belk's Arbeiten dargestellt (Habibi, Davidson & Laroche, 2017; Habibi, Kim & Laroche, 2016).

1.3 Gang der Arbeit

Durch die vorangegangenen Überlegungen ergibt sich der nachfolgend dargestellte Aufbau der vorliegenden Arbeit.

Bis zu dieser Stelle wurde in **Kapitel 1** die Notwendigkeit der Untersuchung von Sharing im Konsumentenverhalten dargelegt. Die Bedeutung von Sharing wurde durch die Darlegung ökonomischer, ökologischer und gesellschaftlicher Perspektiven herausgearbeitet (Kapitel 1.1). Infolge dieser phänomenologischen Betrachtungen wurde die **Notwendigkeit abgeleitet, die Determinanten des Sharingverhaltens empirisch zu untersuchen** (Kapitel 1.2).

Kapitel 2 dient der Darstellung theoretisch-konzeptioneller Grundlagen des Sharing-Phänomens. Hierfür wird im Kapitel 2.1 im Kontext der Genealogie von Sharing durch verwandte Disziplinen wie der Soziologie, der Politik- und Geschichtswissenschaft eine erste Idee für ein akademisches Begriffsverständnis gegeben. Im Anschluss beschäftigt sich Kapitel 2.2 mit dem **Sharing-Begriff der ökonomischen Disziplin.** Es werden zunächst anhand von ressourcen- und institutionenökonomischen Fragestellungen konzeptionelle Grundlagen dargestellt, um in Weiterentwicklung der Sharing-Forschung auf die aktuell diskutierten **behavioralen Aspekte** einzugehen. Aufbauend dazu widmet sich Kapitel 2.3 dem theoretischen Begriffsverständnis im engeren Sinne auf Grundlage der Arbeiten von Belk (2007, 2010, 2014a, 2014b, 2016, 2018) bzw. Belk & Llamas (2012), um letztlich in Kapitel 2.4 zu einer Ausdifferenzierung verschiedener Sharing-Formen zu kommen, namentlich dem „Sharing-In" und „Sharing-Out". Kapitel 2.5 gibt neueste Ansätze hinsichtlich der Charakterisierung unterschiedlicher Sharing-Phänomene unter dem Begriff der dualistischen Austauschpraxis wieder (Habibi, Davidson & Laroche, 2017; Habibi, Kim & Laroche, 2016).

Kapitel 3 widmet sich theoretisch-konzeptionellen Grundlagen der klassischen Konsumentenverhaltensforschung. Hierfür wird in Kapitel 3.1 zunächst der Frage nachgegangen, warum **Sharing Gegenstand des Marketings** sein sollte und welche Implikationen sich schlussfolgernd ergeben. Als Ziel wird die Erklärung des Konsumentenverhaltens als notwendige Grundlage zur Herleitung strategischer Marketingaktivitäten benannt. Vor diesem Hintergrund erläutert Kapitel 3.2 die Grundlagen des **S-O-R Modells,** welches als übergeordneter Rahmen zur Erklärung von Konsumentenverhalten für diese Arbeit herangezogen wird. Als intervenierende Variablen des Organismus „O" werden in Kapitel 3.3 unterschiedliche Determinanten des Konsumentenverhaltens herausgearbeitet, die aufgrund explorativer und/oder theoretischer Überlegungen einen Einfluss auf Sharing vermuten lassen.

Zur inhaltlichen Ausdifferenzierung der unterschiedlichen intervenierenden Variablen wird ein **Schalenmodell der Einflussfaktoren auf das Sharingverhalten** entwickelt.

Als Synthese der in Kapitel 2 und 3 aufgezeigten Sachverhalte werden im **Kapitel 4** die der Arbeit zugrunde liegenden Forschungsbeiträge mithilfe der grafischen Visualisierung eines Quaders systematisiert. Die Achsen ebendieses Quaders spiegeln die Unterscheidungskriterien „Art des Sharings", „Determinanten zur Erklärung von Sharing" und „Verwendete Methodik" wieder. Die vorliegenden Beiträge werden innerhalb dieser drei Dimensionen eingeordnet. Zudem werden die Beiträge prägnant umschrieben, sowie eine zusammenfassende Auflistung der Autorenteams, der Zieljournale und der aktuellen Begutachtungsstände dargelegt.

In **Kapitel 5** werden anschließend fünf Beiträge präsentiert, die unter Anwendung verschiedener Methoden **Einflussfaktoren auf das Sharingverhalten** untersuchen. Während sich Beitrag 1 „To share or not to share? Explaining willingness to share in the context of social distance" auf Basis eines Experiments mit dem Einfluss unterschiedlicher sozialer Distanzen auf Sharing beschäftigt, setzen sich die Beiträge 2 „Free lunch, anyone? Different motivational factors for explaining foodsharing intention" und 3 „Doing good and having fun – The role of moral obligation and perceived enjoyment for explaining foodsharing intention" mit mehreren Einflussfaktoren im situativen Kontext des Foodsharings auseinander. Foodsharing stellt nach dem theoretischen Ansatz von Belk aufgrund seines sozialen und unentgeltlichen Charakters eine prototypische Form des Sharings dar und ist zur empirischen Analyse des Sharing-Phänomens von besonderem Interesse. Der Beiträge 4 „Customer loyalty in different sharing sectors – The role of economic, social and environmental benefits" widmet sich mithilfe eines Strukturgleichungsmodells unterschiedlichen Einflussfaktoren auf die Loyalität zu einem Sharing-Anbieter. Beitrag 5 „Teilen statt Besitzen: Disruption im Rahmen der Sharing Economy" ist konzeptioneller Natur und bildet eine Heuristik ab, mit welcher das Disruptionspotential eines neu auf den Markt tretenden Sharing-Anbieters aus Sicht etablierter Unternehmen bewertet werden kann.

In **Kapitel 6** werden schließlich die wesentlichen Erkenntnisse der Beiträge 1 bis 5 zusammengefasst und Schlussfolgerungen herausgearbeitet. In der gesamthaften Betrachtung in Kapitel 6.1 wird deutlich, dass sich Sharing als ökonomische Austauschpraxis in einem Spannungsfeld zwischen **klassischer Nutzenorientierung und Gemeinwohlorientierung** bewegt. Auf dieser Erkenntnis aufbauend, arbeitet Kapitel 6.2 praktische **Implikationen für das Marketing** von Sharing-Anbietern heraus. Im Zuge von fünf Schritten der strategischen Marketingplanung wird aufgezeigt, wie Sharing-Aktivitäten systematisch in das Marketing integriert werden können und bspw. zu einer Veränderung des Nachfrageverhaltens führen. In Kapitel 6.3 werden **Limitationen** der Arbeit aufgezeigt, sowie weiterführende **Forschungspotentiale** beschrieben.

In **Kapitel 7** wird ein kurzes Resümee der gewonnenen Erkenntnisse vorliegender Arbeit gegeben und das Potential von Sharing hinsichtlich gesellschaftlicher Herausforderungen im Kontext der Nachhaltigkeit benannt. Abbildung 1 gibt einen zusammenfassenden Überblick über den dargestellten Gang der Untersuchung.

Abbildung 1: ***Gang der Untersuchung (Quelle: Eigene Darstellung)***

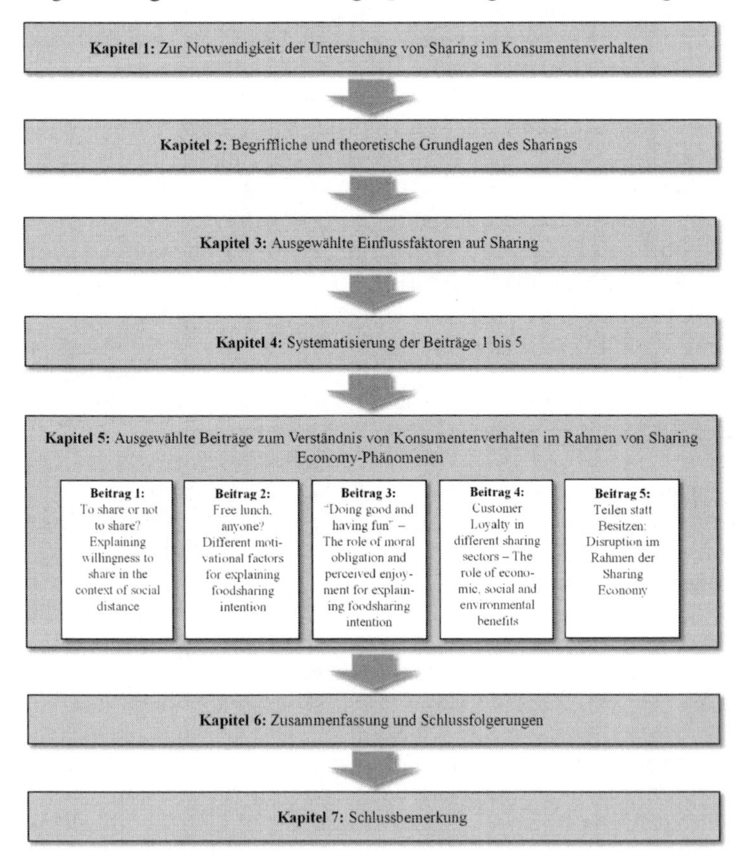

2. Begriffliche und theoretische Grundlagen zur Erklärung von Sharing

2.1 Zur Genealogie des Begriffs Sharing

Die Idee des Sharings hat in den Wissenschaftsdisziplinen breite Beachtung gefunden. Bereits Platon konstatierte in seiner **Staatstheorie**, dass in einer idealen Gesellschaft privates Eigentum eine nur untergeordnete Rolle spiele und stattdessen eine „culture of public sharing“ zu tragen komme (zitiert nach Belk & Llamas, 2012, S. 625).[13] Bis heute ist ein ähnlicher Gedanke im deutschen Grundgesetz verankert, der die sog. Sachherrschaft des Eigentums mit der Sozialpflichtigkeit desselben koppelt. Unter Art. 14 Abs. 2 wird unter dem Ausspruch **„Eigentum verpflichtet“** die Forderung postuliert, dass der Gebrauch von Eigentum zugleich auch dem Wohle der Allgemeinheit dienen soll. Dieses Spannungsverhältnis zwischen den Recht des Einzelnen und den Interessen der übrigen Mitglieder einer Gesellschaft ist gleichermaßen im Sharing verankert, da das Teilen von Ressourcen die Maxime beinhaltet, sowohl den eigenen als auch den Interessen der Allgemeinheit gerecht zu werden.

Die Historie zeigt, dass der Ausgleich zwischen Eigeninteresse und Gemeinwohl ebenso unter dem Effizienzgedanken verstanden werden kann. Aus der **Anthropologie** ist bekannt, dass nomadische Gesellschaften auf Sharing angewiesen waren, da ein fortwährendes Weiterziehen bedeutete, dass nicht jedes Stammesmitglied jedwede Utensilien allgegenwärtig bei sich tragen konnte. In diesem Sinne förderte Sharing gemeinschaftliche Mobilität, ohne dass Einzelne allzu großen Verzicht üben mussten. Frühere nomadische Gesellschaften wie die australischen Aborigines haben sich ihre Kultur des Sharings bis heute bewahrt, auch wenn sie mittlerweile in niedergelassenen Gemeinschaften mit dauerhaftem Standort leben. Studien zeigen, dass Mitglieder solcher Kollektive bisweilen noch Fernseher, Automobile und andere Gegenstände untereinander teilen (Belk & Llamas, 2012; Gerrard, 1989; Østergaard, Belk & Groves, 2000). Neben diesem freiwilligen

13 Platons Vorstellung eines idealen Staates umfasst die Idee, besonders begabte Menschen in für den Staat dienliche Positionen zu setzen wie Militär, Polizei und Verwaltung. In diesem Zusammenhang betont er u.a.: „I believe, that these helpers must not possess houses of their own or land or any other property, but that they should receive from the other citizens for their support the wage of their guardianship and all spend it in common.“ (Platon, Politeia, fünftes Buch, 464c)

Akt des Teilens, war Sharing in vergangenen Zeiten oft gleichermaßen ein Teil der Überlebensstrategie, wenn Menschen gezwungen waren, unter extremer Ressourcenknappheit zu wirtschaften. Historische Studien zeigen, dass dies u.a. im früheren Ostdeutschland der Fall war, sowie in den kommunistisch geführten Ländern Osteuropas (Axelova & Belk, 2009; Belk, 2018; Drakulić, 1991; Wolf & Ritz, 2018). Insofern kann Sharing nicht nur als effiziente, sondern auch mit Blick auf die lange Geschichte nomadischer Gesellschaften ferner als eine der **elementarsten Formen ökonomischen Handelns** verstanden werden (Fiske, 1991; Price, 1975).[14]

Im Fachgebiet der **Soziologie** spricht man gar von einem „Sharing Turn", der als Antwort auf die neoliberalen Entwicklung der 1980er verstanden wird (Grassmuck, 2012). So wurde der Abbau des Wohlfahrtstaates und die Privatisierung öffentlicher Infrastrukturen von ökonomischen Krisen begleitet wie bspw. dem Platzen der Dotcom-Blase im Jahr 2000 und die globale Finanzkrise in 2008. Im Zuge dieser und weiterer gesellschaftlicher und politischer Entwicklungen formte sich globaler Protest wie bspw. die weltweite Occupy Bewegung oder die arabische Revolution. Vor dem Hintergrund dieser ereignisreichen Zeiten und in Kombination mit der digitalen Entwicklung habe ein **Umdenken** eingesetzt, welches in einem neu erwachten Bedürfnis der Menschen gemeinschaftlich und kooperativ zu agieren seinen Ausdruck findet. Auch wenn es sich hierbei zunächst um Hypothesen handelt, deren Zusammenhänge einer empirischen Überprüfung bedürfen, so lässt sich anhand der Ausführungen von Grassmuck (2012) feststellten, dass Sharing als Gegenkonzept politischer und ökonomischer Fehlentwicklungen der Vergangenheit paraphrasiert wird. Entsprechend bedeutungsschwer endet er mit dem Satz (S. 32): "If we reinvent our heritage of sharing and cooperating we have a chance of turning the mess around that we have gotten ourselves into." Eine ähnliche Intention verfolgt der Bericht des Club of Rome mit dem Titel „Grenzen der Privatisierung: Wann ist des Guten zu viel?" (Weizsäcker, Young & Finger, 2006). Dieser zeigt die Schattenseiten der Privatisierung auf, wie bspw. die Verschärfung soziale Schieflagen oder die Schwächung demokratischer Strukturen auf lokalpolitischer Ebene. Auch hier plädieren Weizsäcker, Young & Finger (2006) für eine Abkehr von Deregulierung und Privatisierung und hin zu eine Neustrukturierung öffentlich und kollektiv bewirtschafteter Ressourcen.[15]

---

14 Vgl. hierzu im erweiterten Kontext von Sharing in frühen Gesellschaften auch Belk (2007, 2010); Belk & Llamas (2012); Gould (1982); Testart (1987).

15 Weizsäcker, Young & Finger (2006) schlagen hierfür sog. „Public-Private Partnerships" vor, die eine Zusammenarbeit der öffentlichen Hand und der Privatwirtschaft zur Wahrnehmung hoheitlicher Aufgaben vorsehen.

Mit Blick auf die Genealogie des Sharingbegriffs lässt sich demnach zunächst einmal konstatieren, dass neben einem breiten inhaltlichen und oft kontrovers geführten Diskurs das Phänomen im Grunde ein Altes ist.[16] Daher ist es überraschend, dass sich die Konsumentenverhaltensforschung den behavioralen Aspekten des Sharings bisher **kaum gewidmet** hat (Belk, 2010; Benkler, 2004), sondern vielmehr erst in den letzten zehn Jahren das Thema für sich entdeckte. Gleichwohl gab es auch vor dieser Zeit erste theoretische Annahmen zum kollaborativen Handeln, die nachfolgend dargelegt werden.

2.2 Sharing in der ökonomischen Theorie

So fanden innerhalb der Ökonomik Anfang der 1960er Jahre erste Auseinandersetzungen mit dem Phänomen Sharing statt. Anders als in der heutigen theoretischen Debatte (siehe auch Kapitel 2.3 bis 2.5), wurde Sharing zunächst jedoch als problematisch umschrieben.[17] So zeigt Hardin (1968) in seiner Theorie zur „Tragik der Allemende", dass gemeinschaftlich genutzte Güter die Tendenz zur Übernutzung in sich tragen.[18] Auf Basis der Annahmen des Homo Oeconomicus wird davon ausgegangen, dass rationale Entscheider ein öffentlich bereitgestelltes Gut so oft wie möglich nutzen werden. Dies führt letztlich zur Überbeanspruchung ebendieser Güter, die das Merkmal der Nicht-Ausschließbarkeit aufweisen und damit kaum vor nachhaltiger Schädigung geschützt werden können. Die anhaltende Wasserkrise in Südafrika ist nur eines der vielen Beispiele, die in diesem Kontext herangezogen werden können (Tagesschau Online, 2018).

Ein weiterer theoretischer Ansatz der „Logik des kollektiven Handelns" von Olson (1965) beschreibt, dass rational handelnde Individuen kein Interesse daran haben, sich am kollektiven Handeln zu beteiligen, selbst wenn dieses Handeln einen Nutzen für sie aufweist. Grund hierfür ist das Problem der Verteilung von Kosten und Erträgen. Individuen seien nicht bereit, die Kosten für das Organisieren kollektiven Handelns zu tragen, zumal sie

16 Siehe hierzu auch Belk (2007); Belk & Llamas (2012); Felson & Spaeth (1978); Godelier & Scott (2012)

17 Vgl. auch 5.5.3.1 und Möhlmann (2015)

18 Schon Aristoteles hatte in seinem Werk „Politik" die Beobachtung der Tragik von Allemendegütern festgehalten. Er konstatierte, dass „dem Gut, das der größten Zahl gemeinsam ist, die geringste Fürsorge zuteilwird. Jeder denkt hauptsächlich an sein eigenes, fast nie an das gemeinsame Interesse." (Aristoteles, Politika, Buch II, Kap. 3, zitiert in: Ostrom (1999, S. 3))

bei Nicht-Ausschließbarkeit des Gutes den Nutzen realisieren können, ohne sich am kollektiven Handeln beteiligen zu müssen. Dieses Phänomen ist gleichermaßen unter dem Begriff der „Trittbrettfahrerproblematik“ bekannt (Olson, 1965).

Abschließend sei im Rahmen der Theoretisierung kollaborativen Handelns im ökonomischen Kontext das „Gefangendilemma“ von Rapoport & Chammah (1965) erwähnt, welches ein grundlegendes Problem in kollektiv und individuell betrachteten Entscheidungsstrategien aufzeigt, welche wiederum zu unterschiedlichen Handlungsempfehlungen führen können. Der Kern des Dilemmas besteht darin, dass die Gefangenen in einem gemeinsamen Handlungszusammenhang stehen, beide jedoch nicht wissen, wie der jeweils andere handeln wird – klassischerweise rezitiert die ökonomische Literatur die Situation zweier Gefangener, die in Verdacht stehen eine Straftat begangen zu haben (Axelrod & Hamilton, 1981; Lamberton, 2015) . Es stellt sich die Frage, ob ein Beschuldigter oder beide die gemeinsam begangene Straftat leugnen oder gestehen werden. So ist es im Gefangendilemma objektiv betrachtet für beide Gefangen vorteilhafter kollektiv zu handeln und jeweils zu leugnen. Da man ihnen die Straftat nicht nachweisen kann, würden beide in diesem Fall freikommen. Aus individueller Perspektive scheint jedoch die Strategie des Gestehens vorteilhafter, da für den Fall, dass einer der beiden nicht gesteht, der andere als Kronzeuge freikommt. Würden beiden gestehen, haben sie weiterhin mit einer verminderten Strafe zu rechnen. Durch die Wahl der individuellen Strategie „Gestehen“, wird der bestmögliche Outcome für beide Gefangenen – beide leugnen und kommen frei – verhindert. Genau wie beim Sharing stellt sich für das einzelne Individuum die Frage, lieber nach individuellem Nutzen oder nach beidseitigem Nutzen zu streben (Lamberton, 2015).

Insgesamt machen die aufgezeigten Theorien deutlich, dass unter den Annahmen des rational agierenden „Homo Oeconomicus“ kollaboratives Handeln mit **Bereitstellungs- und Aneignungsproblemen** verbunden ist. Schlussfolgernd wird Sharing vom Standpunkt der Ökonomie zunächst als problematisch beschrieben.

Ausgehend von dieser Literaturlage hat sich im Laufe der Zeit die ökonomische Theorie weiterentwickelt und neue Perspektiven eröffnet. So sind die Tragik der Allemende und damit beschriebene Problemlagen überwindbar, wie die Arbeiten von Elinor Ostrom in den neunziger Jahren zeigten (Ostrom, 1990, 2000, 2003; Ostrom et al., 1999). Ostrom erarbeitete unter der Umbenennung „Govering the Commons“ (Die Verfassung der Allemende) Leitlinien für das effektive Management von gemeinsamen Ressourcen (Ostrom, 1999). Sie führt anhand zahlreicher Fallstudien von langlebigen und erfolgreich selbstverwalteten Allemdenressourcen den empirischen

Nachweis, dass Probleme des kollaborativen Handelns überwindbar sind und die demnach in der „Tragik der Allmende" beschriebenen Verwicklungen in ihrer allgemeinen Formulierung keine ausreichende Entsprechung in der realen Welt finden.[19]

So haben die von Ostrom erfassten Best-Practice-Beispiele gemein, dass sie das Kriterium der Nachhaltigkeit und der institutionellen Robustheit bei gleichzeitiger Anpassungsfähigkeit an veränderte Umweltbedingungen erfüllen (Ostrom, 1999). Analog zu diesem Befund hat Ostrom darüber hinaus weitere Grundlagen erarbeitet, durch die eine erfolgreiche Verwaltung von Allemenderessourcen sichergestellt werden kann (Ostrom, 1990). Diese beziehen sich u.a. auf die Kongruenz zwischen Aneignungs- und Bereitstellungsregeln und den jeweiligen lokalen Bedingungen, klar definierte Grenzen der Allemenderessourcen, sowie die minimale Anerkennung des Organisationsrechts von Seiten externer staatlicher Behörden (Nutzinger, 2010). Ostroms Überlegungen führten zu einem Umdenken in der Bereitstellung und Nutzung gemeinschaftlichen Eigentums und damit im normativen Verständnis kollaborativen Handelns.[20] In der theoretisch-konzeptionellen Ökonomie konnten kollaborative Handlungszusammenhänge fortan als mögliche und durchaus erfolgversprechende Alternative zu klassischen individual-nutzenmaximierenden Modellen betrachtet werden.

Insofern können Ostorms Arbeiten als Impulsgeber für aktuelle Forschungsbemühungen im Bereich Sharing verstanden werden. Die Forschung der letzten zehn Jahre stellt Bestrebungen an, kollaboratives Handeln bzw. Sharing in seiner konzeptionellen und empirischen Natur zu erfassen. Fernab des **vorangegangenen Fokusses auf ressourcen- und institutionenökonomischen Fragestellungen** durch Hardin, Ostrom und andere Autorinnen und Autoren, wird Sharing in der aktuellen Literatur in erster Linie unter **verhaltensökonomischen Aspekten**[21] untersucht und diskutiert.

---

19 An diese Stelle sei erwähnt, dass Hardin (1968) seine Überlegungen auf Basis eines Gedankenexperiments entwickelte und diese im Schrifttum oft zu Unrecht als historische Beweisführung missverstanden werden (Nutzinger, 2010).

20 Ostrom wurde für ihr viel beachtetes Werk im Jahr 2009 mit dem Wirtschafts-Nobelpreis der schwedischen Reichsbank geehrt und war damit die erste Frau, der diese Auszeichnung zukam (Zeit Online, 2009).

21 Die Verhaltensökonomie (in engl. „behavioral economics") entstand in den 1970er Jahren und beschäftigt sich mit der vermeintlichen Irrationalität menschlichen Verhaltens im ökonomischen Kontext (Beck, 2014). Die Verhaltensökonomie revidiert die Modellannahmen des rational agierenden, nutzenmaximierenden „Homo Oeconomicus". Als Vordenker und Begründer dieser Denkschule gelten Daniel Kahneman und Amos Trevsky, die erstmals zeigten, dass menschliches Entscheidungsverhalten verzerrt ist, und sich u.a. an sozia-

Tabelle 2: Definitionen der Begriffe "Sharing", "Collaborative Consumption" und "Access-based Consumption" (Quelle: Eigene Darstellung)

Autor(en)	Definitionen
Price (1975, S. 4)	Sharing as "the allocation of economic goods and services without calculating returns, within an intimate social group, and patterned by the general role structure of that group"
Felson & Spaeth (1978, S. 614)	Collaborative consumption as "those events in which one or more persons consume economic goods or services in the process of engaging in joint activities with one or more others"
Benkler (2004, S. 275)	Sharing as "nonreciprocal prosocial behavior“
Belk (2007, S. 126)	Sharing as "the act and process of distributing what is ours to others for their use and/or the act and process of receiving or taking something from others for our use“
Botsman & Rogers (2010, S. XV)	Collaborative Consumption includes "traditional sharing, bartering, lending, trading, renting, gifting, and swapping redefined through technology and peer communities"
Gansky (2010, S. 3 f.)	"[…] the Mesh is based on network on network-enabled sharing – on access rather than ownership."
Bardhi & Eckhardt (2012, S. 881)	"We define access-based consumption as transactions that may be market mediated in which no transfer of ownership takes place“
Galbreth, Ghosh & Shor (2012, S. 603 f.)	Social sharing as "sharing of goods through a network of social acquaintances (coworkers, friends, etc.). This is in contrast to anonymous sharing, exemplified by several well-publicized peer-to-peer networks in which goods are relayed through an anonymous online proxy“
(Belk, 2014b, S. 1597)	Collaborative consumption is people coordinating the acquisition and distribution of a resource for a fee or other compensation"
Hamari, Sjöklint & Ukkonen (2016, S. 2047)	Collaborative consumption as "the peer-to-peer-based activity of obtaining, giving, or sharing access to goods and services, coordinated through community-based online services"
Möhlmann (2015, S. 194)	"Collaborative consumption takes place in organized systems or networks, in which participants conduct sharing activities in the form of renting, lending, trading, bartering, and swapping of goods, services, transportation solutions, space, or money […]“

le Präferenzen, Heuristiken und Normen orientiert (Tversky & Kahneman, 1974). Die Erkenntnis über die begrenzte Rationalität menschlichen Handelns haben die Wirtschaftswissenschaften grundlegend verändert, da sie etablierte ökonomische Theorien und neoklassische Modelle in Frage stellte. Kahneman wurde 2002 für seine herausragenden Arbeiten zur Urteils- und Entscheidungsfindung von Individuen mit dem Wirtschafts-Nobelpreis ausgezeichnet (Spiegel Online, 2002).

Autor(en)	Definitionen
Schaefers, Lawson & Kukar-Kinney (2015, S. 571)	Access-based services as "market-mediated transactions that provide customers with temporarily limited access to goods in return for an access fee, while the legal ownership remains with the service provider"
Scholl et al. (2015, S. 12)	"Peer-to-Peer Sharing steht für die zwischen Privatpersonen geteilte und von Dritten vermittelte Nutzung von materiellen Gütern. Das Teilen findet entweder zwischen verschiedenen Nutzer/innen ohne Eigentumsübertragung im Sinne einer Nutzungsintensivierung (CoUsing, Verleihen, Vermieten) oder mit Eigentumsübertragung im Sinne einer Nutzungsdauerverlängerung (Verschenken, Tauschen, Weiterverkaufen) statt"
Barnes & Mattsson (2016, S. 200)	Collaborative consumption as "the use of online marketplaces and social networking technologies to facilitate peer-to-peer sharing of resources (such as space, money, goods, skills and services) between individuals, who may be both suppliers and consumers"

Im Zuge dieser neuen Bemühungen, haben zahlreiche Definitionen Eingang in die Literatur gefunden, die der Tabelle 2 entnommen werden können.[22] Tabelle 2 zeigt, dass in der ökonomischen Literatur das Konzept des Sharings mit einer **Vielzahl von Begriffen** und Definitionen besetzt ist.[23] Begriffe, die häufige Verbreitung im Schrifttum erfahren haben, sind u.a. „Sharing", „Collaborative Consumption" sowie „Access-based Consumption".[24]

Diese haben gemein, dass sie in ihrer definitorischen Ausprägung Sharing als Art des Verhaltens bzw. der Ausführung eines Verhaltens betrachten.[25] Im Rahmen von Sharing findet ein Austausch zwischen ver-

22 Die in Tabelle 2 aufgeführten Definitionen wurden auf Basis explorativer Überlegungen ausgewählt. Ziel war es, einen fundierten Überblick über die interpretatorische Vielfalt des Phänomens „Sharing" aufzuzeigen.

23 In der „kleinen Philosophie des Teilens" bezeichnet Kornwachs (1996) den Begriff des Teilens auch als „Homonym". Als Homonym wird ein Wort verstanden, dass trotz gleichem Wortlaut verschiedene Begriffsbedeutungen inne hat (siehe auch Haase & Pick (2016)).

24 Dredge & Gyimóthy (2015) finden in der Literatur mehr als 17 Begriffe zum Ausdruck "Sharing Economy" und damit zum Verständnis von Sharing. Die Autorinnen referieren hierzu: „These terms often frame the sharing economy as a hybrid, digitally facilitated, alternative economic model embedded in (or rediscovering) deep-rooted cultural, moral and ecological rationales. Different conceptualizations take their point of departure in human ecology, computer science and neoclassic microeconomics, anthropology, postmodern sociology, philosophy, politics and cultural theory." (S. 289)

25 Dies ist durch die Verwendung der ing-Form im Begriff „sharing" ebenso auf semantischer Ebene angelegt. Die Verwendung der ing-Form oder genauer gesagt, dem Partizip Präsens liegt die Verlaufsform von Verben zugrunde und beschreibt, wie eine Handlung wahrgenommen wird (Henrichs, 2011).

schiedenen Parteien statt, der u.a. als „allocation of economic goods and services“ (Price, 1975), „process of engaging in joint activities“ (Felson & Spaeth, 1978), „process of distributing [...] and process of receiving“ (Belk, 2007), „market-mediated transactions“ (Schaefers, Lawson & Kukar-Kinney, 2015) oder „coordinating the acquisition and distribution” (Belk, 2014b) bezeichnet wird.

Die am weitesten verbreitete Definition im nationalen und internationalen Schrifttum ist von Belk (2007, S. 126) und soll aus mehreren Gründen dieser Arbeit als **definitorische Grundlage** dienen: Sharing wird verstanden als “the act and process of distributing what is ours to others for their use and/or the act and process of receiving or taking something from others for our use.”

Die genannte Definition weist den Vorteil auf, dass Sharing eine analytische **Trennung in eine Geber- und Nehmerrolle** erfährt.[26] Diese Trennung erscheint sinnvoll, da davon auszugehen ist, dass sich die Entscheidung, als Geber im Sharingprozess aufzutreten, grundlegend von der Entscheidung, als Nehmer aufzutreten, unterscheidet. Wird als Sharing-Nehmer im Bereich der Konsumentenverhaltensforschung gemeinhin eine Einzelperson betrachtet[27], kann der Sharing-Geber sowohl ein Individuum als auch ein Unternehmen oder eine Organisation sein. Die Art des Sharings (ob bspw. über einen monetarisierten oder nicht-monetarisierten Austausch) hängt wiederum davon ab, in welcher Form die Rolle des Gebers und Nehmers im konkreten Kontext ausgestaltet ist. So kann z.B. im Foodsharing der unentgeltliche Austausch von Lebensmitteln zwischen zwei Einzelpersonen ebenso ein Sharingverhalten darstellen, wie die entgeltpflichtige Nutzung eines Fuhrparks, der wiederum von einem Unternehmen wie BMW – man denke an die Plattform „DriveNow“ – bereitgestellt wird. Beides wird in der öffentlichen Wahrnehmung und der Konsumentenverhaltensforschung gemeinhin als Sharing verstanden, obliegt aber grundsätzlich unterschiedlichen Geber- und Nehmerrollen sowie situativen Kontexten. Das Wissen um spezi-

---

26 Die nachfolgend verwendeten Begriffe des „Sharing-Gebers“ und „Sharing-Nehmers“ sind als semantische Hilfskonstrukte zu verstehen, welche die Zuweisung einer Rolle in Erwartung eines bestimmten Verhaltens (gebend und nehmend) meinen. Es handelt sich hierbei nicht um definitorische Begrifflichkeiten, deren Fehlen u.a. von Belk (2010) konstatiert wird (siehe Ausführungen in Kapitel 2.3)

27 An dieser Stelle sei erwähnt, dass Sharing im Rahmen von B2B-Modellen – bei denen auch der Sharing-Nehmer als Unternehmen und/oder als Organisation auftreten kann – bisher nicht näher konzeptionell oder empirisch untersucht wurde. Hier ergibt sich eine interessante Forschungslücke, da mit Blick auf die in Kapitel 1.1 diskutierte Auflösung von Konsumptions- und Produktionssphären (Blättel-Mink & Hellmann, 2010; Hellmann, 2017) Sharing in einem B2B oder sogar C2B-Modell theoretisch denkbar wären.

fische Funktionsweisen des Sharings ist für ein erfolgreiches Marketing und Management von Sharing-Anbietern wie Unternehmen, Plattformen und Organisationen bedeutsam. Im Rahmen dieser Arbeit ist dies insofern zu berücksichtigen, als das herauszuarbeiten ist, welche Elemente Einfluss auf das Sharingverhalten ausüben. Hieraus ergibt sich mithin die **dringende Notwendigkeit Einflussfaktoren auf das Sharingverhalten** näher zu untersuchen. Dabei muss in der vorliegenden Arbeit das breite Verständnis von Sharing berücksichtigt werden (siehe auch die Kapitel 2.3 bis 2.5). Daher hat – mit Blick auf die Auswahl der zugrunde gelegten Sharingdefinition – die Definition von Belk neben ihrem hohen Verbreitungsgrad eben diesen konzeptionellen Vorteil, Sharing aus einer umfassenden Sichtweise beschreiben zu können (siehe auch Kapitel 5.5.3.1).

2.3 Sharing in Abgrenzung zu anderen Formen des Austauschs

Belk (2010) hat neben einer Definition, ebenso die Charakteristika von Sharing in **Abgrenzung zu anderen Formen des Austauschs** eingehend untersucht.

Die Abgrenzungslogik folgt dabei dem Ansatz von Ludwig Wittgenstein (1971) der sog. Familienähnlichkeiten. Wittgenstein hatte in seinem Spätwerk der „Philosophischen Untersuchungen“ erkannt, dass eine exakte Definition von Ausdrücken im Sinne einer taxonomischen – und damit hierarchischen – Klassifikation nicht für jede Begrifflichkeit möglich scheint. Demzufolge hat Belk über das Herausarbeiten von Ähnlichkeiten und Verwandtschaften drei verschiedene Prototypen des Austausches benannt, ähnlich dem Bild einer Familie. In einer Familie ähneln sich die Mitglieder hinsichtlich ihrer Gesichtszüge und anderer Merkmale, es existiert jedoch kein Merkmal, dass bei allen Familienmitgliedern absolut identisch ist.[28] Wittgenstein selbst spricht von einem „Netz von Ähnlichkeiten, die einander übergreifen und kreuzen“ (Wittgenstein, 1971, § 66). Gemäß diesem Netz haben unterschiedliche Formen des Austauschs sowohl Gemeinsamkeiten,

28 An dieser Stelle wird ein Widerspruch in den Ausführungen von Belk (2010) deutlich. Einerseits wirbt er für sein Verständnis von Sharing mit einer exakten Definition, andererseits basiert die Auslegung von Prototypen auf Grundlage von Familienähnlichkeiten auf der Idee, dass exakte Begriffsbestimmungen nicht möglich sind. Diesen Widerspruch kann Belk nur teilweise auflösen, in dem er seine Definition recht weit fasst (siehe Kapitel 2.2) und damit viele Phänomene erfassbar macht, auch wenn diese nicht alle prototypischen Kriterien erfüllen (siehe hierzu auch Ausführungen in Bezug auf die Weiterentwicklung von Belk's Ansätzen in Kapitel 2.5).

als auch Unterschiede, die in der Gesamtheit den Prototyp und damit eine bestimmte Form des Austauschs bestimmen.

Die Prototypen des Sharings sind das sog. „Mothering“, verstanden als das Teilen des Körpers der Mutter mit dem ungeborenen Fetus, sowie die Allokation von Ressourcen im Haushaltskontext. Damit wird Sharing im engeren Sinne als ein Verhalten beschrieben, das in erster Linie im familiären Kontext zum Tragen kommt. Sharing gilt dabei nach Belk als **nicht reziprokes und pro-soziales Verhalten**. Die Allokation von Ressourcen erfolgt über den Gedanken des gemeinsamen Besitztums, bei welchem jeder gleiches Anrecht auf das geteilte Objekt hat – so muss niemand in der Familie um Erlaubnis bitten, sofern er oder sie Teller, Besteck oder das Sofa nutzen will. Diese Art des Sharings geht einher mit einer persönlichen, meist liebevollen Bindung zwischen den Individuen. Der Ausspruch „sharing is caring“, der v.a. in der öffentlichen Wahrnehmung in den letzten Jahren Popularität erfahren hat (Baily, 2017; Scherff, 2017), beschreibt genau diesen Umstand und zeigt auf, das Sharing auch ein Element des „sich kümmerns“ innehält. Nach Belk (2010) hat Sharing schlussfolgernd keinen Bezug zu Geld bzw. zum monetären Austausch, da dies dem Gedanken der Nicht-Reziprozität und der liebvollen Bindung zuwider laufen würde.

Davon abzugrenzen sind zwei weitere Formen des Austauschs: der **klassische marktförmige Tausch „Ware gegen Geld“** sowie die Gabe eines Geschenkes. Der Prototyp des Prinzips „Ware gegen Geld“ ist der klassische Kauf eines Brotes beim Bäcker. Im Vergleich zu Sharing geht es bei dieser Austauschform um eine Übertragung des Eigentums gegen Geld. Es handelt sich somit um ein reziprokes Verhalten, das in der Tendenz rationaler, kalkulatorischer Natur ist. Es bedarf hierfür keiner persönlichen Bindungen – ist der Austausch einmal vollzogen, müssen Käufer und Verkäufer niemals wieder in einen gemeinsamen Handlungszusammenhang treten. Ihre Beziehung ist demnach zweckbestimmt und nicht von dauerhafter Natur, wie dies im Sharing der Fall ist. Belk (2010, S. 718) referiert dazu: „Commodity exchange is about the reproduction of rights to objects, not the reproduction of relationships between people.“

Der Prototyp der dritten Form des Austausches – der **Gabe eines Geschenks** – ist nach Belk (2010) in der Idee des perfekten Geschenkes verankert (Carrier, 1995). Das perfekte Geschenk hat einen hohen immateriellen Wert (der Gedanke zählt mehr als der tatsächlich materielle Wert), ist für den Beschenkten unbezahlbar (hat für den Beschenkten einen hohen emotionalen Wert, gegen den der bezahlte Preis in den Hintergrund tritt) und verlangt keine Gegenleistung (ist demnach nicht-reziproker Natur) (Belk, 2010; Carrier, 1995). In der Wissenschaft herrscht bisweilen ein Diskurs darüber, ob es sich bei der Idee des perfekten Geschenkes um eine Utopie handelt (Belk, 2010; Derrida, 1992). Vertreter dieser Idee argumentieren, dass ein Geschenk auch stets dem Eigennutzen dient und dadurch sehr wohl – wenn auch zu einem denkbar deutlich späteren Zeitpunkt – reziproker Natur ist. Die Gabe eines Geschenks hat im Unterschied zum Sharing häufig einen zeremoniellen Kontext (bspw. ein Geburtstag) und wird mit dem Ausspruch eines „Dankeschöns" anerkannt. Damit ist diese Form des Austauschs sichtbar und wird bis zu einem gewissen Grad zelebriert, während z.B. Sharing von Lebensmitteln und anderen Besitztümern im familiären Kontext nicht zwangsläufig wahrgenommen wird, da es meist routiniert erfolgt. Zudem beinhaltet der Gabentausch im Gegensatz zu Sharing eine Eigentumsübertragung.

Analog zum Ansatz Wittgensteins sind Sharing, markförmiger Warentausch und Gabentausch durch die Ausgestaltung ihrer Prototypen inhaltlich bestimmbar, aber **nicht trennscharf voneinander abzugrenzen.** So existiert bspw. auch innerhalb der Familie Besitztum, welches eindeutig den jeweiligen Personen zugeordnet werden kann. Wird dieses Besitztum an ein anderes Familienmitglied verliehen, handelt es sich unter Umständen doch um ein reziprokes Verhalten bzw. zumindest um ein Verhalten, das im Normalfall ein „Dankeschön" mit sich bringt. Demnach zeigen sich im Sharing auch Elemente des Gabentauschs. Belk (2010, S. 717) selbst bezeichnet solche Fälle als „borderline case[s] of sharing". Derartige Überschneidungen sind ebenso innerhalb der Konzepte der Prototypen selbst vorhanden: So ist z.B. der einmalige Austausch ein wesentliches Element sowohl im marktförmigen Warentausch, als auch im Gabentausch. Beide Formen beinhalten den Transfer von Eigentum, was wiederum im Gegensatz zu Sharing steht, das in seiner prototypischen Form gemeinsamen Besitz voraussetzt.

Interessant sind darüber hinaus die Unterschiede in der semantischen Ausdifferenzierung der Prototypen. So zeigt sich das Vakuum einer klaren Begriffsbestimmung von Sharing in Abgrenzung zu den anderen Formen des Austauschs gleichermaßen auf semantischer Ebene: „The partners in gift exchange are recognized separately as givers and receivers, and the partners in commodity exchange are buyers and sellers. But there are no separate terms to distinguish the parties in sharing" (Belk, 2010, S. 720). Diese fehlende Transitivität in den relationalen Begrifflichkeiten der austauschenden Parteien kann als Indiz verstanden werden, dass das Phänomen Sharing weiterer Theoretisierung bedarf.[29]

---

29 Dies kann wiederum ganz im Sinne von Wittgenstein (1918) verstanden werden: „Die Grenzen meiner Sprache bedeuten die Grenzen meiner Welt." Wo der Wissenschaft die Worte fehlen, können Gedanken nicht verbal kommuniziert und damit in der Realität existent gemacht werden. Gemäß dieser Logik bleibt eine wissenschaftliche Auseinander-

2.4 Arten des Sharings: Sharing-In und Sharing-Out

Vor dem Hintergrund genannter Überlegungen wird deutlich, dass Sharing wie bereits dargelegt v.a. im familiären Lebensbereich stattfindet. Nichtsdestotrotz ist auf phänomenologischer Ebene erkennbar, dass ein solches Verhalten auch außerhalb der Familie – u.a. in der hier interessierenden Konsumentenrolle – stattfindet. Um das Phänomen des Sharings auch außerhalb der Familie beschreiben zu können, unterscheidet Belk (2010) die Begriffe „Sharing-In“ und „Sharing-Out“. **Sharing-In** wird dabei als eine inklusive Form des Sharings beschrieben, welches innerhalb einer persönlichen Beziehung stattfindet und zu einer Erweiterung des Selbst führt. Hier bestehen Anknüpfungspunkte zur sog. Theorie des erweiterten Selbst (Belk, 1988), die im Rahmen der Konsumentenverhaltensforschung weite Verbreitung gefunden hat. Die Theorie argumentiert, dass Konsumenten über ihren Besitz ihr Selbst nach außen hin kommunizieren und durch den Besitz der Objekte ihr Selbstverständnis erweitern (Belk, 1988) – der Kauf eines Schuhs (wie die Frage nach einem Turn- oder Lederschuh) und die damit verbundene Kommunikation nach außen kann als Beispiel dienen (Belk, 2003). Belk (2010, S. 726) konstatiert, dass beim Sharing-In die Erweiterung des Selbst nicht durch Besitz, sondern auf Basis der Beziehung, in der Sharing stattfindet, entsteht: „Just as individual consumers can extend themselves through possessions, so too can they extend themselves through other people [...]. This appears to be a key basis for intimate sharing“. Obwohl Belk die Wichtigkeit von Beziehungen für das Sharing betont, lässt er die Kausalität beider Begriffe offen. So ist unklar, ob Sharing Beziehungen entstehen lässt oder ob Sharing im Rahmen bestehender Beziehungen stattfindet. Er lässt ebenso offen, ob eine Gewichtung oder Annahme beider Richtungen möglich ist.

Beim **Sharing-Out** bleiben im Gegensatz zum Sharing-In die Grenzen des Selbst und des Anderen aufrecht. Diesbezüglich steht nicht die Beziehung der Sharing-Partner im Fokus, sondern vielmehr die effiziente Allokation von gemeinsamen Besitztum und Ressourcen. Damit ist das Konzept von Sharing-Out näher am Prinzip des Waren- und Gabentauschs gelegen, während Sharing-In wiederum enger an der Reinform von Sharing (als Prototyp „mothering“) anzusiedeln ist – nichtsdestotrotz gehören beide Ausdifferenzierungen zur Austauschform des Sharings. Belk (2010) illustriert seine Überlegungen am Beispiel Carsharing: Sich ein Auto innerhalb der Familie zu teilen, ist ein deutlicher Fall von Sharing-In. Carsharing im Rahmen von

---

setzung mit Sharing immer rudimentärer Natur, solange man das Phänomen sprachlich zu unzureichend erfassen kann.

groß angelegten, kommerziellen Angeboten lässt sich hingegen tendenziell dem Sharing-Out zuordnen. Daneben existieren noch Zwischenformen wie nachbarschaftlich kooperativ organisiertes Carsharing. Belk (2010, S. 726) nennt eine schwedische Carsharing-Organisation als Beispiel: „This car-sharing group has no employees, yet some members worried that with 340 members it was getting too large so that they no longer personally knew each of the other members. Those who complained felt that it had become more difficult to sustain feelings of community with so large a group."

2.5 Theoretische Weiterentwicklungen

Auf Basis von Belk's konzeptionellen Arbeiten (Belk, 2007, 2010, 2014a, 2014b; Belk & Llamas, 2012) sind erste empirische Studien zur Sharing Economy entstanden, die sich der Frage nach der Motivation von Konsumenten für die Teilnahme an Sharing Economy-Angeboten widmen (Bardhi & Eckhardt, 2012; Hamari, Sjöklint & Ukkonen, 2016; Lamberton & Rose, 2012; Möhlmann, 2015). Da die prototypische „pure" Form von Sharing außerhalb der Familie kaum existiert (Habibi, Kim & Laroche, 2016), haben sich einige Studien vom Sharing-Begriff wieder distanziert und ähnlich geartete Begrifflichkeiten wie bspw. die in Kapitel 2.2 angesprochenen Begriffe „Collaborative Consumption" oder „Access-based Consumption" entwickelt. Diese betrachten in der Regel nur einen Teilaspekt der nach Belk prototypischen Charakteristika des Sharings. So liegt dem Begriff „Access-based Consumption" der Gedanke zugrunde, das Sharing das Gewähren von Zugang bedeutet und damit keine Eigentumsübertragung, sondern vielmehr das Teilen gemeinsamen Besitzes (siehe Kapitel 2.3) beinhaltet (Bardhi & Eckhardt, 2012).

Um die Breite verschiedener Definitionen fassen zu können, haben Habibi et al. die Arbeit von Belk weiterentwickelt und Sharing als **dualistische Austauschpraxis** konzeptualisiert (Habibi, Davidson & Laroche, 2017; Habibi, Kim & Laroche, 2016). Durch die Idee eines dualistischen Austauschs, wird die jeweilige Sharing-Praxis innerhalb eines **Kontinuums** verortet, dessen Pole das prototypische Sharing bzw. den prototypischen Warentausch nach Belk darstellen.[30] Die beiden Pole stellen damit die von Belk konzeptualisierten Gegensätze dar, die sich z.B. an eine nicht-reziproken (Sharing)

30 Obwohl Belk (2010) ursprünglich drei prototypische Austauschformen in Abgrenzung voneinander entwickelt hat, hat der „Gabentausch" als dritte Form bei Habibi, Kim & Laroche (2016) bzw. Habibi, Davidson & Laroche (2017) keine weitere wissenschaftliche Diskussion mehr in Abgrenzung zum Sharing erfahren.

und einer reziproken Austauschpraxis (Warentausch) orientieren. Abbildung 2 illustriert die Charakteristika beider Pole und die Einordnung verschiedener Sharing-Praktiken im Rahmen des Kontinuums.

Habibi, Kim & Laroche (2016, S. 282) argumentieren, dass die Praxis des Sharings unterschiedliche Formen annehmen kann, die sowohl Elemente des „reinen" Sharings als auch des „reinen" Warentauschs beinhalten können: „Most practices would fall somewhere in between the two extremes of this continuum in a gray area that we refer to as dual modes, as they incorporate varying degrees of sharing/exchange attributes." Die Idee des Kontinuums ist schlussfolgernd als analytisches Werkzeug zu verstehen, um unterschiedliche Arten des Sharings, die Belk u.a. im Sharing-In und Sharing-Out differenziert, im Rahmen derselben Systematik zu erfassen.

Abbildung 2: Darstellung des Sharing-Exchange-Kontinuums nach Habibi, Kim & Laroche (2016), basierend auf (Belk, 2010)

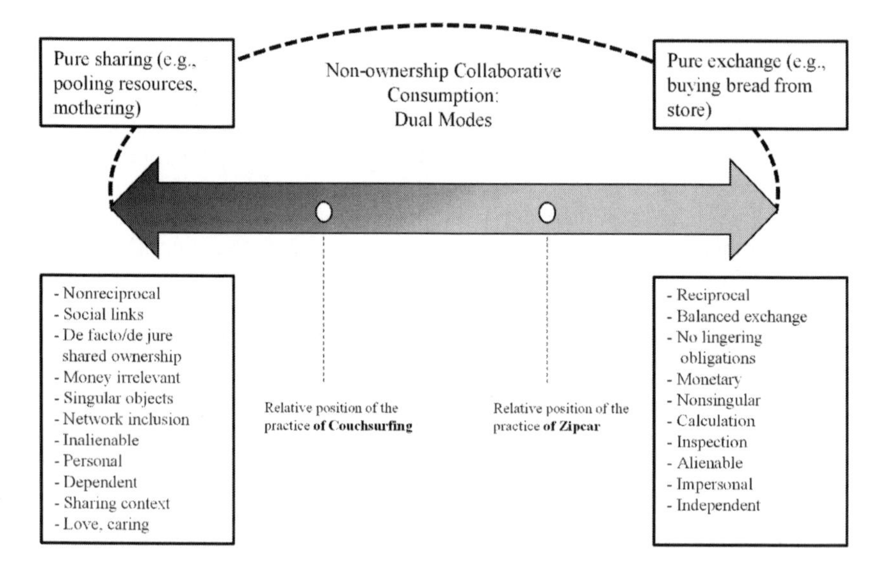

Innerhalb des Kontinuums nehmen Sharing-Praktiken, wie sie z.B. durch die Plattform Couchsurfing stattfinden, relativ gesehen eine abweichende Position ein, als die kommerzielle Sharing-Praktik über den Anbieter Zipcar. Couchsurfing ermöglicht das kostenlose Übernachten bei lokalen Gastgebern und ist nicht monetärer, und tendenziell nicht-reziproker Natur (Belk, 2014a; Decrop et al., 2018; Gollnhofer, Hellwig & Morhart, 2016).

Couchsurfing-Mitglieder verstehen sich als auf-geschlossene Gemeinschaft in der das Pflegen von Beziehungen als Beitrag zur allgemeinen Völkerverständigung einen hohen Stellenwert aufweist (Tan, 2010). Zipcar hingegen ist ein kommerzieller Carsharing-Anbieter, der als Tochtergesellschaft der Avis Budget Group die Kurzzeitmiete von Autos im jeweiligen Stadtgebiet ermöglicht. Gemäß der dualistischen Logik ist Couchsurfing in der Tendenz dem Sharing-Pol zuzuordnen, während Zipcar näher am Pol des reinen Warentauschs liegt (siehe Abbildung 2). Beide vereinen Elemente der Sharing- und Warentauschlogik, aber für Couchsurfing überwiegen die prototypischen Sharing-Charakteristika, während für Zipcar die Eigenschaften des Warentauschs vordergründing sind. Habibi, Kim & Laroche (2016) testeten ihre Annahmen auch empirisch und entwickeln einen **„Sharing Score“**, um die relative Position im Kontinuum metrisch bestimmen zu können. Dadurch sollen empirisch fundierte Aussagen darüber getroffen werden können, welche Sharing-Praxis dem Grundgedanken des Sharings naheliegt und welche so betitelt wird, im Grunde jedoch wenig mit Sharing verbindet. Solche kapitalistischen Modelle, in denen nur dem Anschein nach Sharing stattfindet, werden ebenfalls in den Arbeiten von Belk (2014a) aufgegriffen und als „Pseudo-Sharing“ bezeichnet.

Nachdem die theoretisch-konzeptionellen Grundlagen zur Austauschform Sharing nun eingehend erläutert wurden, soll nachfolgend auf die Konzeptualisierung des Phänomens eingegangen werden. Es wird in Kapitel 3.1 zunächst erläutert, inwiefern Sharing Gegenstand der Marketingdisziplin ist und welche Implikationen sich hieraus ergeben. Kapitel 3.2 nutzt darauf aufbauend zunächst das S-O-R-Paradigma, um die Grundlagen zur Bestimmung der Einflussfaktoren auf das Konsumentenverhalten darzulegen. Unter Berücksichtigung der Relevanz der intervenierenden Variablen wird in Kapitel 3.3 ein Schalenmodell entwickelt, in welchem die Einflussfaktoren auf das Sharingverhalten dargestellt und systematisiert werden. Neben der inhaltlichen Ausdifferenzierung ebendieser, wird ebenfalls aufgezeigt, mithilfe welcher Konstrukte die Einflussfaktoren auf das Sharingverhalten in den Beiträgen 1 bis 5 (siehe Kapitel 5) operationalisiert werden.

3. Konzeptualisierung des Phänomens Sharing

3.1 Sharing im Rahmen der marktorientierten Unternehmensführung

Marketing wird gemeinhin als Konzept der **markorientierten Unternehmensführung** definiert, welches sowohl funktionsbezogene (= Marketing als Funktion innerhalb der Unternehmensorganisation) als auch funktionsübergreifende Dimensionen (= Marketing als Leitkonzept der Unternehmensführung) beinhaltet (Meffert, Burmann & Kirchgeorg, 2012). Die "American Marketing Association", welche als größter institutioneller Repräsentant der Marketingwissenschaft gilt, definiert die spezifischen Merkmale des Marketings dabei wie folgt: „Marketing is the activity, set of institutions, and processes for creating, communicating, delivering, and exchanging offerings that have value for customers, clients, partners, and society at large" (AMA, 2013).

In dieser Arbeit wird einem charakteristischen Merkmal des Marketings besondere Aufmerksamkeit gewidmet: Dem Aspekt von „exchanging offerings that have value for customers". Marketing hat demnach innerhalb der markt- und unternehmensgerichteten Prozesse die Aufgabe, einen **Kundennutzen** zu generieren (Meffert, Burmann & Kirchgeorg, 2012). Dem liegt die Überlegung zugrunde, dass Kunden nur dann ein Produkt oder eine Dienstleistung in Anspruch nehmen werden, wenn dieses auch einen Nutzen in sich birgt. Nutzen kann dabei als „Grad der Bedürfnisbefriedigung definiert werden, der durch den Erwerb eines Gutes beim Kunden erzeugt wird" (zitiert nach Meffert, Burmann & Kirchgeorg (2012, S. 16), im Original von Balderjahn (1995, S. 186)). Schlussfolgernd bedeutet dies, dass die **Abbildung des Nachfrageverhaltens durch Erfassung von Kundenbedürfnissen** einen zentralen Bezugspunkt des Marketings bildet.

Wie in Kapitel 2.3 herausgearbeitet, wird Sharing in Abgrenzung zum klassischen Warentausch als weitere Form des ökonomischen Austauschs verstanden. Als Schnittstelle zwischen Markt und Unternehmen ist es Aufgabe des Marketings, die Bedürfnisse von Sharing-Konsumenten zu erfassen und auf diesen Erkenntnissen aufbauend durch marktorientierte Führung sämtliche **Potentiale des eigenen Unternehmens** zu erschließen.[31] Hierbei

31 Dieser Anspruch kommt insbesondere im Marketingmanagement zum tragen, welche einen systematisch strukturierten Prozess meint, indem auf Basis von Situationsanalysen, Marketingziele festgelegt, geplant, umgesetzt und deren Erfolgswirkung kontrolliert werden (Meffert, Burmann & Kirchgeorg, 2015). Kapitel 6.2 zeigt daher Potentiale von Sharing im strategischen Marketingmanagement auf.

ist mit Blick auf die spezifischen Charakteristika von Anbietern der Sharing Economy ein Potential besonders evident: Dieses liegt in der **veränderten Wertschöpfungskette** begründet, welche durch den eingangs erwähnten „Prosumer" und damit in der Auflösung der klassischen Produzenten- und Konsumentenrolle entsteht (siehe Kapitel 1.1). Sharing-Plattformen ermöglichen es ihren Kunden durch C2C-Interaktionen beide Rollen einzunehmen und damit Nutzungs- und Wertschöpfungsprozesse entscheidend mitzugestalten (Kreis & Wieser, 2015). Folgt man der Hypothese, dass solche „Entgrenzungen" der Konsumerfahrung ein anhaltendes Phänomen darstellen (Kenning & Lamla, 2017), wird die Notwendigkeit deutlich, bei der Festlegung von Marketingzielen und –strategien mit dem Ziel der Befriedigung von Kundenbedürfnissen, **Aspekte des Sharings explizit zu diskutieren und ggf. im Rahmen der strategischen Marektingplanung zu integrieren.** Ein Ergebnis könnte hier sein, dass Maßnahmen zur Beeinflussung des Sharingverhaltens innerhalb eines modernen Marketingverständnisses als andauernde Aufgabe systematisch geplant, umgesetzt und kontrolliert werden sollten.

Um dem Anspruch Rechnung zu tragen, unternehmerische Potentiale zu erschließen, ist es notwendig, die Bedürfnisse von Sharing-Teilnehmern empirisch zu untersuchen. Im Sinne einer **positivistischen Konsumentenforschung** werden erfahrungswissenschaftliche Erkenntnisse dazu genutzt, um Konsumentenverhalten zu erklären, Prognosen über zukünftiges Verhalten zu erstellen, sowie Empfehlungen zur Beeinflussung von Verhalten abzugeben (Kroeber-Riel & Gröppel-Klein, 2013). Vor allem bei der Abschätzung von Marktreaktionen kommt dem Käuferverhalten eine Schlüsselrolle zu (Meffert, Burmann & Kirchgeorg, 2012).

Mit der Erklärung von Konsumentenverhalten haben sich unterschiedliche wissenschaftliche Disziplinen beschäftigt, u.a. die Psychologie, Soziologie, Sozial-psychologie, Verhaltensbiologie, physiologische Verhaltenswissenschaften oder etwa die Consumer Neuroscience (Kenning, 2014; Kroeber-Riel & Gröppel-Klein, 2013). Dementsprechend existiert eine Vielzahl von Modellen und Theorien, die sich durch unterschiedlichste Fokussierungen und Komplexitätsgrade in ihren Annahmen unterscheiden (Meffert, Burmann & Kirchgeorg, 2012).[32] Letzteres ist v.a. für sog. **Totalmodelle** der Fall, welche versuchen, das Käuferverhalten als Ganzes abzubilden und zahlreiche kaufverhaltensrelevante Konstrukte in die Betrachtung einzubeziehen

32 Hier können beispielhaft das kognitive Paradigma (positivistischer Ansatz), das verstehende Paradigma (interpretierender Ansatz), das biologisch orientierte Paradigma oder das Paradigma der Verhaltenssteuerung durch innere Bilder genannt werden (zitiert nach Schröder (2008), im Original von Kroeber-Riel & Weinberg (2003)).

(Foscht & Swoboda, 2007).[33] Die empirisch quantitative Überprüfung solcher Modelle ist aufgrund des ausgeprägten Präzisionsgrades nur aufwändig zu leisten, da die Abfrage von Items im Rahmen der Datenbeschaffung begrenzt ist. Zudem sind Totalmodellierungen nicht in der Lage, dass Käuferverhalten in variierenden Situationen zu erfassen (Foscht & Swoboda, 2007). Daher hat sich im Zuge der Weiterentwicklung der Käufer- und Konsumentenverhaltensforschung die Theoretisierung anhand von **Partialmodellen** durchgesetzt. Mit Blick auf den Wandel bestehender Märkte durch Marktleistungen von Sharing Economy-Anbietern erscheinen Partialmodelle für eine Betrachtung des Konsumentenverhaltens außerordentlich geeignet, da sie **situationsspezifische Kontexte** mitberücksichtigen und dadurch erlauben, Sharingverhalten in variierenden Situation des Austauschs zu erfassen.[34] Ein Partialmodell, welches im Kontext der Analyse von Kaufverhalten eine hohe Verbreitung im Schrifttum erfahren hat, ist das S-O-R-Paradigma, auf welches nachfolgend eingegangen wird.

3.2 Das S-O-R-Modell als Ausgangspunkt zur Erklärung von Konsumentenverhalten

Um vor dem Hintergrund der marktorientierten Unternehmensführung das Verhalten von Sharing-Konsumenten indes bestimmen zu können, wird sich als Erklärungsgrundlage dem **S-O-R-Paradigma** bedient, welches sich v.a. im Wirkungsradius der verhaltensorientierten, empirischen Konsumentenverhaltensforschung als leitendes Paradigma etablierte (Foscht & Swoboda, 2007; Kroeber-Riel & Gröppel-Klein, 2013). Es wurde ursprünglich von Mehrabian & Russell (1974) entwickelt und stellt eine Weiterentwicklung des historisch vorgelagerten S-R-Paradigmas dar.

Das **S-R-Paradigma** gehört zu den behavioristischen Ansätzen und beschreibt, wie ein Stimulus (S) auf den Organismus des Konsumenten trifft und eine Reaktion (R) bei diesem auslöst. Stimulus und Reaktion gelten hierbei als beobachtbare und damit direkt messbare Variablen, während der Organismus des Konsumenten als „Black Box“ betrachtet wird, dessen innere Vorgänge nicht messbar sind und dessen Verhalten lediglich auf das Vorhandensein externer Stimuli zurückgeführt werden kann.

---

33 In der Literatur diskutierte Totalmodelle des Käuferverhaltens sind u.a. das Modell von Engel, Kollat & Blackwell (1968) und das Modell von Howard & Sheth (1969).

34 Man denke bspw. an die Unterscheidung von B2C- und C2C-Austauschprozessen oder an unterschiedliche Sharing-Branchen, wie das Food Sharing, Car Sharing, Home Sharing etc.

Da die Erklärungskraft dieses Modells im Zuge der Weiterentwicklung der Konsumentenverhaltensforschung an ihre Grenzen stieß, erweiterte man in den 1960er Jahren die Annahmen des S-R-Modells zum sog. neobehavioristischen Ansatz. Dieser geht davon aus, dass ein Stimulus (S) auf den Organismus (O) des Konsumenten trifft und dabei innere Vorgänge als sog. intervenierende Variablen anstößt, welche wiederum eine Reaktion (R) hervorrufen.

Mit Blick auf die Sharing Economy ist davon auszugehen, dass die dargebotene Wahrnehmung der Nutzungsmöglichkeit eines Sharing-Angebots (seien es nun klassische Sharing-Angebote, wie das in Kapitel 2.5 erwähnte Couchsurfing oder Angebote, die zum erweiterten Spektrum des Sharings zählen wie z.B. kommerzielles Carsharing) interne Prozesse anstößt, die sich bspw. zu einer Motivation des Konsumenten bzgl. der dargebotenen Leistung formieren, welche zuletzt eine Reaktion, wie die Nutzungsintention des Angebots auslöst (siehe Abbildung 3).

Abbildung 3: Eigene Darstellung des S-O-R-Modells in Anlehnung an Foscht & Swoboda (2007); Meffert, Burmann & Kirchgeorg (2015)

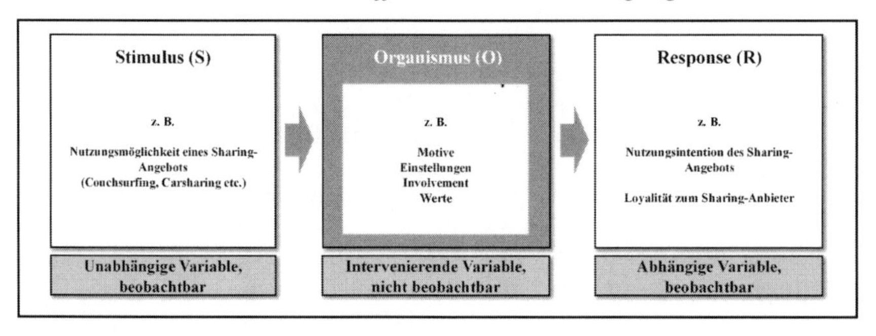

Da intervenierende Variablen wie Motivationen, Einstellungen oder Involvement nicht direkt messbar sind, wird in der klassischen marketing- und verhaltensorientierten Forschung auf indirekte Messmethoden zurückgegriffen (Foscht & Swoboda, 2007).

Innerhalb der vorliegenden Arbeit wird das S-O-R-Paradigmas verwendet, um den **Einfluss ausgewählter intervenierender Variablen auf das Sharingverhalten** von Konsumenten zu untersuchen. Das Verhalten einer Person wird in der ökonomischen Forschung klassischerweise als **Verhaltensabsicht** verstanden und beschreibt die Intention, ein bestimmtes Verhalten in der Zukunft zu zeigen. Zahlreiche empirische Studien haben nachgewiesen, dass die Intention zu einem hohen Maße mit dem tatsächlich beobachteten Verhalten korrespondiert (Armitage & Conner, 2001a; Bagozzi, Baumgartner & Yi, 1989; Kautonen, Van Gelderen & Tornikoski, 2013; Kim & Hunter, 1993).

Nachfolgend werden die **intervenierenden Variablen**, welche in den Beiträgen 1 bis 5 (siehe Kapitel 5) zur Erklärung von Sharingverhalten herangezogen werden, **innerhalb eines Schalenmodells erläutert und operationalisiert**. Hierfür werden zunächst die hinter den intervenierenden Variablen liegenden Prozesse in kognitiv, aktivierend und prädisponierend differenziert. Diese Unterscheidung hat in der Konsumentenverhaltensforschung hohe Akzeptanz erfahren (Foscht & Swoboda, 2007; Trommsdorff & Teichert, 2011) und soll ein Grundlagenverständnis über die Funktionsweise intervenierender Variablen schaffen. Anschließend wird dieses Verständnis um die Perspektive einer Ausdifferenzierung nach inhaltlichen Kriterien in Form eines Schalenmodells erweitert.

3.3 Überblick und Operationalisierung der Einflussfaktoren auf das Sharingverhalten

3.3.1 Das System der intervenierenden Variablen: Kognitive, aktivierende und prädisponierende Prozesse

Innerhalb der intervenierenden Variablen des S-O-R-Modells kann in der Konsumentenverhaltensforschung grundsätzlich zwischen, kognitiven, aktivierenden und prädisponierenden Prozessen unterschieden werden.

Kognitive Prozesse lassen sich als gedankliche Prozesse verstehen, durch die ein Individuum seine Umwelt erkennen und bewerten kann (Kroeber-Riel & Gröppel-Klein, 2013). Es handelt sich im weiteren Sinne um Prozesse der gedanklichen Informationsverarbeitung, die Vorgänge der Informationsaufnahme (Wahrnehmung), der -verarbeitung (Wahrnehmung, Denken, Entscheiden) und -speicherung (Denken, Lernen, Gedächtnis) beinhalten (Foscht & Swoboda, 2007).

Aktivierende Prozesse sind als solche zu verstehen, die den Organismus (O) des Körpers mit Energie versorgen und ihn dadurch in einen Zustand der Leistungsbereitschaft versetzen (Foscht & Swoboda, 2007; Kroeber-Riel & Gröppel-Klein, 2013). Sie sind von zentraler Bedeutung zur Erklärung von Verhalten und sollen gleichermaßen zur Erklärung von Sharingverhalten herangezogen werden. Für ein erfolgreiches Marketing ist es von Bedeutung, wie bspw. durch geeignete Kommunikationspolitik Aktivierung ausgelöst oder der Intensitätsgrad der Aktivierung gesteigert werden kann. Kroeber-Riel & Gröppel-Klein (2013) zählen zu den aktivierenden Vorgängen jene Prozesse der Emotion, Motivation und Einstellung. Aktivierende Prozesse beinhalten dabei oft kognitive Komponenten und umgekehrt, sodass die Zuordnung einzelner interessierender Konstrukte auf Basis der überwiegend dominierenden Komponente erfolgt.

Prädisponierende Prozesse bzw. Prädispositionen werden als ein „Vorgeprägtsein" des Individuums verstanden, welches einen moderierenden Einfluss auf das Konsumentenverhalten ausüben kann. Bei prädisponierenden Prozessen handelt es sich um Größen, die auf Seiten des Konsumenten bereits vor Wahrnehmung des Stimulus (S) präsent sind. Ein klassisches Beispiel hierfür stellt die kulturelle Zugehörigkeit dar (Griese & Bröring, 2011). Dies bedeutet wiederum, dass aktivierende und kognitive Prozesse von prädisponierenden Prozessen beeinflusst werden.

3.3.2 Das Schalenmodell zur inhaltlichen Differenzierung intervenierender Variablen

Auch wenn die Unterscheidung der intervenierenden Variablen des Organismus „O" in kognitiv, aktivierend und prädisponierend im nationalen und internationalen Schrifttum eine hohe Verbreitung erfahren hat, so soll im Nachfolgenden zur Konzeptualisierung der Einflussfaktoren auf das Sharingverhalten eine andere Form der Ausdifferenzierung gewählt werden, die sich nach inhaltlichen Kriterien definiert.

Das sog. **Schalenmodell** des Käuferverhaltens, welches von Foscht & Swoboda (2007)[35] etabliert wurde, hat den konzeptionellen Vorteil, die **inter- und intrapersonelle Ebene** der intervenierenden Variablen unterschieden zu können, was v.a. mit Blick auf Implikationen für die Praxis von Sharing-Anbietern von Vorteil sein kann.[36] Gemäß diesem Modell können

35 Das Schalenmodell wurde ursprünglich von Weiber (1996) entwickelt und soll im hier zitierten Sinne von Foscht & Swoboda (2007, S. 32) als didaktisches Hilfsmittel verstanden werden, um eine inhaltliche Trennung der Bestimmungsfaktoren des Käuferverhaltens innerhalb der intervenierenden Variablen „O" zu ermöglichen. Das Schalenmodell berücksichtigt dabei nicht die Beziehungen zwischen einzelnen Determinanten. Zudem lassen Foscht & Swoboda (2007) unklar, wie das Verhältnis von kognitiven, aktivierenden und prädisponierenden Faktoren zu den persönlichen, sozialen und kulturellen Bestimmungsfaktoren zu verstehen ist. An dieser Stelle könnte die These aufgestellt werde, dass beide Perspektiven auf den Organismus inhaltliche Überschneidungen, zu einem gewissen Grad aber auch Inkommensurabilitäten aufweisen.

36 So bietet genannte Unterscheidung im Rahmen der Marketingentscheidungsprozesse von Anbietern z.B. die Möglichkeit, Restriktionen der Marktbeeinflussung zu erkennen - bspw. kulturelle Hürden beim Konsum bestimmter Produkte oder Dienstleistungen als Element

die beiden inneren Schalen, welche die (1) psychischen und (2) persönlichen Determinanten des Käuferverhaltens umschreiben, der intrapersonellen Ebene zugeordnet werden. Sie betrachten das Zusammenspiel von Einflussfaktoren im Inneren des Konsumenten. Die äußeren Schalen der (3) sozialen und (4) kulturellen Determinanten sind demnach auf der interpersonellen Ebene zu verorten. Hier steht das Zusammenwirken des Konsumenten mit Personen seiner Umwelt im Fokus der Betrachtung (Braun, Jablonka & Nicolai, 2014).

Wie in Kapitel 2.3 aufgezeigt, stellt Sharing aus theoretischer Sicht eine eigene Austauschform dar, kann jedoch von Elementen des klassischen Warentauschs nicht trennscharf abgegrenzt werden. Vielmehr werden inhaltliche Überschneidungen beider Austauschformen angenommen (Belk, 2010). Da sich beide Formen demnach bis zu einem gewissen Grad ähneln, kann **analog** davon ausgegangen werden, dass sich die Determinanten zur Erklärung von Sharing- bzw. Kaufverhalten ebenso gleichen. Daher wird das Schalenmodell des Käuferverhaltens in ein **Schalenmodell zur Erklärung von Sharingverhalten** weiterentwickelt. Es wird angenommen, dass analog zum Warentausch auch im Sharing psychische, persönliche, soziale und kulturelle Determinanten als Einflussfaktoren auf das Verhalten unterschieden werden können.

Abbildung 4 visualisiert das Schadenmodell der Einflussfaktoren auf das Sharingverhalten in Anlehnung an die Darstellung von Foscht & Swoboda (2007). Neben der Nennung der Schalen (links) werden in der mittleren Spalte die verschiedenen Determinanten ausdifferenziert. Angefangen mit der intrapersonellen Ebene, umfassen die (**1**) **psychischen Determinanten** die Prozessgrößen der Emotion, Motivation und Einstellung.[37] Als (**2**) **per-**

---

der interpersonellen Ebene: Ist die Kultur eines Landes tendenziell individualistisch ausgeprägt, werden sich Marktleistungen im Sharingbereich, die ein intensives Interagieren von Konsumenten erfordern (C2C), u.U. schwerer durchsetzen als in kollektivistisch geprägten Kulturen (siehe zum kulturellen Vergleich beim Teilen von Geld auch Strombach et al. (2013)). Auf intrapersoneller Ebene helfen gewonnene Erkenntnisse z.B. Einflussfaktoren auf die Wirkung des Marketinginstrumentariums zu bestimmen – bspw. kann ein geringes Involvement der Zielgruppe Einfluss auf die Resonanz von Werbeanzeigen haben. Eine Implikation könnte dann ggf. darin bestehen, durch eine emotionalisierende Kommunikationspolitik und Betonung hedonistischer Aspekte das Involvement der Zielgruppe zu erhöhen.

37 Foscht & Swoboda (2007) unterschieden für die innerste Schale der psychischen Determinanten noch zwischen aktivierenden und kognitiven Prozessen. Da sich die vorliegende Arbeit jedoch ausschließlich auf aktivierenden Prozessgrößen der Emotion, Motivation und Einstellung fokussiert, wird die Darstellung kognitiver Elemente der Wahrnehmung, des Denkens und Lernens unberücksichtig gelassen.

sönliche Determinanten sind das Involvement und die Persönlichkeit zu verstehen. Auf interpersoneller Ebene handelt sich bei den (3) **sozialen Determinanten** um Einflussgrößen der näheren sozialen Umwelt, wie bspw. der Familie oder anderer Bezugsgruppen der beruflichen und persönlichen Lebensführung (Vereine etc.). Die (4) **kulturellen Determinanten** umfassen die weitere Umwelt, insbesondere die soziale Schicht, Subkultur oder Landeskultur (Foscht & Swoboda, 2007; Griese & Bröring, 2011; Kroeber-Riel & Gröppel-Klein, 2013).

Abbildung 4: Schalenmodell der Einflussfaktoren auf das Sharingverhalten in Anlehnung an das Schalenmodell des Käuferverhaltens von Foscht & Swoboda (2007)

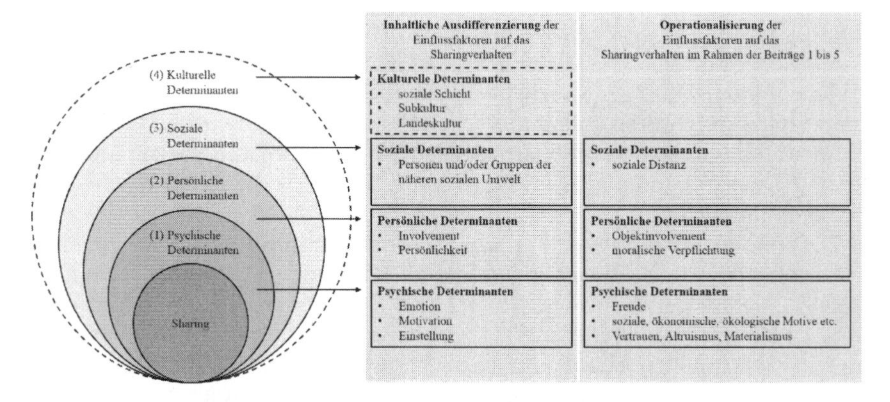

Die rechte Spalte gibt schließlich Aufschluss darüber, wie **Determinanten der einzelnen Schalen in den vorliegen Beiträgen 1 bis 5 (siehe Kapitel 5) operationalisiert** werden.[38] So werden die psychischen Determinanten der Einstellung bspw. durch die Konstrukte, Vertrauen, Altruismus und Materialismus operationalisiert. Im Rahmen der persönlichen Determinanten wird zur Operationalisierung von Involvement bspw. das Objektinvolvement herangezogen. Die sozialen Determinanten, welche die Personen und/oder Bezugsgruppen der näheren Umwelt erfassen, werden über das Konstrukt der sozialen Distanz abgedeckt. Die äußerste Schale der kulturellen

38 Die verknüpfende Darstellung der ausdifferenzierten Schalen einerseits und der Operationalisierung ebendieser anderseits, ist als didaktisches Hilfsmittel zu verstehen, um im Kapitel 4 die Systematisierung der Beiträge nach den Dimensionen „psychisch", „persönlich" und „sozial" nachvollziehen zu können.

Determinanten wird nachfolgend nicht näher betrachtet, was mit einer bewussten Fokussierung auf für das Marketing beeinflussbare Verhaltensgrößen erklärt werden kann. Auf kulturelle Determinanten kann demnach – gleichwohl sie wichtig für ein Verständnis der psychologischen Vorgänge innerhalb des Konsumenten in verschiedenen Absatzmärkten sind – aus Sicht der strategischen Marketingplanung kaum aktiv Einfluss genommen werden.[39] Daher konzentriert sich vorliegende Arbeit ausschließlich auf psychische, persönliche und soziale Determinanten zur Erklärung von Sharingverhalten.

Die nachfolgenden Kapitel 3.3.2.1 bis 3.3.2.3 haben zum **Ziel,** die eben erwähnten **Einflussfaktoren der unterschiedlichen Schalen, sowie deren operationalisierende Konstrukte zu definieren und erläutern.** Die Kapitel sind wie folgt aufgebaut: Zunächst werden die beschriebenen und in Abbildung 4 dargestellten Determinanten ausführlich erläutert. Danach wird die Relevanz des jeweiligen Einflussfaktors zur Erklärung von Sharingverhalten aufgezeigt und abschließend das operationalisierende Konstrukt im Kontext der Beiträge 1 bis 5 dargestellt.[40]

3.3.2.1 Psychische Determinanten des Konsumentenverhaltens im Sharing

3.3.2.1.1 Emotion

Die Emotion wird in der behavioralen Konsumentenverhaltensforschung als aktivierender Prozess verstanden, der einem inneren Erregungsvorgang gleicht und als angenehm oder unangenehm empfunden werden kann (Foscht & Swoboda, 2007; Kroeber-Riel & Gröppel-Klein, 2013).[41] In der Li-

---

39 Foscht & Swoboda (2007, S. 119) schreiben zur Bedeutung der äußeren Schalen folgendes: „Tendenziell kann davon ausgegangen werden, dass die relative Bedeutung der weiteren Determinanten für das individuelle Käuferverhalten – von innen nach außen betrachtet – abnimmt. Z. B. ist die Relevanz des Involvement höher als die der Familie und diese wieder höher als die der (Landes-) Kultur etc." Hieraus lässt sich schlussfolgern, dass die äußere Schale der kulturellen Determinanten nur geringe bis gar keine Beeinflussung des Konsumentenverhaltens erlaubt. Mit Blick auf die strategische Marketingplanung können bis auf die Frage der Marktauswahl (Soll das Unternehmen in einen Markt eintreten, der gewissen kulturellen Einflüssen unterworfen ist?) kaum strategische Instrumente gefunden werden, die kulturell bedingtes Konsumverhalten aktiv beeinflussen können.

40 Die genaue Zielsetzung und Vorgehensweise der Beiträge 1 bis 5 wird nachfolgend nur am Rande erwähnt. Eine detaillierte Darstellung zum inhaltlichen Hintergrund der einzelnen Beiträge erfolgt jedoch ausführlich im Kapitel 4.

41 Hiervon abzugrenzen sind die im allgemeinen und populärwissenschaftlichen Sprachgebrauch oft synonym verwendeten Begriffe der Stimmung, des Gefühls oder des Affekts (siehe hierzu Kroeber-Riel & Gröppel-Klein (2013); Römhild (2016)).

teratur existiert eine Vielzahl von unterschiedlichen Definitionen des Emotionsbegriffs.[42] So definieren bspw. Foscht & Swoboda (2007) den Emotionsbegriff nach vier verschiedenen Dimensionen:

- Die Erregung, welche die Intensität der inneren Aktivierung beschreibt.
- Die Empfindungsrichtung, welche durch positiv/angenehm oder negativ/unangenehm gekennzeichnet ist.
- Die Erlebnisqualität, welche der Emotion eine Bedeutung gibt (z.B. Liebe oder Freundschaft).
- Das subjektive Bewusstsein, welches den Grad des „sich bewusst werdens" über die empfundene Emotion widerspiegelt.

Im Kontext des Sharing-Phänomens wird in der Konsumentenverhaltensforschung allem voran die **Emotion der Freude** thematisiert (z.B. Hamari, Sjöklint & Ukkonen, 2016). Freude gilt nach Izard (1999) als eine der insgesamt zehn angeborenen Basisemotionen[43], welche zudem noch Interesse, Überraschung, Geringschätzung, Scham, Kummer, Zorn, Ekel, Furcht und Schuldgefühl umfassen (Foscht & Swoboda, 2007). Izard (1991, S. 137) definiert die Emotion dabei wie folgt: „Joy is sensed as a pleasant, desirable, positive, rewarding feeling. It includes a sense of psychological comfort and well-being". Im Bereich von Sharing auf peer-to-peer (P2P oder C2C) Übernachtungsplattformen wie bspw. Airbnb stellte Tussyadiah (2016) fest, dass die Freude an der Teilnahme solcher Sharing-Angebote einen positiven Einfluss auf die Zufriedenheit und in gleichem Maße auf die zukünftige Nutzungsintention hat. Auch nach Hamari, Sjöklint & Ukkonen (2016) ist die Freude an der Sharing-Aktivität der stärkste Prädiktor zur Erklärung der Teilnahmeintention an Aktivitäten des kollaborativen Konsums.

Die **Freude an der Sharing-Aktivität** wird in Beitrag 3 dieser Arbeit als Einflussfaktor auf die Sharingintention untersucht. Freude wird analog zu den genannten Studien als Vergnügen verstanden, welches durch die Sharing-Aktivität wahrgenommen wird. Erfährt die Emotion der Freude zusätzlich eine kognitive Handlungsorientierung, so kann sie als Motiv verstanden werden, wie dies in Beitrag 2 der Fall ist. Hier wird unter Anwendung der Selbstregulierungstheorie (auch SDT-Theorie genannt) die bedingungslose Freude an einer Tätigkeit als klassischer intrinsischer Motivator

42 Für eine detaillierte Diskussion zu den theoretischen Grundlagen und Charakteristika von Emotionen siehe Römhild (2016). Für eine Systematisierung unterschiedlicher Emotionsbegriffe siehe Kleinginna & Kleinginna (1981a).

43 Neben der Klassifikation von Izard gibt es weitere Abgrenzungsversuche unterschiedlicher Basisemotionen (vgl. z.B. Darwin (1872); Ekman (1999); Plutchik (1980); Tomkins (1987)).

beschrieben (Deci & Ryan, 2012; Ryan & Deci, 2000a). Auf eine genaue begriffliche Bestimmung der Motivation wird nachfolgend eingegangen.

3.3.2.1.2 Motivation

Der Begriff der Motivation wird als psychische Antriebskraft beschrieben, welche das Handeln mit Energie versorgt und – in Weiterentwicklung zur Emotion – auf ein Ziel ausgerichtet ist (Foscht & Swoboda, 2007; Strombach et al., 2016).[44] Motivation ergibt sich demnach aus dem Zusammenspiel der Emotion und einer kognitiven Handlungsorientierung. Anders formuliert lässt sich konstatieren, dass die Emotion zunächst als subjektiv erlebter, innerer Erregungsvorgang verstanden wird, während der Motivation zusätzlich zur inneren Spannung noch eine Zielorientierung beiwohnt (Foscht & Swoboda, 2007; Kroeber-Riel & Gröppel-Klein, 2013). Bevor jedoch eine Handlungsorientierung entstehen kann, wird vom Konsumenten zunächst ein Bedürfnis wahrgenommen. Unter Motiven bzw. Bedürfnissen[45] versteht man ein subjektives Mangelempfinden, welches zu Beginn nicht zielgerichtet ist. Erst durch die kognitive Verarbeitung erfährt ein Bedürfnis letztlich Motiv- bzw. Zielqualität (Foscht & Swoboda, 2007; Kroeber-Riel & Gröppel-Klein, 2013; Trommsdorff, 2008). Durch den Zusatz der Zielgerichtetheit von Verhalten ist ein Motiv bzw. eine Motivation im Vergleich zur Emotion von höherer zeitlicher Konsistenz (Trommsdorff, 2008).

In der Sharing-Literatur wurde der Einfluss zahlreicher Motive auf klassische marketingrelevante Konstrukte, wie die Einstellung, Nutzungsintention oder Zufriedenheit untersucht (Bellotti et al., 2015; Hamari, Sjöklint & Ukkonen, 2016; Möhlmann, 2015).[46] Auch die vorliegenden Beiträge prüfen **unterschiedliche Motive als Einflussfaktoren auf das Sharingverhalten.** So werden in Beitrag 2 unter Berücksichtigung von Motivationstheorien, wie der erwähnten SDT-Theorie („Self-Determination Theory") und ERG-Theorie (Theory of Existence, Relatedness and Growth Needs") unterschiedliche Motivationen für die Teilnahmeintention im Sharing-Kontext thematisiert. Im Beitrag 4 werden unter Anwendung des sog. „Triple Bottom Line

---

44 Analog zum Emotionsbegriff gibt es ebenso eine Vielfalt an Definition für den Begriff der Motivation (vgl. hierzu u.a. Atkinson & Birch (1964); Kalat (1981); Littman (1958)). Für eine Systematisierung verschiedener Motivationsbegriffe siehe Kleinginna & Kleinginna (1981b).

45 In der Literatur wird zwischen primären und sekundären Motiven unterschieden. Primäre Motive sind angeboren, während sekundäre Motive erst durch Sozialisierungsprozesse erlernt werden (Kroeber-Riel & Gröppel-Klein, 2013; Meffert, 2013).

46 Siehe für einen systematischen Überblick untersuchter Motive im Sharing Hawlitschek, Teubner & Gimpel (2016).

Approach" (TBL) **soziale, ökonomische und ökologische Motive** hinsichtlich ihrer prädiktiven Kraft auf die Loyalität zu einem Sharing-Anbieter untersucht. Neben diesen motivationalen Einflussfaktoren, sind ebenso einstellungsbasierte Konstrukte zur Erklärung des Sharingverhaltens von Belang. Diese werden nachfolgend näher erläutert.

3.3.2.1.3 Einstellung

Die Einstellung – welche nach der Emotion und Motivation als wiederum noch komplexeres Konstrukt zur Bestimmung von Konsumentenverhalten dient – umfasst die Motivation und kognitive Gegenstandsbeurteilung (Foscht & Swoboda, 2007; Kroeber-Riel & Gröppel-Klein, 2013). Sie wird definiert als wahrgenommene Eignung eines Gegenstands zur Befriedigung von Motiven und wird im Marketing als Schlüsselvariable zur Erklärung und Prognose des Konsumentenverhaltens angesehen (Foscht & Swoboda, 2007; Kroeber-Riel & Gröppel-Klein, 2013).[47] Einstellungen sind im Vergleich zu Emotion und Motivation von deutlich höherer zeitlicher Konsistenz (Fishbein & Ajzen, 1975; Trommsdorff & Teichert, 2011). Diesen Aspekt nimmt Trommsdorff (2004) zum Anlass, Einstellung als „Zustand einer gelernten und relativ dauerhaften Bereitschaft, in einer entsprechenden Situation gegenüber dem betreffenden Objekt regelmäßig mehr oder weniger stark positiv bzw. negativ zu reagieren" (zitiert nach Kroeber-Riel & Gröppel-Klein (2013, S. 234), im Original von Trommsdorff (2004)) zu beschreiben. Diese Definition lässt sich gleichwohl im Kontext des Sharings anwenden, da intuitiv davon ausgegangen werden kann, dass der Konsument eine dauerhafte Bereitschaft zeigt, in einer entsprechenden Sharing-Situation gegenüber dem Akt des Sharings und/oder dem Sharing-Objekt positiv oder negativ zu reagieren. Diesen Zustand, der auch als „innere Haltung" eines Konsumenten bezeichnet wird (Foscht & Swoboda, 2007), kann Sharingverhalten entweder fördern oder erschweren.

Innerhalb der vorliegenden Arbeit wird in Beitrag 1 der Einfluss von drei einstellungsähnlichen Konstrukten auf Sharing untersucht: Vertrauen, Altruismus und Materialismus.[48]

---

47 Die Einstellungsforschung hat, u.a. auch wegen ihrer Bedeutung im Marketing, eine Vielzahl an Definitionen hervorgebracht, die sich oftmals auf verschiedene Facetten des Phänomens fokussieren (Kroeber-Riel & Gröppel-Klein, 2013). Für einen Überblick über die Einstellungsforschung siehe Argyriou & Melewar (2011).

48 Bereits frühere Studien haben sowohl Vertrauen (vgl. z.B. Kenning (2002, 2008)), als auch Altruismus (vgl. z.B. Bester & Güth (1998)) und Materialismus (vgl. z.B. Roets, Van Hiel & Cornelis (2006); Torlak & Koc (2007)) als einstellungsähnliche Konstrukte betrachtet. Dies steht im Gegensatz zur psychologischen Literatur, wo Vertrauen und Altruismus vorwie-

In der Literatur wird davon ausgegangen, dass **Vertrauen und Altruismus** einen grundsätzlich positiven Einfluss auf die Sharingintention aufweisen. Vertrauen wird verstanden als „degree to which an individual or a group is viewed as being reliable in their verbal or written statements" (zitiert nach Kapitel 5.1.4.3, im Original von Rotter (1971)). Frühere Studien haben gezeigt, dass z.B. eine hohe Ausprägung im zwischenmenschlichen Vertrauen (Abrams et al., 2003) bzw. im Vertrauen in die Sharing-Plattform (Hawlitschek, Teubner & Weinhardt, 2016) einen positiven Einfluss auf Sharing haben kann. Auch die Arbeiten von Belk (2007, 2010) betonen die Relevanz von Vertrauen für die Austauschform des Sharings.

Beitrag 1 greift ebenso die Hypothese auf, dass eine altruistische Einstellung des Individuums positiv auf die Sharingintention wirken kann. Altruismus wird definiert als „one person providing benefit to another as an expression of internal values" (zitiert nach Kapitel 5.1.4.3 , im Original von Price, Feick & Guskey (1995); Schwartz (1977)). Eine Studie von Bellotti et al. (2015) zeigt, dass Altruismus einen grundsätzlichen Einfluss auf Sharingverhalten ausübt, gleichwohl es starke Unterschiede in den altruistischen Einstellungen zwischen Sharing-Geber und Sharing-Nehmer gibt.

Dem Einstellungskonstrukt des **Materialismus** liegen hingegen unterschiedliche Befunde zum Einfluss auf Sharing zugrunde. Materialismus wird in Beitrag 1 im Sinne von Belk (1985) als „the perceived importance a consumer attaches to material possessions, such that people with high levels of materialism afford possessions a central role in their lives" (zitiert nach Kapitel 5.1.4.3, im Original von Belk (1985)) verstanden. Frühere Studien zeigen sowohl einen positiven (Davidson, Habibi & Laroche, 2018), als auch negativen (vgl. z.B. Akbar, Mai & Hoffmann, 2016) Einfluss einer materialistischen Einstellung auf Sharing.

Neben den psychischen Determinanten können ebenso die persönlichen Determinanten, namentlich das Involvement und die Persönlichkeit zur Erklärung von Sharingverhalten herangezogen werden. Diese werden nachfolgend erläutert.

---

gend als Verhaltensvariable determiniert werden. Dies scheint sich im Rahmen der Marketingforschung allerdings nicht wiederzufinden, was damit zusammenhängen könnte, dass die Einstellung im Vergleich zum Verhalten die dominante Größe darstellt, da sie auch dann vorhanden ist, wenn bspw. Vertrauensverhalten nicht beobachtet werden kann (siehe hierzu auch Kenning (2002)).

3.3.2.2 Persönliche Determinanten des Konsumentenverhaltens im Sharing

3.3.2.2.1 Involvement

Das Involvement ist nach Foscht & Swoboda (2007) den persönlichen Determinanten des Konsumentenverhaltens zuzuordnen. Es wird verstanden als das innere Engagement, mit dem sich ein Individuum einem Sachverhalt oder einer Aufgabe widmet (Foscht & Swoboda, 2007). Vor allem Prozesse des Lernens können je nach Ausprägung des Involvements von einem unterschiedlichen Ausmaß an kognitiver Leistungsbereitschaft begleitet werden. Bei High-Involvement Situationen ist davon auszugehen, dass der jeweilige Sachverhalt eine hohe Aufmerksamkeit und Verarbeitungstiefe erfährt. Insgesamt kann sich das innere Engagement eines Individuums auf vielfältige Sachverhalte beziehen, sodass verschiedene Typen des Involvements differenziert werden können (Foscht & Swoboda, 2007; Mühlbacher, 1982; Trommsdorff, 2004):

- Das Persönlichkeitsinvolvement, welches durch die innere Werthaltung eines Menschen bestimmt wird.
- Das Objektinvolvement, welches das Engagement bzgl. eines Produktes oder einer Dienstleistung etc. meint.
- Das Situationsinvolvement, welches durch das Engagement in einer unmittelbaren Kauf- und/oder Kommunikationssituation gekennzeichnet ist.

In der vorliegenden Arbeit widmet sich Beitrag 1 dem **Objektinvolvement** und untersucht seinen Einfluss auf die Bereitschaft zum Sharing. Dieses Objekt- bzw. Produktinvolvement wird dabei definiert als „perceived relevance of an object for oneself " (zitiert nach Kapitel 5.1.4.2, im Original von Zaichkowsky (1985, S. 341)). Involvement gilt – ähnlich zum Einstellungsbegriff – als "Schlüsselkonstrukt der Marketingforschung" (zitiert nach Kroeber-Riel & Gröppel-Klein (2013, S. 461), im Original von Trommsdorff (2008)) und findet im internationalen Schrifttum entsprechend weite Verbreitung (vgl. z.B. Bauer, Sauer & Becker, 2006; Dardis & Shen, 2008; Michaelidou & Dibb, 2006). Erste qualitative Studien konnten zeigen, dass Individuen in ihrer Bereitschaft zum Sharing differenzieren und Produkte mit hohem emotionalen Wert seltener teilen (Hellwig et al., 2015). Ähnlich dem Einfluss des Involvements, wird ebenso für die Persönlichkeit des Individuums davon ausgegangen, dass diese einen differenzierten Einfluss auf das Sharingverhalten hat. Eine Facette der Persönlichkeit, welche die wahrgenommene moralische Verpflichtung zu einem bestimmten Verhalten beschreibt, wird nachfolgend erläutert.

3.3.2.2.2 Persönlichkeit

Nach Foscht & Swoboda (2007) zählt die Persönlichkeit und die damit verbundenen Merkmale – wie Werte und Normen – zum Kreis der persönlichen Determinanten zur Bestimmung von Konsumentenverhalten. Die Persönlichkeit wird verstanden als „ganzheitlich-komplexe[r] Zustand charakteristischer Gefühls-, Wissens-, Motiv-, Einstellungs-, Werte-, [und] Verhaltensmuster" (Trommsdorff & Teichert, 2011, S. 33). Aus der Tiefenpsychologie ist bekannt, dass v.a. **moralische Werte** und Normen einen zentralen Aspekt der Persönlichkeit ausmachen.[49] Werte gelten dabei als implizite und/ oder explizite Konzeptionen des Wünschenswerten (Foscht & Swoboda, 2007). Kroeber-Riel & Gröppel-Klein (2013) sprechen auch von stark internalisierten Einstellungen, die Orientierungsmaßstäbe individueller Daseinsbewältigung (nach Gröppel (1991), im Original von Raffeé & Wiedmann (1988)), aber auch präskriptive Erwartungen an die Gesellschaft darstellen. Gerade der in den vergangenen Jahren beobachtbare „Hype" um Sharing als Gegenpol zur klassischen Austauschpraxis „Ware gegen Geld" wird in der öffentlichen Diskussion unter dem Begriff des moralischen Handelns kritisch thematisiert (Dörr & Goldschmidt, 2016; Schultz, 2014) – oft implizit mit der Frage, ob Sharing eine nachhaltige Konsumpraxis sei oder nicht (Cohen, 2016; IÖW, 2017).

Moralische Wertvorstellungen können im Kontext von Sharing jedoch **verschiedene Ausprägungen** annehmen. Gollnhofer, Hellwig & Morhart (2016) haben z.B. festgestellt, dass Foodsharer ihrem Handeln unterschiedliche Prinzipien einer moralischen Werthaltung zugrunde legen. So wird der Akt des Foodsharings sowohl mit dem Gerechtigkeitsprinzip (= Je mehr Lebensmittel man abgibt, desto mehr darf man sich nehmen), als auch mit dem Bedürftigkeitsprinzip (= Es dürfen nur bedürftige Menschen als Sharing-Nehmer auftreten) und dem Gleichheitsprinzip (= Es geht nicht darum, wer überschüssige Lebensmittel bekommt, sondern um den Fakt der Umverteilung) gerechtfertigt.[50] Insofern widmet sich Beitrag 3 der Frage, inwieweit die gefühlte **moralische Verpflichtung** eines Individuums die Sharingintention beeinflussen kann. Im Sinne von Schwartz (1977) kann als moralische Verpflichtung die eigene Erwartungshaltung gegenüber sich

---

49 So wird bspw. in der Psychoanalyse, die in einer Person geltenden moralischen Regeln und Normen dem sog. „Über-Ich" zugeordnet, welches im Gegensatz zum „Es" als primitiver, unbewusster Teil der Persönlichkeit und zum „Ich" als realitätsorientierter Aspekt der Persönlichkeit steht (Foscht & Swoboda, 2007).

50 Gollnhofer, Hellwig & Morhart (2016) stellen in ihrer Studie interessanterweise fest, dass die unterschiedlichen Logiken von Gerechtigkeitsprinzip vs. Bedürftigkeitsprinzip unter Foodsharern ein hohes Konfliktpotential beherbergen.

selbst hinsichtlich der Teilnahme an einem bestimmten Verhalten, wie dem Sharing verstanden werden.[51] Auch wenn das Konstrukt der „moralischen Verpflichtung“ bisher nicht explizit im Sharing-Kontext empirisch quantitativ untersucht wurde, so gibt es doch Studien, die den Zusammenhang von moralischen Prinzipien und pro-sozialem Verhalten im Allgemeinen belegen (siehe z.B. Joyce (2007); Krebs (2008); Turiel (2002)).[52] Insofern ist davon auszugehen, dass dieser Zusammenhang auch im Sharing zutrifft.

Neben den persönlichen Determinanten können auf interpersoneller Ebene ebenso die sozialen Determinanten herangezogen werden, welche in dieser Arbeit durch das Konstrukt der sozialen Distanzen operationalisiert werden. Dieses wird nachfolgend näher erläutert.

3.3.2.3 Soziale Determinanten des Konsumentenverhaltens im Sharing

Ausgehend vom S-O-R-Modell sind die sozialen Determinanten zur Bestimmung des Sharingverhaltens von Relevanz. Die sozialen Determinanten beinhalten wie in Kapitel 3.3.2 erläutert, die Einflussgrößen aus der näheren sozialen Umwelt des Konsumenten, wie bspw. der Familie oder anderer Bezugsgruppen. Vor dem Hintergrund umweltpsychologischer Ansätze gehen Kroeber-Riel & Gröppel-Klein (2013) davon aus, dass das menschliche Verhalten von der physischen Umwelt beeinflusst wird. Diese Umwelt lässt sich in **mehrere Bezugsgruppen** unterteilen, denen sich der Konsument zugehörig fühlt, was sich u.a. an der Verfolgung gemeinsamer Ziele zeigt (Foscht & Swoboda, 2007).

In der Konsumentenverhaltensforschung wird gemeinhin zwischen **Primär- und Sekundärgruppen** zur Unterteilung der näheren sozialen Umwelt unterschieden. Primärgruppen sind kleine Gruppen, die sich durch die persönliche Interaktion zwischen den Mitgliedern auszeichnen und dadurch ein ausgeprägtes „Wir-Bewusstsein“ entstehen lassen (Foscht & Swoboda, 2007; Kroeber-Riel & Gröppel-Klein, 2013). Als Beispiel können Familie, Nachbarschaft, Freundeskreise und kleinere Gemeinden genannt werden. Unter Sekundärgruppen sind hingegen größere Gruppen zu zählen, deren Mitglieder ein formal begründetes Verhältnis zueinander aufweisen.

---

51 Schwartz (1977, S. 226) referiert hierzu konkret:” […] these self-expectations are experienced as feelings of moral obligation, and they are not necessarily considered self-consciously. Behavior is motivated by the desire to act in ways consistent with one's values so as to enhance or preserve one's sense of selfworth and avoid self-concept distress.”

52 Konkreter wurde bspw. die moralische Norm im nicht-kommerziellen Kontext, wie dem Spenden von Blut (Armitage & Conner, 2001b), umweltfreundlichem Verhalten (Harland, Staats & Wilke, 1999) oder dem Spenden für gemeinnützige Zwecke (Van der Linden, 2011) untersucht.

Kontakte zwischen Gruppenmitgliedern sind nicht oder nur unregelmäßig vorhanden und laufen meist unpersönlich ab. Typische Beispiele sind Betriebe, große Vereine oder wirtschaftliche Verbände (Kroeber-Riel & Gröppel-Klein, 2013).

Beiden Gruppen ist gemein, dass sie durch ein mal mehr, mal weniger enges Beziehungsgefüge gekennzeichnet sind. Dies ist für die Austauschform des Sharings von Bedeutung, da – wie in Kapitel 2.3 und 2.4 beschrieben – Beziehungen in der prototypischen Form des Sharings eine Schlüsselvariable darstellen. Besonders die von Belk (2010) bezeichnete Form des „Sharing-In“ wäre ohne ein liebevolles, auf Emotionen basierendes Beziehungsgefüge, wie es z.B. in der Familie vorhanden ist, nicht möglich. Auch kommerzielleren Formen von Sharing kann ein Beziehungsgefüge – wenn gleich weit weniger emotional, sondern vielmehr zweckbasiert – unterstellt werden, wie die Zielsetzung jüngerer Marketingkampagnen von Sharing-Unternehmen wie Car2Go oder Airbnb vermuten lässt.[53] Ausgehend von diesen Überlegungen kann man die These aufstellen, dass reines Sharing vornehmlich in Primärgruppen – allen voran wie von Belk beschrieben in der Familie – stattfindet, während kommerziellere Formen des Sharings tendenziell im Beziehungsgefüge von Sekundärgruppen zu finden sind.

Im Rahmen der vorliegenden Arbeit geht Beitrag 1 der Frage nach, inwieweit die Sharingintention eines Sharing-Gebers durch die Beziehung zu unterschiedlichen Sharing-Nehmern beeinflusst wird. Dabei wird die Beziehung zwischen Sharing-Geber und Sharing-Nehmer in Form der **sozialen Distanz** operationalisiert. Diese ist definiert als „the extent to which the decision maker cares about another person” (Strombach et al., 2013, S. 236). Bis dato wurde das Konstrukt der „sozialen Distanz“ nicht explizit im Sharing-Kontext untersucht, allerdings lassen sich neben den zuvor erwähnten theoretischen Überlegungen, sozialpsychologische Studien finden, die einen Einfluss von sozialen Distanzen bspw. auf das Sharing von Geld festgestellt haben (Goeree et al., 2010; Strombach et al., 2013).

53 Der kommerzielle Anbieter Daimler startete mit seiner Marke Car2Go im Sommer 2017 die Kampagne „Proud to Share“, bei welcher unter dem Hashtag „#OurCar“ Menschen in 26 Städten weltweit zusammengebracht wurden, die in der Vergangenheit dasselbe Car2-Go-Auto gefahren sind. Diese Zusammentreffen, welche u.a. auch in einigen deutschen Städten stattfanden, wurden in einer Fotoserie festgehalten und waren als großflächige Print-Kampagne unter dem Slogan „[Stadtname] is proud to share“ zu sehen (Theobald, 2017). Ein anderes Beispiel ist der von Airbnb ins Leben gerufene Hashtag „#OneLessStranger“, unter welchem Airbnb-User emotionale Momente des Miteinanders teilen und damit ein Zeichen für Gastfreundschaft und soziales Miteinander setzen (Piotrowicz, 2015).

Nachdem nun einzelne Einflussfaktoren auf das Sharingverhalten definiert und operationalisiert wurden, soll die Differenzierung in „psychisch", „persönlich" und „sozial" nachfolgend zur Systematisierung der Beiträge 1 bis 5 herangezogen werden. Mithilfe der Darstellung eines Quaders werden die Beiträge in drei Dimensionen verortet sowie anschließend deren Inhalt detailliert erläutert.

4. Systematische Einordnung der Beiträge 1 bis 5

In Kapitel 2 wurden die Anfänge der Sharing-Forschung aufgezeigt, sowie theoretisch-konzeptionelle Grundlagen der verhaltenswissenschaftlichen Sharing-Forschung gelegt. Es konnte u.a. gezeigt werden, dass Sharing facettenreiche Formen und Ausprägungen annehmen kann, die im Kern zwar das Teilen von Ressourcen beinhalten, aber in unterschiedlichem Ausmaß von pro-sozialen, auf Bindungen basierenden (= Sharing in Reinform, wie es in der Familie stattfindet) und kommer-ziellen Charakteristika (= Sharing, das auch Charakteristika des kommerziellen Warentausch innehat) gekennzeichnet sind.

In Kapitel 3 wurden mithilfe der Grundlagen klassischer Konsumentenverhaltensforschung und unter Zuhilfenahme des Schalenmodells Einflussfaktoren diskutiert, welche in den nachfolgenden fünf Beiträgen empirisch untersucht werden sollen.

Schließlich werden nachfolgend die Beiträge 1 bis 5 vor dem Hintergrund gewonnener Erkenntnisse in grafischer Form systematisiert. Der Zweck der Systematisierung besteht zum einen in der Übersichtlichkeit, da sie eine klare Abgrenzung der Beiträge zwischen verschiedenen Formen des Sharings und den verwendeten Determinanten zur Erklärung von Sharing erlaubt. Zum anderen wird die Komplexität der einzelnen Beiträge reduziert, sodass eine knappe und dennoch sachgerechte Darstellung über die situativen Kontexte der Beiträge möglich wird.

Um beiden Vorteilen – sowohl der Übersichtlichkeit, als auch der Komplexitätsreduktion – gerecht zu werden, wurde sich für eine Systematisierung anhand eines Quaders entschieden (siehe Abbildung 5). Die Achsen des Quaders spiegeln als Synthese vorangegangener Kapitel verschiedene Unterscheidungskriterien wieder und eröffnen einen dreidimensionalen Raum, innerhalb diesem die Beiträge eingeordnet werden. Die drei Dimensionen werden dabei wie folgt bezeichnet:

- *Art des Sharings:* Diese Dimension soll zeigen, ob es sich bei dem im Beitrag betrachteten Phänomen um ein nicht-kommerzielles und damit eher prototypisches oder ein kommerzielleres Sharing handelt. Zur Operationalisierung der beiden Dimensionen „Kommerzielles Sharing“ und „Nicht-kommerzielles Sharing“ wird als Proxy die Annahme von Belk (2010) zugrunde gelegt, dass bei nicht-kommerziellem Sharing kein Austausch von Geld involviert ist, während kommerzielles Sharing in direktem Kontakt zu Geld steht (siehe auch Kapitel 2.3).

- *Determinanten zur Erklärung von Sharing:* Hierbei handelt es sich um die drei Dimensionen, die im Rahmen des Schalenmodells zur inhaltlichen Ausdifferenzierung der intervenierenden Variablen genutzt wurden (siehe Kapitel 3.3). Während die Dimension „psychisch“ die aktivierenden Prozesse Emotion, Motivation und Einstellung umfasst, ist unter der Dimension „persönlich“ das Involvement und die Moral, sowie unter der Dimension „sozial“ die soziale Distanz zu verstehen.
- *Verwendete Methodik:* Es wird nach der im Beitrag verwendeten Methode unterschieden, die zur Beantwortung der jeweiligen Forschungsfrage angewandt wurde. Es handelt sich um die Unterscheidung in „konzeptionell“, „experimentell“ und „fragebogenbasiert“. Während Experimente und Fragebogenstudien der empirisch quantitativen Methodenlehre zugeordnet werden können, sind konzeptionelle Beiträge grundsätzlich auf das begriffliche Erfassen und Systematisieren von verschiedenen Aspekten und Eigenschaften eines Sachverhaltes ausgerichtet.[54]

54 Siehe hierzu die genaue Definition von "Konzeption": „Bezeichnung für eine Phase des kognitiven Geschehens, in deren Verlauf ein begriffliches Erfassen von Aspekten, Eigenschaften oder Relationen von Gegenständen oder Sachverhalten stattfindet. In den Bereich der Konzeption fallen somit Vorgänge, die als Abstraktion, Generalisierung, Überlegen und Vergleichen beschrieben werden. Das Instrument der Konzeption ist die Sprache, das Ergebnis sind Aussagen“ (Fröhlich, 2011, S. 294).

Abbildung 5: Systematisierung der Beiträge 1 bis 5 mithilfe der Darstellung eines Quaders (Quelle: Eigene Darstellung)

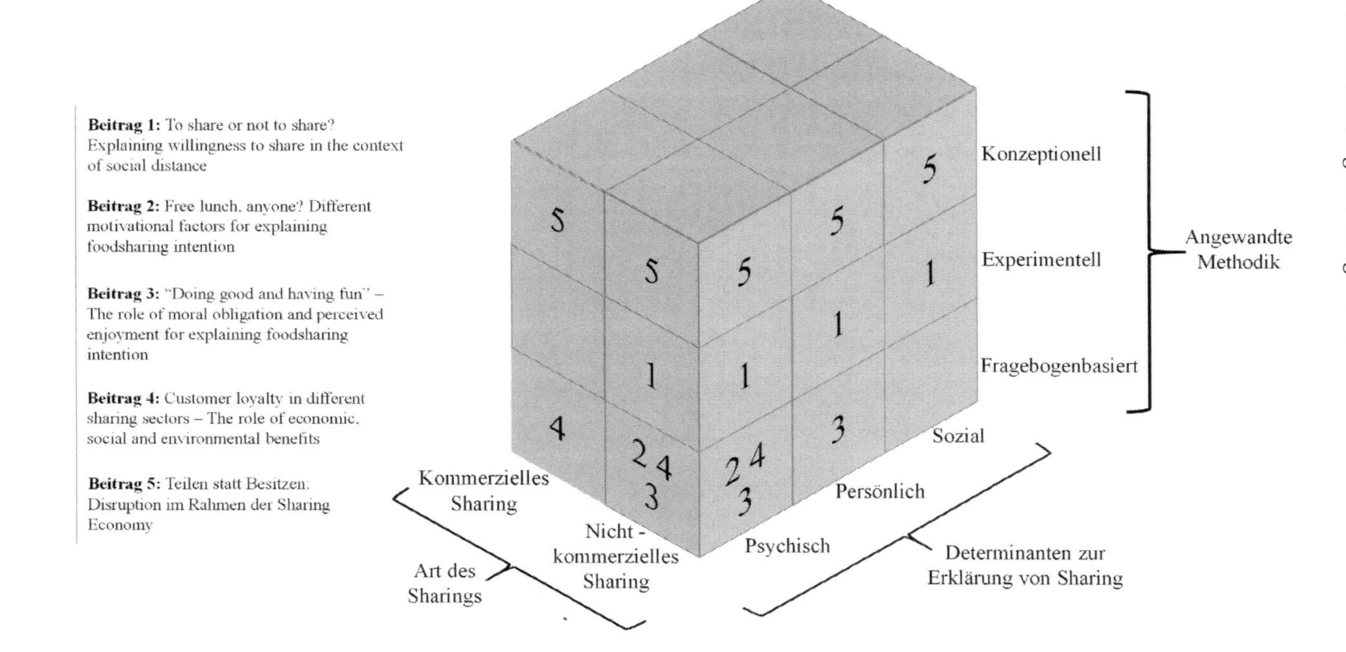

Beitrag 1 mit dem Titel „*To share or not to share? Explaining willingness to share in the context of social distance*" betrachtet das Sharing-Phänomen im **nicht-kommerziellen Kontext**. Demnach ist in der zugrunde gelegten Sharingform kein Geld involviert. Ziel des Beitrags ist es, den Einfluss einer sozialen Determinaten, namentlich der wahrgenommenen sozialen Distanz auf die „Willingness to Share" (WTS)[55] aufzuzeigen. Hier wird unter Anwendung der Feldtheorie (Lewin, 1939) zum einen geprüft, inwiefern die WTS über verschiedene **soziale** Distanzen hinweg variiert.[56] Zum anderen werden weitere **psychische** Determinanten, wie die Konstrukte Vertrauen, Altruismus und Materialismus, sowie die **persönliche** Determinate des Produktinvolvements auf ihren Einfluss auf die WTS über verschiedene soziale Distanzen hinweg untersucht.

Hierfür wurde in Anlehnung an sozialpsychologische Studien (Margittai et al., 2015; Strombach et al., 2013; Strombach et al., 2015) ein **experimentelles Design** entwickelt, welches aus Sicht des Sharing-Gebers eine graduelle Abstufung von insgesamt sieben sozialen Distanzen zu verschiedenen Sharing-Nehmern vornimmt. Nach einem Pretest (N= 24) führten in der Hauptstudie 107 Teilnehmer (51.4% männlich; M_{Age} = 26.64 Jahre; SD = 6.528) das Experiment im Labor durch. Im Rahmen einer visuellen Skala wurden sieben soziale Distanzen, sowie die Abfrage von neun Produkten manipuliert, die jeweils als Sharing-Objekt dienten.

Die Ergebnisse zeigen, dass die **WTS systematisch mit zunehmender sozialer Distanz abnimmt.** Es konnte ebenso gezeigt werden, dass über alle

55 Die WTS kann analog zu dem im Kapitel 3.2 verwendeten Begriff der Sharingintention verstanden werden.

56 Interessanterweise hat Lewin bereits 1936 im Rahmen einer Untersuchung zu kulturellen Differenzen in Gruppendynamiken deutscher und amerikanischer Gesellschaften die Relevanz der sozialen Distanz hervorgehoben (Lewin, 1936). Zur Operationalisierung der sozialen Distanz schlägt er wiederum eine Definition vor, die sich dem Konzept von Sharing bedient: „The differences in social distance can be defined as different degrees of intimacy of the situation which the person is willing to share with the other" (Lewin, 1936, S. 20). In seinen Ausführungen erwähnt er dabei u.a. das Beispiel von Carsharing. Dies ist deswegen bemerkenswert, da sowohl der aus heutiger Sicht meist zitierte Grundlagenartikel zum Sharing (Belk, 2010) sowie zur Operationalisierung sozialer Distanzen (Jones & Rachlin, 2006) erst siebzig Jahre später veröffentlicht wurden. Diese frühe konzeptionelle Verknüpfung von Sharing und sozialen Distanzen spricht wiederum für die in Kapitel 2.1 getätigte Aussage, dass Sharing an sich ein altes Phänomen ist und auch schon in der frühen akademischen Forschung im erweiterten Kontext von sozialen Beziehung thematisiert wurde, wie es aus heutige Sicht v.a. Belk (2007, 2010, 2014a) deklariert.

sozialen Distanzparameter hinweg unterschiedliche Grade des Involvements (low vs. high) die WTS beeinflussen. Ein anderes Bild zeigt sich bei den einstellungsbasierten Konstrukten: Hier konnten keine signifikanten Veränderungen der WTS über die abgefragten Distanzen festgestellt werden. Nichtsdestotrotz ergeben sich bei Betrachtung einzelner Produkte signifikante Unterschiede in der WTS im Vertrauenskonstrukt, sowie weitere Interaktionseffekte von Involvement und Altruismus für das Produkt „Schlafsack“ (siehe Kapitel 5.1.6.2).

Beitrag 2 mit dem Titel „*Free lunch, anyone? Different motivational factors for explaining foodsharing intention* ” ist im Kontext von Foodsharing angesiedelt und als **nicht-kommerzielle** Sharing-Praxis zu verstehen. Das Ziel des Beitrags ist es, im Rahmen der **psychischen** Determinanten unterschiedliche motivationale Faktoren auf ihren Einfluss auf die Beteiligungsintention am Foodsharing zu prüfen. Zur Generierung von Hypothesen wird sich einer Kombination zweier Motivationstheorien bedient. Zum einen wird durch die „Self-Determination Theory“ (SDT) (Ryan & Deci, 2000a, 2000b) die motivationale Richtung der Einflussfaktoren bestimmt, um aufzuzeigen, ob die zu prüfenden Motivationen intrinsischer oder extrinsischer Natur sind. Zum anderen wird durch die „Theory of Existence, Relatedness and Growth Needs“ (ERG) (Alderfer, 1969) das dahinterliegende Bedürfnis der zu prüfenden Motivationen bestimmt. Im Rahmen der vorliegenden Untersuchung wurde sich im Speziellen auf Wachstums- und Beziehungsbedürfnisse fokussiert.

Auf Basis eines **fragebogenbasierten** Designs (N= 427; 85% weiblich; M_{Age}=28) werden die Motivationen mithilfe regressionsanalytischer Verfahren geprüft. Das Modell mit insgesamt sechs unabhängigen Variablen erklärt dabei 30.3 % der Varianz in der Teilnahmeintention am Foodsharing. Es zeigt sich, dass **alle abgefragten Motivationen fußend auf den Wachstumsbedürfnissen** (namentlich Freude am Teilen, Wertüberzeugungen, Erfahrung und Selbstwerterhöhung) **einen signifikanten Einfluss auf Teilnahmeintention am Foosharing haben,** während dies bei den abgefragten Motivationen im Zusammenhang der Beziehungsbedürfnisse (namentlich soziale Bindungen und soziale Anerkennung) nicht der Fall ist. Ebenso lässt sich erkennen, dass hauptsächlich intrinsische Motivationen die Beteiligungsintention erklären. Der insgesamt stärkste Prädiktor ist die intrinsische Freude am Teilen.

Beitrag 3 mit dem Titel *„"Doing good and having fun" – The role of moral obligation and perceived enjoyment for explaining foodsharing intention"* ist ebenfalls im situativen Kontext des Foodsharings angesiedelt und damit **nicht-kommerzieller** Natur. In Weiterentwicklung zu Beitrag 2 wird die Beteiligungsintention am Foodsharing nun in die Rolle des Sharing-Gebers und Sharing-Nehmers unterteilt.

Das Ziel des Beitrags ist es, die wahrgenommene Freude am Teilen als **psychische** Determinante in Kombination mit der wahrgenommenen moralischen Verpflichtung als **persönliche** Determinante auf die Beteiligungsintention jeweils beider Rollen zu untersuchen. Ausgangspunkt für diese Überlegung war der Befund, dass sich im Kontext des pro-sozialen Verhaltens häufig ein Zusammenspiel von Freude versprechenden und moralischen Motiven zur Ausführung ebendiesen Verhaltens finden lässt (Bucher, Fieseler & Lutz, 2016; Lindenberg, 2001; Schaefer & Crane, 2001; Szmigin & Carrigan, 2005), dies im Kontext von Sharing bis dato jedoch nicht untersucht wurde. Analog zu Beitrag 1 wird sich zur theoretischen Einordnung der Feldtheorie (Lewin, 1939) bedient.

Im Rahmen der **fragebogenbasierten** Studie (N= 587; 87,4% weiblich; M_{Age} = 31.35 Jahre; SD = 9.97) wurde mithilfe einer Strukturgleichungsmodellierung ein Modell (RMSEA= .052; GFI= .962) auf Basis der zwei unabhängigen und zwei abhängigen Variablen geschätzt. Es zeigt sich, dass die **gefühlte moralische Verpflichtung im Vergleich zur empfundenen Freude einen weitaus stärkeren Einfluss auf die Beteiligungsintention am Foodsharing** hat. Dies gilt sowohl in der Rolle der Sharing-Gebers, als auch des Sharing-Nehmers. Ferner konnte mehr Varianz für die Intention, als Sharing-Nehmer (36.3 %) im Vergleich zur Intention als Sharing-Geber (25.1 %) aufzutreten, erklärt werden.

Beitrag 4 mit dem Titel *„Customer loyalty in different sharing sectors – The role of economic, social and environmental benefits"* beschäftigt sich sowohl mit **kommerziellen, als auch nicht-kommerziellen** Sharing-Angeboten, die wiederum nach Sharing-Branchen getrennt ausgewertet werden. Der Beitrag hat zum Ziel, **psychische** Determinanten auf ihren Einfluss auf die Loyalität zu einem Sharing-Anbieter zu prüfen. Hintergrund dieser Fragestellung ist die Überlegung, dass für den nachhaltigen Erfolg von Sharing-Modellen das Wissen um die treibenden Faktoren zur Ausbildung von Loyalität beim Kunden unerlässlich ist. Wie im Kapitel 2.2 dargelegt, ist jedoch davon auszugehen, dass unterschiedliche situative Kontexte – im Fall des Beitrags verschiedene Sharing-Praktiken wie Carsharing, Foodsharing, Apartmentsharing etc. – auch verschiedene Ausbreitungsgrade der Einflussfaktoren zur Folge haben. Die theoretische Fundierung zur Auswahl der Faktoren folgt dabei dem sog. „Triple Bottom Line Approach", der ökonomische, soziale und ökologische Motive für die Loyalitätsintention gegenüber einem Sharing-Anbieter hypothetisiert.

In der **fragebogenbasierten** Studie (N_{Gesamt}= 961; 54,4% weiblich; M_{Age} = 32.37 Jahre; SD = 10.81) wurden die drei Motive im Kontext von fünf Sharing-Branchen (Apartment, Car, Garment, Bike, Food) abgefragt. Zudem wurden Soziodemografika, wie Alter und Einkommen als Moderatorvariablen ins Modell aufgenommen. Mithilfe von Strukturgleichungsmodellierungen konnte gezeigt werden, dass **ökonomische Motive eine Schlüsselrolle für die Loyalitätsintention** bilden, da sie in allen fünf Sharing-Branchen einen starken Einfluss ausüben. Der Einfluss sozialer und ökologischer Motive konnte hingegen nicht für alle Branchen festgestellt werden – v.a. ökologische Motive waren lediglich für Car- und Bike-Sharing und damit ausschließlich für Sharing-Praktiken im Mobilitätssektor signifikant.

Beitrag 5 mit dem Titel *"Teilen statt Besitzen: Disruption im Rahmen der Sharing Economy"* ist ein **konzeptioneller** Beitrag, der sich sowohl mit **kommerziellem** als auch **nicht-kommerziellem** Sharing und den dahinter liegenden Praktiken bzw. Geschäftsmodellen beschäftigt. Der Beitrag geht der Frage nach, wie aus Sicht etablierter Unternehmen ein potentiell disruptives Geschäftsmodell eines neuen Sharing-Anbieters frühzeitig erkannt werden kann. Grund hierfür ist die Feststellung, dass in der öffentlichen und partiell auch akademischen Debatte besonders prominente Sharing-Geschäftsmodelle wie Airbnb oder Uber vornehmlich als disruptive Innovation bezeichnet werden. Auf Basis theoretischer Überlegungen ist jedoch bekannt, dass nicht jegliches innovationsgetriebenes Wachstum gleichermaßen einer Disruption entsprechen muss (Christensen, Raynor & McDonald, 2015).

Der Beitrag leistet konzeptionelle Klärung, indem zunächst auf die Besonderheiten der Sharing Economy eingegangen und im Anschluss der Begriff der Disruption vor dem Hintergrund des Sharing-Phänomens kritisch diskutiert wird. Als Synthese beider vorangegangener Diskussionskapitel wird am Ende des Beitrags ausgehend von oben genannter Fragestellung eine **Heu-**

ristik entwickelt, mit deren Hilfe das Disruptionspotential von neu auf den Markt tretenden Sharing-Anbietern beurteilt werden kann.

Hierzu werden Einflussfaktoren auf das Disruptionspotential eines Sharing-Anbieters benannt, die zum Teil auch Wahrnehmungsvariablen aus Konsumentensicht darstellen. Solche Wahrnehmungsvariablen, wie bspw. die „wahrgenommene Wettbewerbsrelation aus Kundensicht", sowie die „Preissensibilität der Kunden" können den **intervenierenden** Variablen im Organismus (O) zugeordnet werden, weshalb folglich in Abbildung 5 alle Determinanten der zweiten Achse für vorliegenden Beitrag markiert wurden. Grundsätzlich liegt der Fokus des Beitrags jedoch nicht auf unterschiedlichen Determinanten zur Erklärung von Sharingverhalten. Vielmehr wird das Disruptionspotential von Sharing-Anbietern bewertet, weswegen neben den benannten Wahrnehmungsvariablen auch makroökonomische Perspektiven, (wie bspw. der Regulierungsgrad einer Branche) betrachtet werden.

Abschließend wird in Tabelle 3 ein zusammenfassender Überblick über die einzelnen Beiträge, deren Systematisierung anhand der zu Anfang dieses Kapitels genannten Kategorien, sowie deren Zielsetzung gegeben. Zudem werden die jeweiligen Autoren, das Zieljournal und der aktuelle Begutachtungsstand aufgelistet.

Im Anschluss werden in Kapitel 5 die eben skizzierten Beiträge und deren Erkenntnisse im Einzelnen präsentiert.

Tabelle 3: Einordnung der Beiträge 1 bis 5 (Stand: Oktober 2019; Quelle: Eigene Darstellung)

Autoren, Journal und aktueller Stand der Begutachtung	**Art des Sharings**	**Determinanten zur Erklärung von Sharing**	**Zielsetzung des Beitrags**	**Verwendete Methodik**
Beitrag 1: „To share or not to share? Explaining willingness to share in the context of social distance"				
Autoren: Nadine Schreiner, Doreén Pick und Peter Kenning **Work-in-Progress Version:** Veröffentlicht als "short abstract" in den **Advances of Consumer Research (2016), Vol. 44, S. 758** (VHB-Ranking C) **Full Paper Version:** Veröffentlicht im **Journal of Consumer Behaviour (2018), S. 366-378** (VHB-Ranking C)	Nicht-kommerzielles Sharing	Psychische, persönliche und soziale Determinanten	Erklärung von Sharingverhalten unter Zuhilfenahme der ausgewählter Einflussfaktoren Vertrauen, Altruismus, Materialismus, Produkt-involvement und soziale Distanz	Experimentelles Design
Beitrag 2: „Free lunch, anyone? Different motivational factors for explaining foodsharing intention"				
Autoren: Nadine Schreiner, Olga Zibert und Peter Kenning Veröffentlicht als Konferenzbeitrag in den **Proceedings of the European Marketing Academy Conference 2017, 23-26 May, Groningen, Netherlands** (VHB-Ranking D)	Nicht-kommerzielles Sharing	Psychische Determinanten	Erklärung von Sharingverhalten unter Zuhilfenahme ausgewählter Einflussfaktoren verschiedener Motivationen (namentlich soziale Bindung, soziale Anerkennung, Freude am Teilen, Wertüberzeugungen, Erfahrungen und Selbstwerterhöhung)	Fragebogenbasiertes Design

Autoren, Journal und aktueller Stand der Begutachtung	**Art des Sharings**	**Determinanten zur Erklärung von Sharing**	**Zielsetzung des Beitrags**	**Verwendete Methodik**
Beitrag 3: „Doing good and having fun" – The role of moral obligation and perceived enjoyment for explaining foodsharing intention				
Autoren: Nadine Schreiner, Sarah Blümle und Peter Kenning Veröffentlicht als "short abstract" in den **Advances of Consumer Research (2017), Vol. 45, S. 1058** (VHB-Ranking C)	Nicht-kommerzielles Sharing	Psychische und persönliche Determinanten	Erklärung von Sharingverhalten unter Zuhilfenahme der ausgewählten Einflussfaktoren wahrgenommene Freude und moralische Verpflichtung	Fragebogenbasiertes Design
Beitrag 4: „Customer loyalty in different sharing sectors – The role of economic, social and environmental benefits"				
Autoren: Nadine Schreiner und Doreén Pick **Work-in-Progress Version:** Veröffentlicht als Konferenzbeitrag in den **Proceedings of the European Marketing Academy Conference 2018, 29 May-1 June, Glasgow, Great Britain** (VHB-Ranking D) **Full Paper Version:** In Begutachtung im **Journal of Research and Management (ZFP)** unter geänderter Autorenfolge (VHB-Ranking C)	Kommerzielles und nicht-kommerzielles Sharing	Psychische Determinanten	Erklärung von Loyalität gegenüber einem Sharing-Anbieter in fünf verschiedenen Branchen unter Zuhilfenahme ausgewählter Einflussfaktoren unterschiedlicher Motivationen (namentlich ökonomische, soziale und ökologische Motive) und Moderatorvariablen (Alter und Einkommen)	Fragebogenbasiertes Design

Autoren, Journal und aktueller Stand der Begutachtung	Art des Sharings	Determinanten zur Erklärung von Sharing	Zielsetzung des Beitrags	Verwendete Methodik
Beitrag 5: „Teilen statt Besitzen: Disruption im Rahmen der Sharing Economy"				
Autoren: Nadine Schreiner und Peter Kenning Veröffentlicht im Rahmen des Buches **Disruption und Transformation Management: Digital Leadership – Digitales Mindset – Digitale Strategie**, In Keuper, F., Schomann, M., Sikora, L. I., Wassef, R. (Hrsg.), Wiesbaden: Springer, S. 355-380 (ohne VHB-Ranking)	Kommerzielles und nicht-kommerzielles Sharing	Intervenierende Variablen sind teilweise vorhanden, jedoch aufgrund der angelegten Forschungsfrage nicht genau bestimmbar	Entwicklung einer Heuristik zur Feststellung des Disruptionspotentials von neu auf den Markt tretenden Sharing-Anbietern	Konzeptioneller Beitrag

5. Ausgewählte Beiträge

5.1 Beitrag 1: To share or not to share? Explaining willingness to share in the context of social distance[57, 58]

5.1.1 Abstract

Sharing can help to make goods available to many people who would otherwise have no access to them. In the effort of motivating more people to participate in the sharing economy, it is useful to know the variables that influence the willingness to share (WTS). Our study aims to identify these variables. Applying field theory, we conducted an experiment based on non-monetary sharing situations. Complementing existing research directed toward users of goods, we focused on the providers of goods, thus broadening the understanding of sharing contexts. We demonstrate that WTS can be explained by several variables. In particular, a low social distance increases individuals' willingness to share their belongings with others. Product involvement is also a predictor of whether or not people are willing to share. In contrast, consumer characteristics such as materialism, altruism, and interpersonal trust have no impact on sharing intentions. Our findings provide significant implications for consumer research and for the marketing of sharing organizations.

5.1.2 Introduction

> *"The other is essential to sharing. Sharing is bound up with ideas about property, ownership, and self and also notions of solidarity and generosity. It breaks barriers, removes interpersonal distance, creates bonds, and strengthens relationships."*
> (Belk & Llamas, 2012, p. 641)

Until recently, the predominant assumption in decision-making processes was that of the self-interested person whose actions are based on rational reasoning (Camerer & Fehr, 2006) . Models such as the "tragedy of the com-

---

57 Schreiner, N., Pick, D., Kenning, P. (2018): To share or not to share? Explaining willingness to share in the context of social distance. *Journal of Consumer Behaviour*, 366-378.

58 Dieser Beitrag wurde in abgewandelter Form bei der „North American Conference of the Association for Consumer Research" 2016 eingereicht und ist im Rahmen einer Poster Session vorgestellt (siehe Anhang A) und als „short abstract" veröffentlicht worden. Die hier vorliegende Full-Paper-Version wurde im *Journal of Consumer Behaviour* veröffentlicht.

mons" supported this assumption, claiming that shared resources would be exploited because people tend to behave as if these shared resources were limitless (Hardin, 1968). However, today we are becoming increasingly aware of the sizable number of individuals who do not act in purely selfish ways.

Within the initiatives and organizations of the "sharing economy," people participate in consumption modes where the central construct is giving goods to or receiving goods from others with or without compensation, both temporarily and permanently. Several studies have shown that people tend to act pro-socially (e.g. by sharing) towards those they feel emotionally close to (Aron, Aron & Smollan, 1992; Jones & Rachlin, 2006; Leider et al., 2009; Rachlin & Jones, 2008; Strombach et al., 2013).

One example of a platform that facilitates such sharing is "Couchsurfing", where people provide free accommodations, thereby fostering feelings of generosity and warmth towards another person (Belk, 2014b; Decrop et al., 2018; Geiger, Horbel & Germelmann, 2018; Schuckert, Peters & Pilz, 2017; Tussyadiah & Sigala, 2018). This platform connects over 12 million people in 200,000 different cities all over the world (Couchsurfing, 2016) and even advertises that "You have friends all over the world, you just haven't met them yet." In addition to these large-scale sharing systems, small sharing organizations exist, where consumption modes are mostly community-based (Ozanne & Ozanne, 2011, 2016). For instance, the organization "Pumpipumpe" gives people the chance to share necessities in their neighbourhoods by using stickers as a communication tool. Stickers showing items individuals are willing to share are placed on their mailboxes (Hellwig, Sahakian & Morhart, 2018; Pumpipumpe, 2016).

Both of these sharing systems have in common that people are faced with the question of whether or not they should share their possessions. However, people may well feel more comfortable sharing belongings with neighbours whom they have known for several years than complete strangers. The bankruptcy of the German Internet platform "WHY own it" shows that people are more willing to take goods from others than to provide them to others for sharing (Glöckler, 2015). The company was founded to offer a platform where consumers would be able to offer their possessions for sharing with others. However, the company failed because people were less willing to provide goods for others and, consequently, sharing or exchanges were rare overall. Against this background, we argue that feeling close to another person causes people to be more willing to share, while a feeling of distance from each other can impede the willingness to share.

We consider this relevant because most research so far has focused on the perspective of the person receiving the shared good (Davidson, Habibi

& Laroche, 2018; Milanova & Maas, 2017; Schaefers, Lawson & Kukar-Kinney, 2015), with only a small number of studies focusing on the person providing the shared good (Böcker & Meelen, 2017; Philip, Ozanne & Ballantine, 2015). Interestingly, according to a 2015 survey sponsored by the German consumer advocacy organization "Verbraucherzentrale Bundesverband", 79% of the respondents (N=1009) said they would be willing to share, but only with someone they know. Only 9% stated that it does not matter whether the person is someone they know or not (Verbraucherzentrale, 2015). Moreover, the prerequisite of the sharing economy—individuals and organizations being willing to allow access to their goods and share them—is largely ignored in consumer research (Hawlitschek, Teubner & Weinhardt, 2016). Our study focuses on the giver's perspective and will, therefore, contribute to a better understanding of the phenomenon of sharing.

Though the relationship between social distance and sharing has not yet been examined, some insights can be adapted from research on the relationship between distance parameters and money exchange. Studies that focus on sharing money are a fruitful basis for an investigation into the sharing of physical assets, because, for both, the key element for predicting actual behaviour is prosociality (or rather the opposite: egoism). Previous research shows that in the case of monetarised conditions, people only act prosocially to a limited extent. In Strombach et al. (2013), the willingness to share money declines when social distance increases. Vohs, Mead & Goode (2006) found that participants who were primed with money preferred to be more physically distant from others. When asked to move two chairs together for starting a conversation to get acquainted, participants in the money condition placed their chairs farther apart than participants in the neutral condition did. Such findings raise the question of whether people would act differently without the exchange of money, e.g. in the case of sharing goods and resources.

There are, however, some conflicting results regarding the effect of social distance on prosocial behaviour. Zinser et al. (1976), for instance, found that white school age children donate more to black and indian recipients than to white recipients. This shows that they donated to individuals who do not belong to their racial group and can therefore be considered more socially distant.

These contrasting findings point towards a more complicated interaction between social distance, defined as "the extent to which the decision maker cares about another person" (Strombach et al., 2013, p. 236) and consumer behaviour. Against this background, our research focuses on the role of social distance in explaining individuals' willingness to share (WTS) and tries to provide more evidence of the impact of social distance on consumers' responses. The paper aims to answer the following research question:

***RQ1:** How does WTS vary across different social distances?*

Of course, social distance might not be the only influence on WTS, as both the relationship with the product to be shared and the characteristics of the people involved in sharing could also have an impact. The variables most relevant for predicting WTS may also differ across different social distances. Evidence suggests that people have difficulty sharing objects that have high personal value (Hellwig et al., 2015), particularly when such personal value is strongly linked with a perception of involvement with the product. Personal characteristics could also result in differences in people's WTS. For example, interpersonal trust is considered a basic determinant for participating in the sharing economy (Belk, 2010), whereas materialism is said to impede sharing (Belk & Llamas, 2012). Altruistically driven prosocial behaviour may also be evident in sharing, as people who are altruistic act in ways such that other people benefit from their behaviour, even if the individuals who benefit are unknown (Johannesson & Persson, 2000). This leads us to the second research question we aim to answer:

***RQ2:** What other factors influence WTS across different social distances?*

Answering these questions contributes to existing research in several ways: First, our study is one of the first to investigate the perspective of people who allow others to access their goods with the purpose of sharing them. By linking WTS with the concept of social distance, we provide further insights into the variance in consumer practices of sharing. Similarly, our research also looks at why people may refuse to share and investigates where it may be more difficult for organizations aiming to promote the sharing economy and its business models. Our study also provides possibly explanations for why some sharing businesses are successful and others fail (e.g. the "WHY own it" platform), and why it is difficult to motivate people to share items with others.

Second, our research complements existing research on sharing and/or collaborative consumption by focusing on a non-monetary context (sharing goods without the exchange of money or other financial resources). Previous studies have predominantly dealt with sharing that involves monetary exchange (Akbar, Mai & Hoffmann, 2016; Bardhi & Eckhardt, 2012; Bellotti et al., 2015; Ert, Fleischer & Magen, 2016; Lamberton & Rose, 2012; Möhlmann, 2015) and on a business model for individuals (Stephany, 2015). Only a small number of studies have investigated non-monetary sharing situations or prosocial behaviour such as participation in non-monetary sharing events or voluntary disposition (Albinsson & Perera, 2009, 2012).

Third, the role of social distance provides insights to the question of what encourages prosocial sharing of resources that would otherwise be used rarely or not at all (Belk, 2010). Social distance could explain why consumers participate in sharing food, clothing or toys, and help to foster sustainable consumption patterns. Generally, our study contributes to the understanding of consumers who are more prone to sharing.

Finally, with regard to our methodology, we measure social distance by using established methods from the field of social psychology (Jones & Rachlin, 2006; Strombach et al., 2013). Most research into social distance measures only binary or very limited distance parameters. For instance, the research of Charness & Gneezy (2008) had participants learn the family name of their opponents in dictator and ultimatum games in order to reduce social distance. Some other experiments manipulated social distance by using a classroom condition vs. an internet condition (Charness, Haruvy & Sonsino, 2007). Instead of applying such a binary logic of feeling close or feeling distant, our research distinguishes between several distance parameters. In this way, our study aims to show how WTS can gradually change from a close social environment to a more distant one.

To answer the questions mentioned above, the paper is structured as follows. In the next section, we provide an overview of the pertinent literature, exploring the theoretical background of sharing intention. Then, we develop hypotheses based on the role of social distance in explaining individuals' WTS and provide details of the experimental design used to test our hypotheses. Finally, the data are analysed and the results are discussed, leading to implications and limitations for further research.

5.1.3 Conceptualization of sharing in consumer behavior research

According to Belk (2007, p. 126), sharing is "the act and process of distributing what is ours to others for their use and/or the act and process of receiving or taking something from others for our use." The basic nature of sharing is firmly established in prototypical conceptions of mothering and in the pooling and allocation of household resources, where sharing is unconditional and free of reciprocal expectations. In general, the logic of sharing is predominant within the family, where parents share resources with their children without (usually) generating a sense of debt or obligation (Belk,

2010). This is also in line with Benkler (2004), who conceptualizes sharing as nonreciprocal, prosocial behaviour. While not providing a clear definition of sharing, Belk (2010) differentiates sharing from other forms of consumption such as gift giving and commodity exchange—with commodity exchange the exchange of money is implied and with gift giving a reciprocal nature. In contrast to gift giving and commodity exchange, sharing is free of these obligations and is, instead, determined by joint ownership and prosocial intentions. Sharing can be characterized by a sense of love and caring in a familiar context, or function as a way of creating relationships among people, both in close (e.g. friends) or more distant social environments (e.g. colleagues). These prototypes of sharing, gift giving, and commodity exchange are not completely distinct, but instead overlap in many ways. For example, a situation of voluntary borrowing and lending can be attributed to sharing, but nevertheless has some elements of gift giving, such as thanking someone for his or her action (Belk, 2010).

Belk's conceptualization has been criticized on the basis of ontological and epistemological constraints (Arnould & Rose, 2016). In response to this, a substitute concept of "mutuality" or generalized exchange was developed, focusing on resource distribution as an act of reciprocal behavior (Arnould & Rose, 2016). Nevertheless, the concept of mutuality misses a clear conceptualization and distinction towards other forms of exchange (Belk, 2016). The discussion of sharing as reciprocal or nonreciprocal behaviour should also be considered in the context of the long-lasting debate about the assumption that there is no such thing as a "free gift" (Douglas, 1990; Polanyi et al., 1957), meaning that humans naturally lean towards reciprocal behavior (Mauss, 1990).

Further concerns about the definition of sharing relate to the perception of sharing practices in the media and public discourse (Belk, 2014b). For instance, booking an accommodation on Airbnb, a peer-to-peer platform for short-term renting of personal living space, is significantly distant from Belk's definition of sharing, and instead called a "pseudo-sharing" practice (Belk, 2014b). In our research context, one might assume that the perception of pseudo-sharing practices can also depend on the perspective: As we focus on the giver's perspective in this study, it is reasonable to assume that giving access to goods would be seen as sharing, while the recipient may rather perceive the act of distributing as pseudo-sharing. To be conceptually clear with regard to sharing, our study refers to the sharing definition of (Belk, 2007). Thus, we focus on examining the distribution of goods to other persons for their use.

5.1.4 Field theory as a theoretical basis

5.1.4.1 Main aspects of field theory

In response to current debates and contradictory views about the concept of sharing, we take a broad perspective for deducing our hypotheses—by using field theory (Lewin, 1939). Field theory offers a combination of analytical insights that focus on the interactions that occur between various objects of analysis. Widely applied in social science and marketing theory research (Dacko, 2008), field theory provides an appropriate framework for explaining, for example, the complex interplay of consumers waiting in a service queue (Houston, Bettencourt & Wenger, 1998). In the specific context of sharing, we focus on three core elements in the field: (1) the person who is willing to share, (2) the person someone shares with, and (3) the object that is shared.

The elemental characteristic of field theory is that behaviour or, respectively, the willingness to engage in a certain behaviour, is defined by all potential influential factors of the respective situation, also called its totality. In order to define the totality, field theory considers two different parameters: the psychological state of a person, and the environment of a person. The psychological state of a person encompasses individual characteristics such as materialism, interpersonal trust, and altruism, while the environment of a person refers to the way external stimuli are interpreted by that person (Burnes & Cooke, 2013). According to Lewin (1939), the interaction between a person and the environment defines the life space in which willingness to a certain behaviour takes place.

In order to appropriately deal with both dimensions of field theory, we conceptualized the core elements of sharing as follows: With regard to the personal dimension, we focus on the person who shares something (1). We specify the environmental dimension by examining the person someone shares with (2) as an external stimulus, which is interpreted in terms of the perceived social distance. The object that is shared (3) is also part of the external environment, and therefore examined in our study.

5.1.4.2 Environmental dimension of field theory

The environmental dimension of field theory includes two different parameters: the social distance that is felt toward the person someone shares with, and the involvement with the product to be shared. Concerning the first parameter, several studies show that *social distance* has huge implications on prosocial behaviour, namely that people act less prosocial if the perceived social distance is high (Batson, 1991; Batson et al., 2003), but people are more likely to help and support if they perceive the social distance as low (Small & Loewenstein, 2003). Some studies also use social distance as an underlying mechanism for explaining effects of power. A study by Lammers et al. (2012) shows that power increases social distance towards others. Power has strong effects on social relationships and the question what people allow others to do (Lammers, Stapel & Galinsky, 2010), which is close to the question whether people allow sharing or not. In conclusion, social distance plays a key role when making social decisions, i.e. decisions that have social consequences and will affect a person's social environment, and people who feel close to each other interact more intensely than those who are socially distant (Akerlof, 1997). This is in line with Goeree et al. (2010), who show that social distance is a strong predictor for explaining amounts offered in dictator games. Students connect primarily to those similar to themselves, such that the amounts offered follow an inverse distance law: People are more willing to share with someone they feel close to than they are with someone they do not know (see also Schreiner & Kenning (2016)). Following this argument, we hypothesize:

H1: *WTS decreases with increasing social distance.*

The second parameter of the environmental dimension of field theory is the *involvement toward the good*, i.e. the product to be shared. Product involvement is a significant variable for explaining consumer behavior (Bauer, Sauer & Becker, 2006; Dardis & Shen, 2008; Michaelidou & Dibb, 2006), and represents a person's interest, enthusiasm, and excitement toward a product category (Goldsmith, d'Hauteville & Flynn, 1998). Product involvement refers to the perceived relevance of an object for oneself (Zaichkowsky, 1985). Previous studies indicate that consumers' level of involvement differs in many ways, such as the quantity purchased (Lockshin, Spawton & Macintosh, 1997), the perceived innovativeness (Goldsmith, d'Hauteville & Flynn, 1998), and consumer purchase effort (Clarke & Belk, 1979). Further, qualitative research reveals that people are reluctant to lend things if they fear that the item will be treated badly (Belk & Llamas, 2012). Accordingly, Hellwig et al. (2015) determined that people have a personal mental hierarchy of objects they are willing to share, depending on the meaning the objects have for the owner. Participants in the Hellwig et al. (2015) study stated that some objects, such as books or laptops, have an emotional value that makes sharing them difficult. This emotionalism could be an indication of perceived involvement toward certain products. Thus, it is reasonable to assume that different levels of product involvement play a role in sharing behaviour, insofar as people are more willing to share low-involvement products than high-involvement products. Therefore, we hypothesize the following:

H2: *WTS is higher for low-involvement products across all social distances.*

5.1.4.3 Role of consumer characteristics in field theory

As described by field theory, we also consider the psychological state of a person, and therefore examine the effect of several personal characteristics on WTS. Studies have found that consumer characteristics influence decisions about participating in the sharing economy—in particular, research indicates that idealism and anti-consumption values increase sharing tendencies (Hellwig et al., 2015; Ozanne & Ballantine, 2010), and that materialism decreases tendency to sharing (Akbar, Mai & Hoffmann, 2016; Ozanne & Ballantine, 2010; Yin, Qian & Singhapakdi, 2016). However, materialism does not always decrease sharing intentions. Recent studies from Davidson, Habibi & Laroche (2018) and Parguel, Lunardo & Benoit-Moreau (2017) showed that materialism leads to a greater participation in the sharing economy. Further, Ozanne & Ballantine (2010) investigated 'sharers of toys' and showed that despite different levels of materialism they nevertheless all shared in their community. To sum up, the role of materialism on sharing is not straightforward. In particular, knowledge about sharing personal items (providing access of such items to others) and materialism is small. Thus, examining the effect of materialism might help to broaden the understanding of that construct in sharing. We focus on *materialism* as one major aspect to explain variance in WTS. Here, materialism is defined as the perceived importance a consumer attaches to material possessions, such that people with high levels of materialism afford possessions a central role in their lives (Belk, 1985). Materialism is also a value that describes the importance of ownership and of the acquisition of material goods (Richins, 2004). Previous research has shown that high materialists give or lend things to friends and family less than half as often as low materialists do (Richins & Dawson, 1992). If people share with someone, they run the risk of missing enjoyable moments in the future, because the shared object might not be available. This can be highly problematic for materialistic people, whose self-esteem and experience of deep inner joy depend on these objects. Accordingly, materialism strengthens the so-called anti-sharing or no-sharing tendencies, impeding sharing as a result (Belk & Llamas, 2012). Another reasoning for a lower sharing intention of highly materialistic consumers is that these consumers have stronger intentions to participate as a user in sharing contexts

(Habibi, Kim & Laroche, 2016). However, materialistic consumers might also intend to share their possessions with others to show off that they have such items in order to gain prestige in their social group. Overall, the effects of materialism are not fully clear. In line with the more plausible findings from previous studies, we assume the following:

H3a: *WTS is higher for low-materialistic consumers across all social distances.*

Prosocial behaviour is often explained in the context of *altruism*, which is defined as one person providing benefit to another as an expression of internal values (Price, Feick & Guskey, 1995; Schwartz, 1977). People with an affinity toward altruism have the desire to help others. In consumer and marketing research, this phenomenon is often examined in word-of-mouth contexts (Dichter, 1966; Sundaram, Mitra & Webster, 1998). Previous studies also showed that there are differences in altruistic behaviours of children (Benenson, Pascoe & Radmore, 2007; Harbaugh & Krause, 2000) and in the context of dictator games (Eckel & Grossman, 1996; Jones, 2007). Another study Wiepking, Scaife & McDonald (2012) emphasised the importance of altruism for acting in a prosocial way. This finding matches the results of a study by Bellotti et al. (2015), which also demonstrated that altruism is one motivational factor, albeit with differences between the user and provider side of sharing. They found that providers of a certain resource act for more altruistically motivated reasons that users did. As we investigate the providers' side of sharing, it is reasonable to assume that altruism is positively related to WTS as stated in the following hypothesis:

H3b: *WTS is higher for high-altruistic consumers across all social distances.*

Our final area of focus within the psychological state is *interpersonal trust*. Interpersonal trust describes the degree to which an individual or a group is viewed as being reliable in their verbal or written statements (Rotter, 1971). Belk (2010, p. 717) suggests that "[s]haring, whether with our parents, children, siblings, life partners, friends, co-workers, or neighbours, goes hand in hand with trust". That said, he not only emphasizes the relevance of trust, but also relates it to the concept of social distances when appointing the different individuals of one's social environment. Moreover, empirical evidence in the field of knowledge sharing shows that interpersonal trust is important when sharing information within informal networks (Abrams et al., 2003). Another study, this time in a monetary sharing context (i.e., Airbnb), shows that trust in the platform increases willingness to provide the good (Hawlitschek, Teubner & Weinhardt, 2016). However, this study also found that trust in the peers (i.e., benevolence) does not influence supply intentions (Hawlitschek, Teubner & Weinhardt, 2016). With regard to general effects of trust in non-monetary sharing contexts, we hypothesize that interpersonal trust is positively linked to WTS:

H3c: WTS is higher for consumers high in interpersonal trust across all social distances.

5.1.5 Methodology and experimental design

5.1.5.1 Measuring WTS as a function of social distance

In our study, social distance is defined as "the extent to which the decision maker cares about another person" (Strombach et al., 2013, p. 236). At low social distances, people feel close to another, they see themselves as part of a social group and therefore tend to be more willing to share goods. Sharing goods also implies that we are generous (Belk, 2014b) and are willing to forgo exclusive time with the good in question. Although generosity often plays a role in sharing decisions, it is obvious that we are not equally generous towards everyone. Our assumption is that sharing will mostly take place at close social distances, and that social distance serves as an underlying mechanism for the WTS between different people.

Applying field theory to social distance opens up the possibility of taking into account the relationship quality among the three core elements, namely the person who is willing to share (1), the person someone shares with (2), and the object that is to be shared (3). This integration enriches field theory insofar as it provides explanatory power for consumer willingness to a certain behaviour. The theoretical connection between WTS on one side and the perceived social distance toward the person on the other is called "social discounting", and can be methodologically described by a hyperbolic function with the following equation (Jones & Rachlin, 2006; Strombach et al., 2013):

$$v = \frac{V}{(1 + kD)}$$

Equation 1 - Hyperbolic Discount Function of Jones & Rachlin (2006) (proposed originally by Mazur (1987))

In Equation 1, the parameter v describes the discounted value of individuals' WTS, whereas V is the undiscounted value of the sharing ratio and D is the social distance. The measurement of the WTS is based on the sharing ratio (V), which is defined as the proportion of decisions for which people are willing to share a product with others rather than keeping it for themselves in all potential decisions. V determines the height of the function without affecting its shape. The degree of discounting is described by the discount rate k, which sets the steepness and asymmetry of the decrease in WTS across social distances (Jones & Rachlin, 2006; Strombach et al., 2013). The concept of social discounting implies that WTS decreases more steeply across close social distances and levels off when persons are more socially distant.

5.1.5.2 Experimental design

To test our hypotheses, we developed an experiment that used computerized tasks to observe WTS. Following Strombach et al. (2013), participants were first asked to rate their perceived distance to individuals in their own social environment (siblings, family, children, acquaintances, life partners, neighbours, best friends, strangers, mothers, fathers, colleagues, circle of friends, grandparents, other kin) on a 20-point scale. If one of the people did not exist in their social environment, participants were allowed to skip that particular trial.

Before the main experiment began, we asked participants to imagine someone from their social environment for seven different social distances. To represent social distance, we applied established methods from the field of social psychology (Jones & Rachlin, 2006; Strombach et al., 2013) by presenting the respondents with a visual scale consisting of 100 icons. The first coloured icon on the left represented the participant, while another coloured icon between social distance 1 and social distance 100 represented the receiver of a certain product (see figure 6). The graphical distance between the two-coloured icons represented the measurement of social distance. While social distance 1 represents a person to whom the participant feels closest to (e.g. the participant's mother), social distance 100, on the opposite end of the scale, represents a person the participant feels most socially distant from (e.g., a stranger). Similar to the measurement process used in Strombach et al. (2013), participants had to make decisions for seven social distances: 1, 2, 5, 10, 20, 50, and 100. In order to ensure that the decision making process was valid (Lerner & Tiedens, 2006; Strombach et al., 2013) and to prevent any potential bias in choice, participants were asked to constantly imagine a person from their personal environment for every social distance, and to think of someone toward whom they held no particular negative feelings. We then asked people to name and describe the relationship between themselves and the persons representing each specific social distance to ensure that participants actually thought of a real person for every social distance, and secure validity of the experimental situation.

In the main experiment, participants then had to make 63 sharing decisions (see figure 6). For this, they were given a specific product and a specific social distance for each sharing decision. With that information, participants had to decide whether or not they would share the product with the previously named person for each specific distance. To do this, they were directed to click on the options "Share" or "Don't share". To prevent common methodological biases, we randomly showed participants all options for each trial (product, social distance and clicking possibilities).

Figure 6: Example of the decision-making experiment

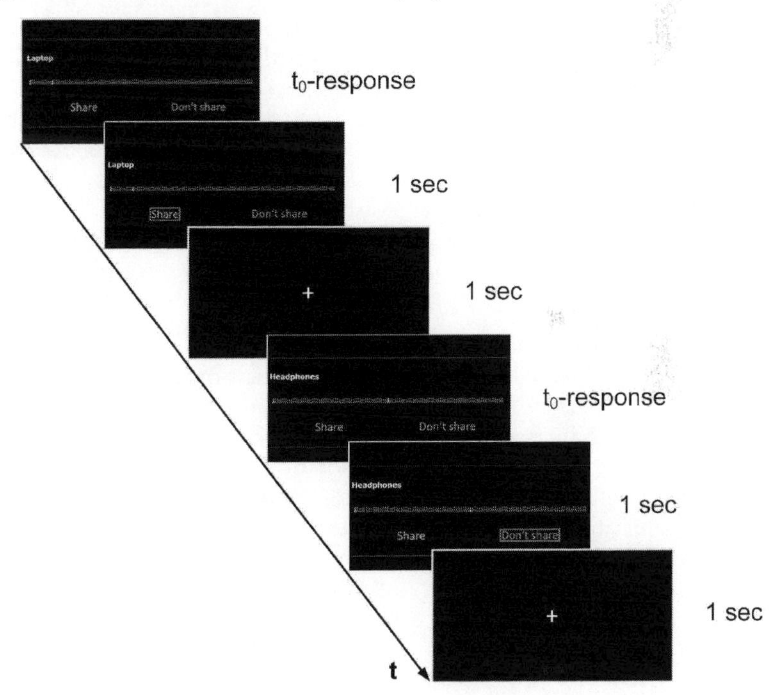

5.1.5.3 Selection of products

Participants were asked for nine different products whether they would share or not. To ensure comparability in our study, we instructed participants to think of standard products with average prices. The selection of these products was based on the criterion of slack capacity (Benkler, 2004), which is given whenever the provided functionality of a certain good is higher than the actual demanded functionality, i.e. the good could be used more often, but is not needed all the time, and are thus "shareable" (Benkler, 2004).

Following the criterion of slack capacity, participants had to make sharing decisions for the following objects: a car, a laptop computer, a book, a silver ring, a hammer, a watering can, a pair of headphones, a sleeping bag, and a stereo system. These products reflect a range of common household items and are therefore familiar to consumers. Some of these products, such as headphones, books, laptops, and cars, have also been mentioned in qualitative interviews on the sharing economy (Hellwig et al., 2015; Lamberton & Rose, 2012). These studies concluded, that the WTS differs significantly for different types of objects, indicating that not all items have an equal likelihood of being shared (Hellwig et al., 2015), for example items with high personal importance to the owner are less frequently shared and are shared across a smaller circle of people. The results show that respondents were most prone to share intangible goods (knowledge, experience, etc.), followed by household equipment (car, washing machine, etc.), and have the greatest difficulty sharing personal belongings (headsets, sleeping bags, etc.).

5.1.5.4 Scales

To measure the other variables, we adopted several scales from the relevant literature. We used selected items from the personal involvement inventory scale (Mittal, 1995; Zaichkowsky, 1985) to measure the perceived involvement toward the products. The scale consisted of five bipolar word pairs on a 7-point scale, where 1 had a positive connotation and 7 had a negative connotation; thus, higher involvement was represented by lower values. For measuring materialism, we used a 7-point Likert scale, with 1 = "strongly disagree" to 7 = "strongly agree," applied to six items (Richins, 2004). Altruism was measured with a 7-point Likert scale from 1 = "very unimportant" to 7 = "very important," applied to five items (Price, Feick & Guskey, 1995). Finally, we measured interpersonal trust using the short scale for interpersonal trust (Beierlein et al., 2012), based on the definition established by Rotter (1971). The scale consists of three items on a 5-point Likert scale, from 1 = "strongly disagree" to 5 = "strongly agree."

5.1.6 Results

5.1.6.1 Data collection and sample characteristics

To test and adjust the measurements, a pre-test (N=24) was conducted. No major adjustments were deemed necessary. In the main study, 107 participants took part in the lab experiment (51.4% males, M = 26.64 years; SD = 6.528). It took the respondents approximately 20 minutes to complete the experiment. With 86%, most of the participants were students and had a household status of unmarried (84.1%). Accordingly, most of the participants graduated from high school (42.1%) or held a bachelor's degree (26.2%). For 68.2% of the participants, the disposable monthly income was of up to 500 euro (550 dollars), whereas 24.3% stated an income of 500 to 1000 euro (550 to 1150 dollars). The data were collected in December 2015 in Germany.

5.1.6.2 Data analysis

In a first step, we checked for the reliability of the measured scales. A Cronbach's alpha value greater than .70 is recommended for an internal consistency (Kerlinger & Lee, 2000). This criterion was fulfilled for all scales, with a value of .83 for materialism and altruism and a value of .78 for interpersonal trust. We also controlled for average variance extracted (AVE) to look for convergent validity. AVE should exceed a level of .50 (Henseler, Ringle & Sinkovics, 2009), and this threshold was achieved for all scales, obtaining an AVE of .54 for materialism, .63 for altruism, and .71 for interpersonal trust.

We then checked for ratings of perceived closeness to social environment, based on the 20-point scale. We found that participants felt closest to their inner circle of family members, such as their mothers (M = 2.53, SD = 2.60) or life partners (M = 2.78, SD = 3.84), followed by best friends (M = 3.58, SD = 2.08) and various family members. Participants felt most distant from neighbours (M = 14.21, SD = 4.58) and strangers (M = 17.67, SD = 3.39) (see table 4). These results are in line with previous research in which partners and mothers are also used as examples of the social environment that participants feel closest to, while neighbours and strangers are the most socially distant (Strombach et al., 2013).

Table 4: Perceived closeness to a person's social environment, from 0 to 20 (lower numbers indicate higher closeness) (Quelle: Eigene Darstellung)

Social environment	N	Mean	Minimum	Maximum	Standard deviation
Mother	107	2.53	1	20	2.60
Life partner	85	2.78	1	20	3.84
Best friend	106	3.58	1	10	2.08
Family	106	4.00	1	20	3.30
Sibling	94	4.51	1	20	4.19
Child	42	4.69	1	20	7.12
Circle of friends	107	5.45	1	14	2.66
Father	101	5.61	1	20	5.94
Grandparent	95	6.53	1	20	5.53
Kin	106	7.79	1	20	4.24
Acquaintance	107	10.09	5	20	3.49
Colleague	98	10.09	4	20	3.70
Neighbour	107	14.21	5	20	4.58
Stranger	106	17.67	7	20	3.39

For participants' descriptions of relationships to imagined persons for the measured social distances, findings show that the respondents' answers are in line with the results of the perceived closeness task: For low social distances, participants named mainly family members, life partners, and close friends. For high distances, they primarily named colleagues, acquaintances, and neighbours. Through use of the above-mentioned scale measurement, we were able to conclude that the participants fully understood the concept of social distance, and internal validity was confirmed.

Table 5: Sharing ratio at different social distances (Quelle: Eigene Darstellung)

Social distance level	Sharing ratio [%]
1	92.5
2	89.2
5	78.0
10	68.2
20	58.5
50	39.6
100	21.9

Table 5 shows the descriptive results for the sharing ratio at different social distances. While at social distance 1 (the lowest social distance), 92.5% of the participants were willing to share the mentioned products, the sharing ratio decreased to 68.2% at social distance 10, and further to 21.9% at social distance 100. A standard hyperbolic (Equation 1) model was fitted to the sharing ratio of each measured distance. The hyperbolic model ($V = 93.272$, $SD_V = 1.862$, $k = .031$, $SD_k = .003$) approximated the data very well, with an adjusted R^2=.990. Figure 7 shows the fitting of the hyperbolic discount function. Consequently, results confirmed the assumption that WTS decreases systematically with increasing social distance (H1).

Figure 7: Fitting of the hyperbolic function for sharing ratio

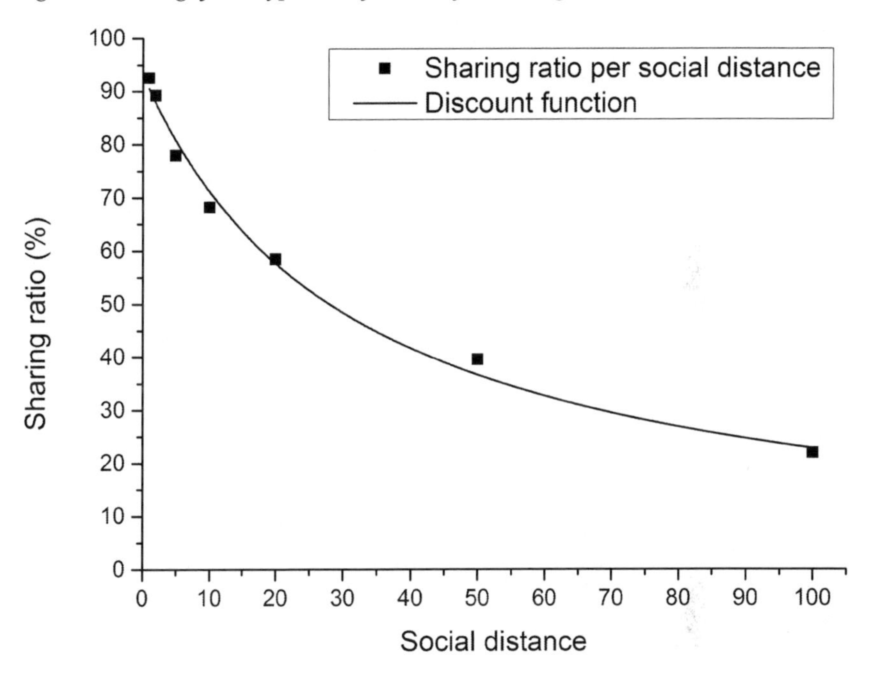

(The solid line describes the discount function whereas the points mark the sharing ratio at a given social distance.)

To investigate the moderating effects, and therefore to differentiate between groups of low-involvement and high-involvement products, we first calculated the median value for every product, by applying a median-split (Iacobucci et al., 2015a; 2015b). Involvement values below the median serve as high-involvement products ($M_h = 2.36$, $SD_h = 1.29$), and those above the median serve as low-involvement ($M_l = 4.54$, $SD_l = .169$) products. Similarly, we calculated the sharing ratio on the product level. Similar to the above mentioned description of the sharing ratio, the product-sharing ratio is defined as the proportion of decisions where people share this product with others rather than keeping it for themselves for all potential decisions regarding this product in a given setting. The average sharing ratio of low- and high-involvement products was calculated on an individual level. A paired t-test showed significant differences between the sharing ratio for low- and high-involvement products ($t(106) = -3.830$, $p = .001$). Figure 8 shows the decrease in the sharing ratio on all low- and high-involvement products, for every social distance. WTS is significantly higher for low-involvement products than for high-involvement products over all social distances, thus supporting H2.

Figure 8: Sharing ratio for all, low- and high-involvement products

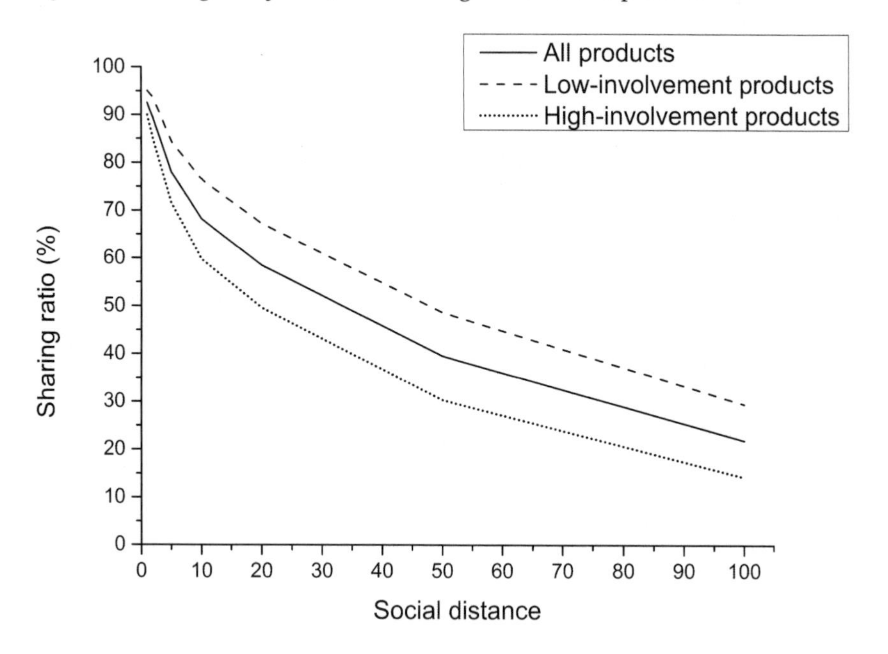

H3a states that WTS (measured by the sharing ratio) is higher for low-materialistic consumers than for high-materialistic consumers over all social distances. Again, we performed a median split (Iacobucci et al., 2015a, 2015b) of the scale values to divide between low ($M_l = 3.22$, $SD_l = .73$) and high materialism ($M_h = 5.35$, $SD_h = .65$). No significant differences of sharing intention between low and high materialism ($t(105) = .314$, $p = .754$) were found.

Thus, low- and high-materialistic individuals have similar sharing intentions across all social distances (see figure 9). Similarly, there were no differences for the sharing ratio between low- and high-materialistic individuals on the product level.

In H3b, we expected WTS to be higher for high-altruistic consumers across all social distances. We therefore split participants into low- (M_l = 3.51, SD_l = .86) and high-altruism categories (M_h = 5.36, SD_h = .48). An independent t-test also showed no significant differences between both groups (t(105) = -.715, p = .476). Consequently, sharing ratio is not significantly higher for high-altruistic people, and altruism is not a predictor for explaining differences in the WTS. We also found no effects on the product level, meaning that the sharing ratio for high- and low-altruism consumers is similar for all products.

Because of the insignificant main effects, we ran additional analyses on interactions. There was a significant interaction effect of product involvement and altruism for the product "sleeping bag". The interaction effect indicates that the effect of involvement was different for high- and low-altruists on the sharing ratio ($F(1, 103) = 4.70$, $p < .032$). This effect indicates that high- and low-altruists could be affected differently by involvement. Figure 10 shows the nature of the interaction effect. For high-altruists, WTS was quite similar on both involvement levels ($M_{low\ involvement}$ = .663, SD = .12; $M_{high\ involvement}$= .642, SD = .12), meaning that WTS is fairly stable for high-altruists. But the effect of involvement is prevalent for low-altruists. For less altruistic persons, the sharing ratio is high only if the sleeping bag is perceived as a low-involvement product ($M_{low\ involvement}$ = .697, SD = .14; $M_{high\ involvement}$ = .563, SD = .15).

Figure 9: Sharing ratio for all, low- and high materialism

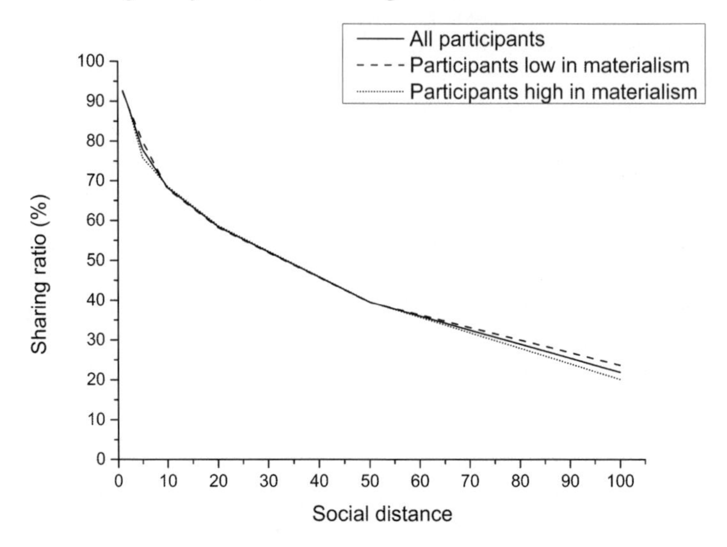

Figure 10: Graph of the interaction effect of altruism and involvement for the sleeping bag product

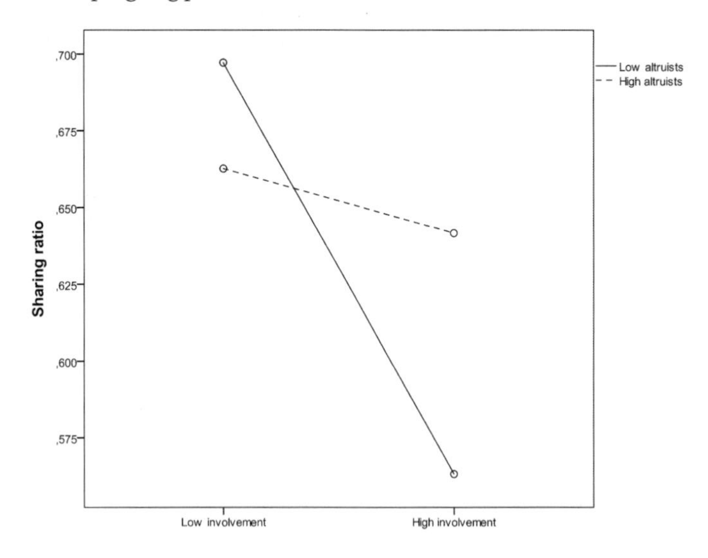

H3c proposes that WTS is higher for consumers who are high in interpersonal trust over all social distances. Again, the distribution of the scale values was split for participants low (M_l = 2.42, SD_l = .47) and high in interpersonal trust (M_h = 3.79, SD_h = .39). An independent t-test showed no significant differences of sharing intentions between groups of low and high interpersonal trust (t(105) = -.811, p = .419). We therefore reject H3c. Nevertheless, we found some effects at the product level. There is a significant difference between the sharing ratio of consumers who have low and high interpersonal trust levels for the watering can (t(105) = -2,142, p = .035) and the hammer (t(105) = -2,182, p = .031). Thus, people high in interpersonal trust are more willing to share everyday objects such as watering cans and hammers than people who have lower interpersonal trust. Hence, interpersonal trust does not, per se, influence people's WTS.

Based on the results presented above, H1 and H2 can be confirmed, while H3a to H3c have to be rejected. In the following, we provide some ideas to explain these findings in our discussion.

5.1.7 Discussion

Our findings provide evidence that the concept of social distance is valuable for explaining sharing intentions between people. The results show that individuals' WTS varies systematically with the perceived social closeness to the receiver of the product. Accordingly, both profit and non-profit organisations aiming to motivate consumers to share their possessions need to recognise the importance of a low social distance between individuals, e.g. by implementing ways to reduce a perceived high social distance to encourage the sharing of goods. For example, the recipient could be made more familiar by using real names, pictures, and additional personal information such as hobbies or other aspects that might lead to a higher identification and lower social distance perception (Bohnet & Frey, 1999) and thus to a greater willingness to engage in sharing contexts (Ert, Fleischer & Magen, 2016).

Interestingly, we also found that people are still willing to share at a very high social distance. This is an important finding as, with some goods, it might be interpreted as a general tendency to help others (Wilhelms, Henkel & Falk, 2017). It might also signal that people have no significant negative experiences when providing access to goods to others (even to strangers). Further, these consumers might be motivated by environmental concerns to contribute to reduced need for production of goods by sharing items with others. Hence, this interesting finding may conceal a strong consumer awareness of overall waste reduction and a profound wish to foster responsible consumption. However, future research will have to test this assumption. Moreover, providing others such as strangers access to goods might lead to more social contacts. Consumers with a need for more social interactions might be more willing to share with others such as strangers—over platforms such as Couchsurfing, for example. Further, usage experiences on online platforms might also trigger the willingness to share. John (2013, p. 121) stresses the role of "previous participation in other online platforms: having shared in social network sites, [consumers] are now willing to share stuff they own in the real world". These consumers might either feel a social "pressure" or share a general understanding that others should (also) have access to certain goods.

In addition, our results indicate that people are more willing to share goods with others if the products are low-involvement products. This provides evidence that sharing is impeded if some risk is associated with it. People might feel a risk of damage to a personal item, or even the loss of the shared good. If the product is less important, the risk is less important and sharing might be perceived as easier. Our findings are supported by the research of Philip, Ozanne & Ballantine (2015), who show, in the context of peer-to-peer rentals, that providers of goods do not want to rent out items which are important to them. This has implications for marketing management to motivate consumers to share high-involvement products such as cars. Consumers might be reluctant to share these items freely and would need compensation, such as money or insurance, in order to be willing to provide access to their personal product.

In contrast, we found no differences in WTS for personal characteristics (materialism, altruism, interpersonal trust). There may be several reasons for this. Concerning the nonsignificant effect of materialism, the societal message of "giving is better than taking" may have penetrated the consumers' minds, creating a willingness to provide access to their goods to others in Western society. In recent years, some authors have also observed a changed paradigm of possession (Botsman & Rogers, 2010), noting that people seem to be less motivated to "own" something, and are beginning to perceive the ownership of products differently. Thus, consumer values may have changed with regard to material possessions. Such a change of values could be an important indicator for the development of prospect sharing systems, which create a sense of community and change in consumer mindsets (Albinsson & Perera, 2012). Eventually, the idea of possessions might change, with people valuing ongoing access to goods as materialistic and emphasising digital items more than physical objects such as cars, tools and other material belongings.

Another reason for the nonsignificant effect might lie in the measurement of materialism. In recent studies on sharing, materialism has been measured in very different ways. Accordingly, the findings might also differ because of differing measures of the variables. For example, in their study on sharing toys, Ozanne & Ballantine (2010) measured materialism by referring to expensive and luxury goods. Similarly, Yin, Qian & Singhapakdi (2016), measured luxury liking and prestige issues in their materialism variable. As already mentioned in the hypotheses section, we focus on materialism as "value that describes the importance of ownership and of the acquisition of material goods." These different outlooks on materialism could be a reason for the contradictory results in the literature and an explanation for our nonsignificant effects.

Concerning the nonsignificant effects of altruism, research shows that within the altruism context, one can distinguish between "pure altruists" and so-called "warm glow givers," the latter giving for purely egoistic reasons (Luccasen & Grossman, 2016). It is stated that "there is no reason that one would expect the same outcomes given that what motivates warm-glow giving is different from what motivates purely altruistic giving" (p. 997). As we only focus on the pure altruists, one could posit that people are more willing to share for the reason of warm glow giving and not for purely altruistic reasons.

Similarly, interpersonal trust is not important for the willingness, or lack of willingness, to share goods. This is consistent with a recent study on supplying apartments (Hawlitschek, Teubner & Weinhardt, 2016). Higher interpersonal trust does not by itself increase sharing intentions, and people are willing to share products across trust levels. Another reason for the nonsignificant effect of trust might be due to the study's focus on general trust. General trust can be defined as a general attitude or ability to build up trust in someone or something (Morrow, Hansen & Pearson, 2004). There is evidence that general trust affects perception and behavior (Doney & Cannon, 1997; Morrow, Hansen & Pearson, 2004), but there are also studies showing that specific trust levels are more crucial to explain certain behaviour (for a detailed discussion see Kenning (2008)). Regarding our results, we suggest that it is not the general level of trust (as a general attitude) but more a specific type of trust which is crucial in the context of sharing. A specific form of trust relates to contextual factors like the sharing provider used or the conscious experience of the sharing process. It was not the aim of our study to examine the contextual factors, but rather to examine sharing behaviour in a generalized setting in order to find "overall" influential factors. We found that at the product level, general interpersonal trust can have importance for explaining WTS.

Finally, and from a theoretical perspective, results show that field theory is an appropriate method for examining sharing situations between individuals. By focusing on the core elements in the field (the person who is willing to share, the person someone shares with, and the object being shared), we are able to fully investigate the personal and environmental dimensions of sharing through the lens of field theory.

5.1.8 Limitations and future research

As most research papers, this study has a number of limitations that should be kept in mind for future research. First, we ran a scenario experiment. Future studies might investigate real consumer sharing by triangulating their sharing with consumer characteristics, attitudes, and perceptions. Another option could be to investigate our research question within a qualitative research approach, in order to dive deeper into the underlying mechanisms of sharing and social distance in real sharing settings. Second, as our sample consisted mainly of student participants, it might not be representative for the whole population. Third, prior sharing experience might guide consumers' WTS, which suggests a need for further studies to investigate such effects. Fourth, our study was conducted in the context of a single country. Researching the willingness to share and social distance in countries with different cultural dimensions would enable the generalization of the results across countries. Fifth, future studies might focus on the nonsignificant findings and examine further variables such as moderators, for which conditions of materialism or interpersonal trust might be more important in making decisions about sharing. Future research may also measure sharing intentions as a continuous dependent variable, in order to explain more variance of sharing behaviour in the context of social distance.

Besides this, our study also provides some interesting findings that might be investigated in future research on consumer sharing. In particular, our research results demonstrate that people are still willing to share at very high levels of social distance, which raises the question of what determines the intention to provide access to others. One explanation might be the perception of (high) equality between all people. That is, people may state that there is a social distance from others, but this social distance is consciously dismissed as a factor in their willingness to share. For example, in several consumer contexts a type of 'universalism' can be observed. Universalism refers to the phenomenon that people believe that all people in the world belong together and everyone should be helped. To the best of our knowledge, no study in the field of consumer behaviour has examined the antecedents of social distance perceptions. An investigation of the environmental and personal drivers of feelings of social closeness or distance may provide more broadly applicable knowledge of motivations for interpersonal behaviour, including sharing.

5.2 Beitrag 2: Free lunch, anyone? Different motivational factors for explaining foodsharing intention [59, 60]

5.2.1 Abstract

Although public interest in sustainable consumption patterns increases, the act of foodsharing as a possibility to reduce food waste is not focused by research yet. This paper investigates different motivational factors for explaining foodsharing intention. A research model on a combination of "self-determination theory" and the "theory of existence, relatedness and growth needs" is developed, in order to investigate the motivational direction (intrinsic vs. extrinsic) and the basic need (with focus on relatedness and growth needs) of foodsharing intention. Using multiple regression analyses, results indicate that growth needs build the motivational basis for foodsharing. Due to self-determination, results indicate mainly intrinsic determinants for explaining foodsharing intention. Implication on these and other findings are discussed.

5.2.2 Introduction

A sustainable way to reduce food waste in households is foodsharing. Its basic idea is that people share food, which is no longer needed but still edible, with other people at a non-monetary basis. Facing a lack of research in this field (Belk, 2010), we aim to provide further evidence by exploring different motivational determinants on foodsharing intention. In doing so, we developed a research model on a synthesis of "self-determination theory" (Ryan & Deci, 2000b) and the "theory of existence, relatedness and growth needs" (Alderfer, 1969). The combination of the motivational direction on the one side and the basic need behind the motivation on the other side allows us to respond to the "theoretical terra incognita" (Belk, 2010, p. 716) of consumer sharing behavior.

---

59 Schreiner, N., Zibert, O., Kenning, P. (2017): Free lunch, anyone? Different motivational factors for explaining foodsharing intention. In Special Session "Brands, experience and social relationships in the sharing economy", *Proceedings of the EMAC Conference 2017, 23-26 May, Groningen, Netherlands.*

60 Dieser Beitrag wurde in abgewandelter Form bei der „European Marketing Academy Conference" 2017 eingereicht und wurde im Rahmen einer Special Session vorgestellt.

5.2.3 Theoretical background and hypotheses development

By using self-determination theory ("SDT"), we investigate the motivational direction for participating in foodsharing. Following SDT foodsharing could be based on two different kinds of self-regulation: those supported by feelings of identification (intrinsic) or by feelings of getting external rewards (extrinsic). We combine SDT with the theory of existence, relatedness and growth needs (ERG-Theory) for operationalizing the needs behind different kinds of motivations. Because foodsharing is primarily perceived as a supplementary behavior that takes action in case of leftover and excess food, it is reasonable to assume that the most striking needs from a foodsharing perspective in western industrialized societies are relatedness and growth needs.

With regard to relatedness needs, prior empirical studies have discussed the importance of social relationships as well as social recognition for pro social action (Ganglbauer et al., 2014; Wasko & Faraj, 2005). Both determinants deal with interpersonal processes and are extrinsically motivated. While we assume that foodsharing intentions are related to pro social behavior, we hypothesize the following:

H1: The extrinsic need for social relationships has a positive effect on foodsharing intention.

H2: The extrinsic need for social recognition has a positive effect on foodsharing intention.

In view of growth needs, we firstly focus on the enjoyment of sharing. Acting in a sense of sustained commitment is a crucial motivational factor in context of food movements like dumpster diving (Rombach & Bitsch, 2015). To pursue an activity simply for enjoyment is part of intrinsic motivation (Ryan & Deci, 2000b). Thus, we assume the following:

H3: The intrinsic enjoyment of sharing has a positive effect on foodsharing intention.

Secondly, studies have investigated the importance of the values of people in context of social activities (Clary et al., 1998). With regard to foodsharing, these values include primarily social and ecological motives like the individual's desire to take on social responsibility and to bring a significant change to society (Ganglbauer et al., 2014). Therefore, we hypothesize:

H4: The intrinsic orientation towards values has a positive effect on foodsharing intention.

Thirdly, experience is prior discussed as an important determinant in context of voluntary commitment and knowledge-sharing (Clary et al., 1998; Nov, 2007). Ganglbauer et al. (2014) showed the importance of sharing experience within foodsharing movements. Against this background, the following hypothesis is derived:

H5: The intrinsic need for experience has a positive effect on foodsharing intention.

Fourthly, as one extrinsic motivational factor, we focus on enhancement. Previous research shows the importance of enhancement in context of knowledge sharing (Nov, 2007). We transfer this finding to the foodsharing context and derived the following hypothesis:

H6: The extrinsic need for enhancement has a positive effect on foodsharing intention.

5.2.4 Methodology and results

To test our hypotheses, we conducted an online survey with 427 participants (85 % females, M_{Age}= 28) recruited from 53 foodsharing groups on the social network Facebook.

For construct measurement, we adapted established scales from sharing and voluntary commitment literature. All scales ranged from "strongly agree" (1) to "strongly disagree" (5) and were modified to fit this papers research focus. Foodsharing intention were measured using two items derived from Fishbein & Ajzen (1975). We used Bierhoff, Schülken & Hoof (2007) scale to measure social relationships with five items and values with three items. Experience and enhancement were composed of four items established from Clary et al. (1998). To measure social recognition we applied a five-item scale of Kankanhalli, Tan & Wei (2005). Enjoyment of sharing was measured with four items of Lin (2007).

All Cronbach's alpha values are above 0.7 and therefore indicate good internal consistency and reliability in all constructs (table 6) (Nunnally, 1967). The Kaiser-Meyer-Olkin (KMO) with an adequate score of 0.893 (Kaiser, 1970) as well as the significance of Barlett's test (χ^2 = 4478.766 ($p < 0.001$) confirm the appropriateness of the factor analysis for the data set. The cumulative percentage of variance explained by six factors was 70.23 per cent. The average variance extracted (AVE) for each construct was greater than the recommended threshold of 0.5 (Fornell & Larcker, 1981), thus support convergent validity. Moreover, to exclude for multicollinearity we checked the correlation between the independent variables. All correlations were below the recommended value of 0.7 (Anderson, Sweeney & Williams, 1996). Moreover, all variance inflation factor (VIF) values were close to 1 and hence showed no risk of multicollinearity (Allison, 1999).

Table 6: Means, standard deviations, Cronbach's Alpha and AVE of the constructs (Quelle: Eigene Darstellung)

Construct	Number of Items	Mean	SD	Cronbach's Alpha	AVE
Foodsharing Intention	2	1.435	0.650	0.804	0.836
Social Relationships	5	2.708	0.924	0.871	0.661
Social Recognition	5	3.561	0.933	0.849	0.629
Enjoyment of sharing	4	1.318	0.462	0.742	0.574
Values	3	1.992	0.944	0.837	0.759
Experience	4	2.617	1.084	0.890	0.753
Enhancement	4	3.099	1.056	0.881	0.737

Our results (figure 11) show that social relationships ($\beta = .068$, $p = .176$) and social recognition ($\beta = -.021$, $p = .679$) have no significant effect on foodsharing intention. In contrast all other factors showed a significant positive effect on foodsharing intention ($\beta_{Enjoyment} = .411$, $p < .001$; $\beta_{Values} = .270$, $p < .001$; $\beta_{Experience} = .106$, $p < .05$; $\beta_{Enhancement} = .214$, $p < .001$). The six predictors explained 30.3% of the variance in foodsharing intention (R^2ad = .288, $F(6, 277) = 20{,}040$, $p < .001$). The Durbin-Watson was close to 2 ($d = 2{,}079$), so there is no indication of autocorrelation in the sample. Taking into account the results presented above, H1 to H2 must be rejected, while H3 to H6 can be confirmed.

Figure 11: Conceptual model and path coefficients

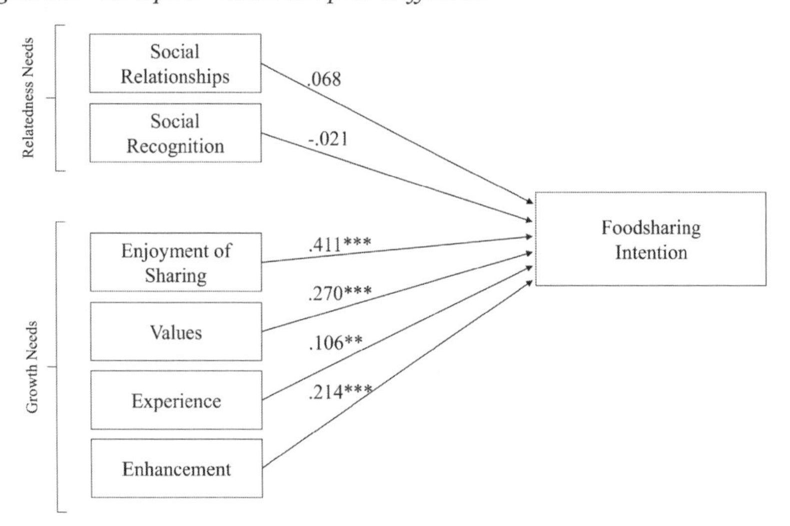

Notes: Level of significance: ** $p < 0.05$; *** $p < 0.001$. Values are standardized estimates

5.2.5 Conclusion

Our results indicate that growth needs build the motivational basis for foodsharing intention. We found that enjoyment to the given activity is the most powerful predictor in this context, which is in line with previous research (Hamari, Sjöklint & Ukkonen, 2016). Due to the distinction on intrinsic and extrinsic motivations, results indicate mainly intrinsic determinants for explaining foodsharing intention.

Surprisingly, relatedness needs have no impact on foodsharing intention. One reason could be that according to the theory of Herzberg, Mausner & Snyderman (1959) lower-order needs like relatedness needs act more like a "hygiene factor", meaning that the absence can create dissatisfaction but their presence does not motivate in achieving higher goals like acting against food waste or for reasons of social and ecological responsibility. Our results suits to that assumption, as they show, that intrapersonal processes (which are more close to higher-order needs) are more prevalent for participating in foodsharing than interpersonal aspects, the latter being not directly related to achieving personal goals associated with the participation in foodsharing movements.

5.3 Beitrag 3: "Doing good and having fun" – The role of moral obligation and perceived enjoyment for explaining foodsharing intention[61,62]

5.3.1 Abstract

This research focus on a combination of morality and hedonism to explain foodsharing behavior. A modified version of field theory was applied to differentiate the consumer's and provider's perspective. Results confirmed that foodsharing can be explained by moral obligation and perceived enjoyment, even though the latter is comparatively weak.

5.3.2 Theoretical background

Imagine a basket full of food – fruits, vegetables, some noodles and cheese. There is someone, who does not need it anymore, maybe because he or she is going on a trip the next day. The food is too valuable to be thrown out, so it's passed on someone, who take the opportunity to try a new recipe for a vegetarian noodle casserole.

This is the basic idea of foodsharing: people share their food which is no longer needed but still edible with other people on a non-commercial basis (Ganglbauer et al., 2014). Following this idea, the website foodsharing.de alone helped to save over 6.7 million kilograms of food in almost 500.000 sharing operations to their own declaration since the website's launch in 2012 (Foodsharing, 2016). But what does people motivate to take part in foodsharing? We propose that the combination of moral and hedonic motives plays an important role in the process of foodsharing, which is said to be a form of prosocial behavior (Belk, 2010).

Indeed, the meaning of morality and hedonism for prosocial behavior has been discussed several times, showing that acting moral is strongly connected with experiencing hedonistic pleasure (Lindenberg, 2001; Schaefer & Crane, 2001; Szmigin & Carrigan, 2005). This connection could already been shown in the context of internet-mediated sharing (Bucher, Fieseler & Lutz, 2016): Moral and hedonic motives are significantly higher for people

61 Schreiner, N., Blümle, S., Kenning, P. (2017): "Doing good and having fun" - The role of moral obligation and perceived enjoyment for explaining foodsharing intention. *Advances in Consumer Research*, Vol. 45, 1058.

62 Dieser Beitrag wurde in abgewandelter Form bei der „North American Conference of the Association for Consumer Research" 2017 eingereicht und ist im Rahmen einer Poster Session (siehe Anhang B) vorgestellt und als „short abstract" veröffentlicht worden.

with a strong tendency for non-commercial sharing compared to one that lacks that tendency.

To further theorize foodsharing behavior we apply field theory (Lewin, 1939), nowadays usually referred to as "force field analysis" (Burnes & Cooke, 2013). In this theory, behavior takes place in the so called "field", whereas field means the totality of all coexisting facts at the time the behavior occurs. Its founder Lewin, emphasized that even if people are located in the same time and place, the personal fields are different. That said, we argue that when food-sharing behavior occurs between at least two persons, two major fields exist: That one of the provider and that one of the consumer of food. Additionally, the behavior (be) observed in the field is defined as a function (f) of personal (p) and environmental (e) factors, following Lewin's well-known formula Be= f [p, e].

In order to apply Lewin's theory correctly, we investigate the provider's and consumer's perspective of the foodsharing context, by focusing on moral obligation as one personal factor and perceived enjoyment in the foodsharing act as one environmental factor.

Concerning the personal factor, first evidence suggests that foodsharing is reflected in moral terms, e.g. by showing responsibility to treat the natural environment respectfully without throwing food unnecessarily away (Gollnhofer, Hellwig & Morhart, 2016). Therefore, we assume the following:

H2a: Moral obligation positively influence the intention to participate in foodsharing as a provider.

H2b: Moral obligation positively influence the intention to participate in foodsharing as a consumer.

Concerning the environmental factor, prior research already shows that enjoyment in sharing with another person has been regarded as an important factor in other sharing-related activities like collaborative consumption (Hamari, Sjöklint & Ukkonen, 2016). Following this argument, we hypothesize:

H1a: Perceived enjoyment positively influence the intention to participate in foodsharing as a provider.

H1b: Perceived enjoyment positively influence the intention to participate in foodsharing as a consumer.

5.3.3 Materials and methods

To test our hypotheses, we applied an empirical study. At first, a pretest (N = 22) was run to test and adjust the measurements. In the main study, respondents (N = 928) were interviewed using an online-survey. After cleaning the data from implausible answers and unfinished questionnaires, 587 interviews could be used for data analysis (87,4% females, $\mu = 31.35$ years; $\sigma = 9.97$ years).

To perform the analysis, AMOS was used as a tool of covariance-based structural equation modeling. To assess the validity and reliability of the measurement model, standard criteria such as Cronbach's α and the average variance extracted (AVE) were employed. To measure perceived enjoyment (4 items, $\alpha = .826$, AVE = 65,7%), moral obligation (3 items, $\alpha = .685$, AVE = 63,9%) and foodsharing intention (3 Items provider's side, $\alpha = .945$, AVE = 90.2%; 3 Items consumer's side, $\alpha = .955$, AVE = 91.7%;), well established scales were derived by the literature and slightly modified (Beck & Ajzen, 1991; Van der Heijden, 2004; Venkatesh et al., 2003). Throughout the survey 5-point Likert-scales (1 = strongly agree; 5 = strongly disagree) were employed. Using the Fornell-Larcker-criterion, the discriminant validity of the used scales was ensured.

The results of the AMOS-analysis indicated that moral obligation ($\beta = .46$, $p < .001$) and perceived enjoyment ($\beta = .22$, $p < .001$) significantly predict foodsharing intention as a consumer and explain 36.3% of its variance. There were also significant effects of moral obligation ($\beta = .41$, $p < .001$) and enjoyment ($\beta = .15$, $p < .001$) for the provider side of foodsharing intention explaining 25,2% of variance.

To assess the overall fit of the theoretical model to the observed data, two goodness-of-fit indices were used: RMSEA=.052 and GFI=.962 indicate a rather satisfying overall model.

Taking into account the results presented above, all hypotheses can be confirmed (see figure 12).

Figure 12: Conceptual model and path coefficients

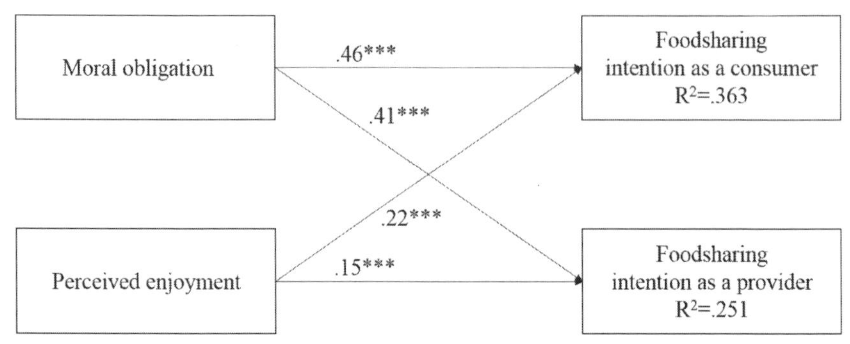

Level of Significance: *** p< .001. Values are standardised estimates.

5.3.4 Conclusion

Results confirmed our prediction that foodsharing can be explained by moral obligation and perceived enjoyment, even though the latter is comparatively weak. Foodsharing may be seen as a fulfillment of some higher purpose and is combined with a hedonistic journey for consumers as well as providers of food. This is in line with previous observations, showing that "we may gain pleasure from responding to what we consider to be our moral obligations [...]" (Szmigin & Carrigan, 2005, p. 610). Nevertheless, these factors explain more variance in the behavior of consumers compared to those of providers. Future research should expand this concept of morality and hedonism with further factors, in order to deepen the theoretical understanding of sharing practices and to provide more insights into how prosocial sharing behavior can be promoted.

5.4 Beitrag 4: Customer loyalty in different sharing sectors – The role of economic, social and environmental benefits[63,64]

5.4.1 Abstract

The sharing economy is attributed with promoting a society in which access to goods is preferred to ownership, thereby leading to a more social and environmental friendly consumer behavior. However, based on the number of users, sharing is a niche in most countries, and as such, loyalty of current users needs to be strengthened to stabilize and enhance sharing organizations. Therefore, knowledge of the antecedents of loyalty is paramount. We examine the impact of three benefit types on loyalty intentions. Across five studies with a total sample size of 961 users, we provide measures of economic, social and environmental benefits to identify their respective impact on loyalty. Our findings reinforce the key role of economic benefits and show that environmental benefits seem to be inflated in the public discourse on the sharing economy. We suggest recognizing different sharing industries as distinct sectors that require different theoretical models and management practices.[65]

5.4.2 Introduction

In recent years, financial investment and turnover in sharing sectors such as accommodation (e.g., Airbnb, Wimdu) and mobility (e.g., in Asia: Didi Chuxing, Mobike, in Europe: Car2Go, Flinkster) have increased immensely (PwC, 2016). In 2015, 17 companies operating in the sharing economy were valued at more than 1 billion US Dollars each and employed a combined

63 Schreiner, N., Pick, D. (2018): Customer loyalty in different sharing sectors – The role of economic, social and environmental benefits. *Proceedings of the EMAC Conference 2018, 29 May-1 June, Glasgow, Great Britain.*

64 Dieser Beitrag wurde in abgewandelter Form bei der „European Marketing Academy Conference" 2018 als competitive Paper eingereicht und wurde im Rahmen eines Vortrags vorgestellt. Die hier vorliegende Full-Paper-Version ist derzeit in abgewandelter Form in Begutachtung im *Journal of Research and Management (ZFP)*. Teilergebnisse mit besonderem Fokus auf Apartment-Sharing wurden ebenfalls auf der „25th eTourism Conference" 2018 in Jönköping (Schweden) vorgestellt.

65 We thank Stefan Hoffmann and Iis Tussyadiah for their very helpful comments on an earlier draft of this manuscript. The project was supported by funds of the Federal Ministry of Justice and Consumer Protection (BMJV) based on a decision of the Parliament of the Federal Republic of Germany via the Federal Office for Agriculture and Food (BLE) under the innovation support program.

total of more than 60,000 workers (Kathan, Matzler & Veider, 2016). In 2016, more than 420 firms operated in the sharing economy and received 23.4 billion US Dollars in investments (Wallenstein & Shelat, 2017). And in 2017, Airbnb alone had a turnover of 2.6 billion US Dollars (Zaleski, 2018) and more than 300 million paying guests worldwide (Laghate, 2018). Consultancies predict that the main sharing economy sectors will generate revenues of almost 335 billion US Dollars by 2025 (PwC, 2015). Accordingly, academic research on sharing is emerging (Benoit et al., 2017).

Interestingly, most research so far has investigated the motives for using sharing offers the first time or in general (e.g., Böcker & Meelen, 2017; Davidson, Habibi & Laroche, 2018; Yin, Qian & Singhapakdi, 2016), while the impact of loyalty intentions has received less attention (see table 7 for the literature overview), indicating a research focus on customer acquisition over customer retention. Customer loyalty is defined as a deeply held commitment to rebuy or reuse a preferred product or service consistently in the future (Oliver, 1999), and thus differs markedly from first usage behavior, as previous research into social bonding has demonstrated. Empirical studies found that social bonding is a key criterion in developing loyalty (Campbell, Nicholson & Kitchen, 2006; Oliver, 1999), but perhaps less important for first time usage behavior.

The special nature of loyalty in mind, the present work focuses on customer retention in sharing services to extend the existing knowledge concerning the drivers of loyalty and provide key guidelines for the marketing management of organizations providing services in the sharing economy. Although it shares some properties of the classical exchange or gift giving practice, sharing is a distinct form of exchange (Belk, 2007, 2010), not only said to take place within social relationships (Belk, 2014a), but also perceived as sustainable consumption behavior (Heinrichs, 2013). It is therefore reasonable to assume that loyalty might be affected by social and environmental benefits aside from the typical economic ones. Based on this assumption, we adopt the "Triple Bottom Line" and its division into economic, social and environmental benefits as a theoretical lens.

To our knowledge, the present work is the first to contrast the role of three consumer benefits across very different sharing sectors and therefore show how servitization business models are similar or different across these mainly unstudied industries (Field et al., 2018). Some of these sharing sectors have received much research attention, such as accommodation and car sharing (e.g., Akbar, Mai & Hoffmann, 2016; Bardhi & Eckhardt, 2012; Belk, 2014a, 2014b; Lamberton & Rose, 2012; Pesonen & Tussyadiah, 2017; Tussyadiah, 2016; Tussyadiah & Park, 2018; Wilhelms, Henkel & Falk, 2017; Young, Corsun & Xie, 2017) while others such as bike or food sharing loyalty have not been investigated so far (Lamberton & Rose, 2012; Yin, Qian & Singhapakdi, 2016).

Table 7: Research overview on benefit antecedents of loyalty of sharing customers (Quelle: Eigene Darstellung)

Authors	Sector	Dependent variable	Economic/ financial	Social	Environmental
Möhlmann (2015)	Carsharing, P2P accommodation	Likelihood of choosing sharing option again	Cost savings have no influence	Community belonging increases future sharing (only for cars)	Environmental motives have no influence
Hamari, Sjöklint & Ukkonen (2016)	Sharing of belongings/goods ("Sharetribe")	(future) behavioral intentions	Economic benefits increase intentions	-	Sustainability motives only indirectly increase intentions
Tussyadiah (2016)	P2P accommodation	Future intention (to use it again)	Economic benefits increase satisfaction and future intentions	Social benefits reduce future intentions	Sustainability has no influence
Liang, Choi & Joppe (2017)	P2P accommodation	Repurchase intention	Perceived value (price, quality) increases intention	-	-
Yang et al. (2017)	General sharing economy	Customer loyalty	-	Social benefits increase commitment and loyalty	-
Research gap	Bike-Sharing Garment-Sharing Food sharing	Loyalty intentions	x	x	x

Furthermore, current findings on loyalty drivers do not paint a consistent picture. Some studies have found a positive impact, others could not find evidence of this for some customer benefits. To the best of our knowledge, only P2P accommodation, car sharing and goods sharing (Sharetribe) have been investigated within the loyalty domain to date (e.g., Möhlmann, 2015; Tussyadiah, 2016). As such, nothing is known about the role of benefits as loyalty drivers for other sharing sectors such as bike sharing. In table 7, we summarize prior research on the benefits and their role for customer loyalty.

The present work makes several contributions to the literature: First, we complement the primary research on intentions to use the sharing economy (the first time) by extending the limited knowledge concerning customer loyalty within the sharing economy. Second, we provide a broad picture of the drivers of customer loyalty across five very different sharing sectors and show if and how consumer benefits vary for sharing sectors, examining economic, social and ecological values simultaneously. Third, our research helps to identify suitable management practices to increase the success of sharing organizations.

5.4.3 Theoretical background

5.4.3.1 Triple Bottom Line approach

In response to current debates about the motivation of people to take part in sharing services (Martin, 2016), we adopt the Triple Bottom Line (TBL) as theoretical foundation. The origins of TBL lie in a framework to measure sustainability performance (Elkington, 1994; Slaper & Hall, 2011), which allows companies to go beyond traditional economic measures by including the social and environmental dimensions in the evaluation of the company's overall performance.

We apply TBL to the area of consumer behavior in sharing services for several reasons: First, sharing services are perceived as a sustainable alternative to the traditional consumption of products and services (e.g., Botsman & Rogers, 2011; Heinrichs, 2013; Kathan, Matzler & Veider, 2016), one example of this being that "more people increased their overall public transit and non-motorized modal use after joining carsharing" (Martin & Shaheen, 2011, p. 2094). In the public discourse (Mehra, 2017; Pfeiffer, 2017), environmental benefits are often stressed as a key driver in the sharing debate, but sufficient evidence to support that claim is not provided. The TBL approach takes this debate into account by including sustainability motivations.

Second and with respect to the theoretical foundation of sharing behavior (Belk, 2007, 2010), TBL allows us to capture the social dimension of sharing behavior (people interacting in social relationships and feeling a sense of community).

Finally, by applying this approach, we are in line with previous research showing that sustainability at the consumer level is characterized by the beliefs of the normative triple bottom line concept (Balderjahn et al., 2013). In the following, we will briefly discuss the three different drivers of loyalty.

5.4.3.2 Economic dimension

Economic benefits refer to the valuation of individuals of saving and/or earning money by buying or using a good or service. For the sharing economy, previous research has found that economic motives dominate the intentions of people using the sharing economy. On one hand, people use the sharing service to pay a lower price (e.g., Milanova & Maas, 2017), and on the other hand, especially on customer-to-customer (C2C) platforms, people can earn money by making their own underused assets available. Hamari, Sjöklint & Ukkonen (2016) reported that economic benefits have had positive effects on participation in the platform "Sharetribe". Similarly, Bardhi & Eckhardt (2012) found in their qualitative study that Zipcar users perceived the service as more affordable. Two surveys by Möhlmann (2015) revealed that cost savings have a significant impact on users' satisfaction with these services, increasing a company's chances for repeat customers. Overall, economic benefits seem to have a significant impact on the use of sharing services, and it might therefore be assumed that these benefits also have an impact on users' loyalty intentions. However, only few studies have focused on these linkages and showed inconsistent results, either finding no significant (Möhlmann, 2015) or a positive influence on loyalty (e.g., Tussyadiah, 2016). According to equity theory, economic benefits increase the output of a relationship. For gaining equity with the firm again, customers might intend to give something back to the firm by having higher loyalty intentions. Therefore, we hypothesize the following:

H1: Economic benefits have a positive impact on loyalty intentions with sharing services.

5.4.3.3 Social dimension

In the context of sharing, the social dimension refers to a perceived benefit of the customer through interacting with others and feeling a sense of community or belonging, i.e., an individual gain for the consumer. Four recent qualitative studies have examined social aspects for using sharing services: Milanova & Maas (2017) identified the sense of belonging as an important factor for using a sharing service in general, Decrop et al. (2018) interviewed users of Couchsurfing and found that friendship and community issues seem to be important for users, Ozanne & Ballantine (2010) examined sharing in toy libraries and observed that people enjoy the social and community benefits of participation, and Ozanne & Ozanne (2011) discovered that older children with younger siblings use the sharing facilities in toy libraries to socialize with their friends. However, these studies provide no information how strong the impact of social benefits on usage behavior or even loyalty might be.

Among quantitative studies, only three papers focused on linking social benefits and loyalty. The findings are very diverse (see table 7). For example, Möhlmann (2015) found that community belonging increases future sharing, albeit only for car sharing – no significant influence could be found for apartment sharing. Regarding C2C platforms, Tussyadiah (2016) found that social benefits affect future intentions to participate in accommodation negatively for those who stayed in a house or apartment. However, because of the general importance people assign to socializing with others, we assume the following:

H2: Social benefits have a positive impact on loyalty intentions with sharing services.

5.4.3.4 Environmental dimension

Environmental benefits refer to the effect individuals expect their behavior to have on the environment (e.g., reducing natural resource usage). Recent research has found an impact of a pro-environmental self-identity on sustainable consumption behavior (Dermody et al., 2018). Accordingly, environmental benefits might be assumed to positively influence usage and reusage behavior in the sharing economy, but results on usage intentions and loyalty intentions are mixed. Lamberton & Rose (2012) found that moral utility (i.e., reducing the usage of natural resources) had no effect on sharing propensity (i.e., likelihood of choosing a sharing option). Möhlmann (2015) also registered no effects of environmental motives on consumers' likelihood of choosing a sharing option again. Interestingly, using sharing services also has no impact on consumers' concern for the environment (Roos & Hahn, 2017). Tussyadiah & Pesonen (2016) have even found that travel frequency of P2P accommodation users was higher, suggesting a net negative effect on the environment. However, other studies have observed some effects concerning the environmental dimension of participating in sharing. Hamari, Sjöklint & Ukkonen (2016) identified an effect of sustainability, however indirect, on future behavioral intention. Van de Glind (2013) showed that users are motivated by the idea of contributing to a healthy environment. Further, Hüttel et al. (2018) identified the motive of 'avoiding wasting resources' as playing a role in collaborative consumption. Finally, loyalty and environmental benefits both presuppose a development over time. Consumers may be aware that improving the environment requires time, possibly explaining why environmental benefits have a particular impact on future sharing service loyalty. Being aware of these contradictory findings, we tentatively suppose that it is (for some sectors of the sharing economy) likely that environmental benefits drive consumer loyalty. We therefore assume the following:

H3: Environmental benefits have a positive impact on loyalty intentions with sharing services.

5.4.3.5 Moderators and control variables

In addition to the proposed main effects of the TBL approach, other variables might influence the effects of benefit types on customer loyalty. As depicted in figure 13, we tested age and income as moderators, similar to previous studies on general sharing intentions (e.g., Akbar, Mai & Hoffmann, 2016; Böcker & Meelen, 2017; Tussyadiah & Pesonen, 2016).

Regarding the links between economic and social benefits and loyalty intention, we propose that the effects are stronger for younger customers, while the link between environmental benefits and loyalty intention is stronger for older customers. In support of this view, Böcker & Meelen (2017) found that younger customers are more economically motivated to participate in the sharing economy and further showed that older people put more emphasis on the social motivation to participate.

In addition, it is likely that a high income weakens the relationship between economic benefits and loyalty intention. Economic benefits might still be relevant, but high earners' loyalty might be more driven by factors such as the quality of the product and company relationship. Accordingly, a study has confirmed that higher income groups are less economically driven to join the sharing economy (Böcker & Meelen, 2017). Further, we propose that the relationship between social and environmental benefits and loyalty intention is strengthened through a high income. While it has been suggested that environmental concern is more common among higher income consumers (Shen & Saijo, 2008), Böcker & Meelen (2017) found that higher income is actually associated with less social motivation to participate.

Figure 13: Conceptual model of loyalty intention

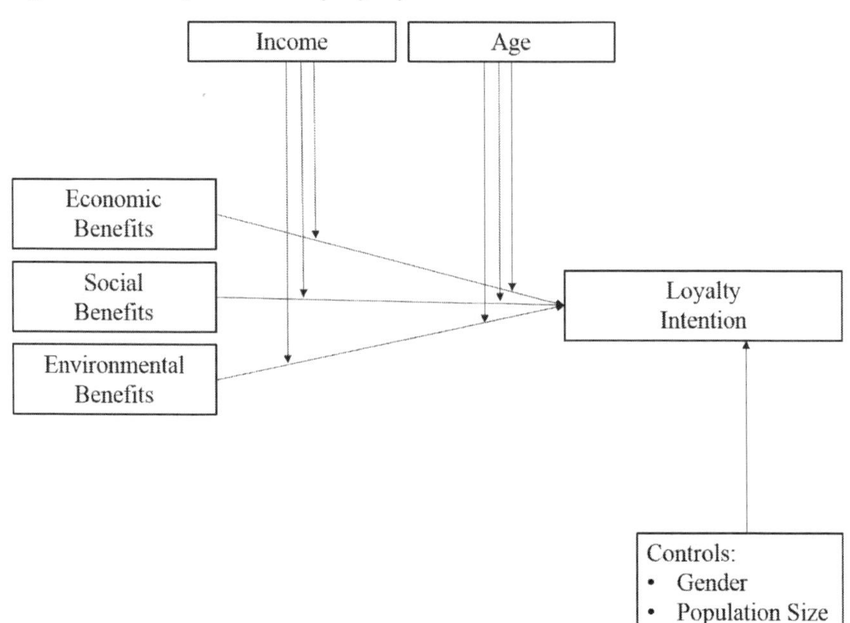

Finally, we controlled for gender and population size (i.e., size of the city in which a respondent lives). Both variables have been proposed as influential for customer decision making in collaborative consumption systems (e.g., Akbar, Mai & Hoffmann, 2016; Böcker & Meelen, 2017; Hawlitschek, Teubner & Weinhardt, 2016; Tussyadiah & Pesonen, 2016). The overall conceptual framework is given in figure 13.

5.4.4 Measurements of study 1 to 5

To test our research hypotheses, we conducted five studies in different sharing sectors (apartment, car, garment, bike and food sharing). Our first goal in choosing these five sectors is to replicate major findings from the sharing industries with great economic importance (as measured by turnovers and user numbers), such as car and apartment sharing. Our second goal is to explore the smaller and less-researched sharing sectors such as garment, bike and food sharing. To examine the loyalty intention of experienced sharing users, we surveyed respondents who have used a sharing service at least once within the last 12 months. Respondents were asked to name the company to ensure recall of their experience, illustrating our focus on the user's perspective and not on the giver's (e.g., Hawlitschek, Teubner & Weinhardt, 2016; Schreiner, Pick & Kenning, 2018).

For construct measurement, we adapted established scales from previous sharing economy and marketing literature. All scales ranged from "strongly disagree" (1) to "strongly agree" (7) and were slightly modified to fit our research focus. Loyalty intention was measured using three items derived from Hamari, Sjöklint & Ukkonen (2016) and Teubner, Hawlitschek & Gimpel (2016). We used the scale of Hamari, Sjöklint & Ukkonen (2016) to assess economic benefits with two items and the scales of Möhlmann (2015), Schaefers, Lawson & Kukar-Kinney (2015) and Teubner, Hawlitschek & Gimpel (2016) to measure social benefits with four items. Environmental benefits were measured with four items established by Hamari, Sjöklint & Ukkonen (2016), Möhlmann (2015) and Lamberton & Rose (2012) (see chapter 5.4.8, table 11).

5.4.5 Results

5.4.5.1 Sample characteristics

We collected survey data from a total of 961 individuals in Germany (54.4% female, μ =32.37 years; σ =10.81 years). This data was gathered from May to July 2017 with the help of an online survey tool (i.e., Clickworker), a common method employed in numerous studies on the sharing economy (e.g., Lamberton & Rose, 2012; Lawson et al., 2016; Tussyadiah & Pesonen, 2016) . There was no participant overlap between the different samples. Participants were asked to answer questions on the sharing services they had used in the past months; no specific brand names were manipulated or named. Table 8 shows the mean frequency of use of the sharing service which ranges from 2.52 in study 1 (apartment, SD=3.15) to 13.36 in study 4 (bike, SD=31.80). The mean age of respondents ranged from 30.2 years in study 3 (garment) to 33.5 years in study 2 (car). The ratio of male and female participants was mostly balanced in studies 1 (apartment; 52.7% female) and 2 (car; 40.7% female), leaning female in studies 3 (garment; 87.8% female) and 5 (food; 78.2% female) and leaning male in study 4 (bike; 68.8% male). To capture the potential influence of different gender distributions on the results, we employed gender as a control variable in all studies.

Regarding their monthly income, respondents mostly indicated having more than €2,500 (ca. $2,900) at their disposal, except for study 5 (food), where respondents mostly had less than €1,000 (ca. $1,200). Respondents were also asked about the population size of the city they live in. Two thirds of the respondents either reported living in cities with less than 50,000 or in major cities with more than 250,000 inhabitants, the largest exception being study 3 (garment), with over 50 percent living in small and only 18.2 percent in major cities. Therefore, population was retained as a control variable.

Table 8: Participant demographics (in percent) (Quelle: Eigene Darstellung)

	Study 1 Apartment	Study 2 Car	Study 3 Garment	Study 4 Bike	Study 5 Food
Sample size:	347	295	148	93	78
Mean frequency of use (SD):	2.52 (3.15)	6.39 (12.75)	9.22 (18.33)	13.36 (31.80)	10.16 (14.37)
Age range:					
18-25	31.1	27.9	41.2	30.1	35.9
26-35	38.0	35.4	32.4	43.0	39.7
36-45	13.8	19.4	14.9	12.9	14.1
> 45	17.0	17.3	11.5	14.0	10.3
Mean Age:	32.8	33.5	30.2	32.0	30.5
Sex:					
Female	52.7	40.7	87.8	31.2	78.2
Male	47.3	59.3	12.2	68.8	21.8
Monthly income (in Euro):					
< 1,000	14.7	17.6	20.9	24.7	28.2
1,000 to 1,500	12.7	12.2	13.5	11.8	12.8
1,501 to 2,000	15.3	15.9	13.5	16.1	15.4
2,001 to 2,500	17.3	20.3	17.6	15.1	17.9
> 2,500	40.1	33.9	34.5	32.3	25.6
Population size:					
< 50,000	34.3	33.2	50.7	43.0	37.2
50,000 to 99,000	10.1	11.5	14.2	9.7	16.7
100,000 to 149,999	12.1	12.2	8.8	5.4	15.4
150,000 to 199,999	2.9	3.7	4.7	4.3	1.3
200,000 to 249,999	6.3	4.7	3.4	1.1	2.6
> 250,000	34.3	34.6	18.2	36.6	26.9

5.4.5.2 Results of the measurement models

Confirmatory factor analysis (CFA) was conducted to determine the measurement model using AMOS (v.23). Following Anderson & Gerbing (1988) Anderson and Gerbing (1988), we employed factor loadings, composite reliability (CR) and the average variance extracted (AVE) to examine the convergent validity of the scales used. Standardized factor loadings are an indicator for reliability, because of the high degree of association between scale items and the single latent variable (Henseler, Ringle & Sinkovics, 2009). According to the recommended threshold of factor loadings of .60 (Suh & Han, 2002), this criterion is largely fulfilled in all five studies (see chapter 5.4.8, table 11). Only one item of the variable environmental benefits (ENVIRON_1 =.46) in study 4 (bike) and one item of loyalty intention (LOY_1=.56) in study 1 (apartment) show values below that threshold. However, all factor loadings still show a value above the minimum requirement of .40 (Hair, Ringle & Sarstedt, 2013; Hulland, 1999).

In terms of composite reliability, all scores are well above the recommended value of .70, reflecting that items are free from random error and yield a good level of internal consistency (Hair et al., 2010; Hair, Ringle & Sarstedt, 2013) (table 9). AVE measures the amount of variance that is captured by a construct in relation to the amount of variance due to measurement error. Fornell & Larcker (1981) recommended a value higher than .50 to prove good convergent reliability. This criterion is satisfied for all studies. Finally, we evaluated discriminant validity by comparing the square root of the AVE of the variables with the correlation of all latent variables in the model. As displayed in table 9, the square root of the AVE is well above the correlation values, suggesting good discriminant validity. Overall, the results provide strong evidence of the reliability and validity of the constructs for all studies.

Table 9: Discriminant validity, convergent validity and reliability of the measurement models (Quelle: Eigene Darstellung)

	CR	AVE	MSV	MaxR(H)	Economic Benefits	Social Benefits	Environmental Benefits	Loyalty Intention
Study 1 (Apartment):								
Economic Benefits	.870	.769	.255	.975	*.877*			
Social Benefits	.934	.781	.099	.952	.121	*.884*		
Environmental Benefits	.905	.705	.099	.970	.229	.315	*.840*	
Loyalty Intention	.822	.617	.255	.980	.505	.228	.160	*.785*
Study 2 (Car):								
Economic Benefits	.809	.680	.329	.969	*.825*			
Social Benefits	.938	.792	.142	.947	.377	*.890*		
Environmental Benefits	.892	.676	.329	.965	.574	.346	*.822*	
Loyalty Intention	.871	.696	.163	.977	.404	.333	.369	*.834*
Study 3 (Garment):								
Economic Benefits	.756	.609	.285	.973	*.780*			
Social Benefits	.936	.786	.132	.958	.364	*.887*		
Environmental Benefits	.891	.674	.285	.970	.534	.258	*.821*	
Loyalty Intention	.872	.696	.275	.978	.524	.202	.214	*.834*
Study 4 (Bike):								
Economic Benefits	.889	.801	.249	.986	*.895*			
Social Benefits	.950	.827	.112	.981	.248	*.909*		
Environmental Benefits	.818	.542	.226	.984	.475	.146	*.736*	
Loyalty Intention	.842	.643	.249	.987	.499	.334	.306	*.802*
Study 5 (Food):								
Economic Benefits	.778	.638	.526	.965	*.798*			
Social Benefits	.922	.748	.264	.938	.199	*.865*		
Environmental Benefits	.888	.665	.526	.960	.725	.309	*.815*	
Loyalty Intention	.939	.836	.274	.980	.505	.514	.523	*.915*

Note: Diagonals (italicized) represent the square root of the average variance extracted (AVE) while values below the diagonals represent correlation values.

Since our analysis uses data collected via a self-administered survey, we control for common method variances problems (CMV) in two ways: First, respondents were provided with an explanatory statement assuring the anonymity and confidentiality of the study as recommended by Leckie, Nyadzayo & Johnson (2016). Furthermore, each scale was systematically examined to minimize ambiguity and vagueness of the given answers following Malhotra, Kim & Patil (2006) and Leckie, Nyadzayo & Johnson (2016).

Second, we applied Harman's single factor test (Malhotra, Kim & Patil, 2006; Mossholder et al., 1998). In this test, a competing CFA model was constructed in which all the manifested variables are explained through one common method factor. To assess the overall fit, several goodness-of-fit indices were used. We included CMIN/df with a recommended upper threshold of 2 (Tabachnick & Fidell, 2007), RMSEA with an upper limit of .07 (Steiger, 2007), SRMR with acceptable values up to .08 (Hooper, Coughlan & Mullen, 2008), and CFI with a recommended value of greater than .95 (Hu & Bentler, 1999). For all studies, the model indicated poor fit (CMIN/DF ranges from 6.46 in study 5 (food) to 25.80 in study 1 (apartment); RMSEA ranges from .253 in study 4 (bike) to .268 in study 1 (apartment); SRMR ranges from .184 in study 5 (food) to .231 in study 3 (garment); CFI ranges from .468 in study 1 (apartment) to .528 in study 4 (bike)), showing that there is no substantial method bias in the data.

5.4.5.3 Results of the structural model

To assess the overall fit of the theoretical model to the data collected, the above-mentioned goodness-of-fit indices were used. As shown in table 10, all fit indices indicate a rather good model in all studies. The only exception is the CFI (=.944) for study 4 (bike) and the CFI (=.948) for study 5 (food), which are very slightly under the recommended threshold. Because these are just two out of 20 fit indices, we suggest that the SEM models fit the data at a satisfactory level.

For H1, results indicate that *economic benefits* have a positive impact on loyalty intentions across all five sharing sectors (table 10). The effects are particularly strong for study 3 (garment, β =.733, $p<.01$), study 5 (food, β =.463, $p<.01$) and study 1 (car, β =.445, $p<.01$). For H2, *social benefits* significantly influence loyalty intentions in all sharing sectors except for study 3 (garment). Interestingly, the influence is much higher in studies 5 (food, β =.423, $p<.01$) and 4 (bike, β =.385, $p<.01$) than in studies 2 (car, β =.162, $p<.01$) and 1 (apartment, β =.159, $p<.01$). For H3, we find that *environmental benefits* only increase loyalty intentions in studies 2 (car, β =.208, $p<.01$) and 4 (bike, β =.264, $p<.01$). Overall, the proposed model explains between 25 percent of variance (study 2, car) and 59 percent of variance (study 5, food).

The analysis also reveals some moderator effects. Age moderates the link between economic benefits and loyalty intentions in studies 1 (apartment, β =.090, $p<.10$) and 3 (garment, β =.330, $p<.01$). There are also direct negative effects of age in studies 2 (car, β =-.103, $p<.10$) and 5 (food, β =-.181, $p<.05$), and a direct positive effect in study 4 (bike, β =.341, $p<.01$). However, we found no such moderating effects on loyalty intention for social and environmental benefits. We also examined whether income moderates the relationship between the three benefit groups and loyalty intention and found some effects for economic benefits ($\beta = -.223$, $p<.05$) and social benefits ($\beta = .225$, $p<.05$) on loyalty intention in study 5 (food). We also discovered that income moderates the relationship of environmental benefits on loyalty intentions in study 4 (bike, $\beta = .272$, $p<.05$). We found no income moderation effects for studies 1 to 3 (apartment, car, garment) and no direct effects on loyalty. The control variables gender and population size were also found to have no significant effects and were thus not included in table 10.

Table 10: Overview of main and interaction effects on loyalty intentions (Quelle: Eigene Darstellung)

	Study 1 (Apartment)			Study 2 (Car)			Study 3 (Garment)			Study 4 (Bike)			Study 5 (Food)		
	coeff.	t-val.	Supp.	coeff.	t-val.	Supp.	coeff.	t-val.	Supp.	coeff.	t-val.	Supp.	coeff.	t-val.	Supp.
Main Effects:															
Econ. Benefits → Loy.	.445***	6.89	Yes	.235***	2.69	Yes	.733***	4.18	Yes	.346***	2.81	Yes	.463**	2.01	Yes
Soc. Benefits → Loy.	.159***	2.91	Yes	.162***	2.49	Yes	n.s.		No	.385***	3.83	Yes	.423***	3.91	Yes
Env. Benefits → Loy.	n.s.		No	.208***	2.50	Yes	n.s.		No	.264**	2.03	Yes	n.s.		No
Moderator Age:															
Econ. Benefits → Loy.	.090*	1.77		n.s.			.330***	2.70		n.s.			n.s.		
Soc. Benefits → Loy.	n.s.			n.s.			n.s.			n.s.			n.s.		
Env. Benefits → Loy.	n.s.			n.s.			n.s.			n.s.			n.s.		
Age → Loy.	n.s.			-.103*	-1.735		n.s.			.341***	3.54		-.181**	-2.01	
Moderator Income:															
Econ. Benefits → Loy.	n.s.			n.s.			n.s.			n.s.			-.223**	-2.04	
Soc. Benefits → Loy.	n.s.			n.s.			n.s.			n.s.			.255**	2.49	
Env. Benefits → Loy.	n.s.			n.s.			n.s.			.272**	2.47		n.s.		
Income → Loy.	n.s.			n.s.			n.s.			n.s.			n.s.		
R^2	.31			.25			.36			.49			.59		
		Model fits:			*Model fits:*			*Model fits:*			*Model fits:*			*Model fits:*	
CMIN/df		1.451			1.776			1.484			1.345			1.317	
CFI		.979			.960			.953			.944			.948	
RMSEA		.036			.051			.057			.061			.064	
SRMR		.040			.034			.041			.051			.053	

***p<.01; **p<.05; *p<.10; n.s.= not significant

In summary, all hypotheses (H1-H3) can be confirmed for car and bike sharing. Thus, in these sectors the three types of benefits, i.e., economic, social and environmental benefits, increase loyalty intentions. Interestingly, both sectors belong to the mobility industry, suggesting that industry characteristics, e.g., effectively communicating the environmental effect of sharing cars and bikes, might influence users' perception of the advantages and, thus, their loyalty. However, loyalty intentions of sharing users are not equally influenced by the three types of benefits. For car sharing, economic benefits have the strongest impact on user loyalty, while for bike sharing, social benefits have the highest influence. We can confirm two out of three hypotheses for apartment and food sharing (study 1 and study 5), while for garment sharing (study 3) only the linkage of economic benefits and loyalty can be confirmed. These findings suggest that different sharing industries need to be recognized as separate sectors requiring different theoretical models and management practices.

Concerning the moderating effects, we see that age positively influences the relationship of economic benefits and loyalty intentions for apartment and garment sharing, which is not in line with our initial assumption – older individuals actually put more emphasis on economic benefits. For the moderating effect of income, results confirm our assumption that higher income negatively affects the relationship of economic benefits and loyalty for the food sharing sector. We also found support for the positive effect of income on social benefits and loyalty intention. Overall, we see that lower incomes increase the focus on economic benefits, whereas higher incomes allow people to focus on the social benefits of food sharing. Our results are also in line with the assumption that income positively affects the relationship of environmental benefits and loyalty intention for bike sharing. People with higher incomes are more concerned about the environment, increasing their loyalty towards sharing bikes.

5.4.6 General discussion and implications

Our study is the first to investigate three types of customer benefits across five different sharing sectors and, as such, has several implications for marketing research.

First, participation in the sharing economy is driven by various benefits, supporting the TBL approach. However, the impact of these benefits on loyalty intentions differs significantly across sharing sectors. For two sharing sectors (car, bike) all three benefits contribute to enhancing loyalty, albeit with different effect sizes. For garment sharing, only one benefit was found to influence user loyalty intentions. Our research thus suggests that customers evaluate the benefits of sharing services very differently, and that there is no "one" sharing economy, but distinct subgroups that appeal to different consumers and might require different approaches.

Second, people seem to be strongly driven by economic benefits such as saving money. This finding supports prior research (e.g., Tussyadiah, 2016) and suggests that the economic perspective trumps the motive of "doing good for others" (an oft-cited claim by sharing economy firms such as Airbnb) for loyalty. Thus, environment-oriented values should not be considered the key motivators for repeat usage of the sharing economy in the future. One reason for this finding might lie in the lack of information on positive environmental effects of a sharing sector. If such information were easily and reliably available, customers might value this and develop stronger loyalty intentions. But for now, marketing research cannot explain why environmental benefits are not important for customer loyalty.

Third, consumer characteristics such as age and income do not consistently moderate the benefit-loyalty relationships. Across all five sharing sectors, consumer characteristics show different moderating influences, reaffirming that the different sharing sectors reach customer groups with distinct interests and values.

Our work also has implications for the management of sharing organizations. In general, not all benefits influence loyalty intentions in every sharing sector (e.g., environmental benefits only affect car and bike sharing), meaning that different organizations should selectively promote some benefits over others to increase loyalty. Sharing firms should, of course, also search for other factors influencing the loyalty of their users, such as customer satisfaction. However, if a firm focuses on image or reputation over customer loyalty, the picture might change. Thus, our results primarily carry implications for customer retention programs.

For product policy, firms should keep customers' valued attributes in mind in the management of their services. For example, older customers have less loyalty towards car sharing companies. The reason might lie in the kinds of cars offered, specifically that some cars are inconvenient for them. Firms might review their fleet structure for these age groups. In general, car sharing companies should consider selecting environmentally friendly cars for increased sustainability and customer loyalty. Sharing providers of apartments, garment and food, however, might want to prioritize other product attributes such as cost effectiveness before environmental benefits, as customers do not seem to include environmental effects in their loyalty decision.

For pricing policy, all sharing providers should keep an eye on their customers' perceived price fairness, since economic benefits positively influence loyalty intentions. To maintain loyalty, customers seem to enjoy the perception that they are making a good deal. Firms should therefore be cautious to increase prices, as this reduces cost effectiveness and in turn might lead customers to defect. This focus on prices is more relevant for sharing sectors in which economic benefits have a large impact on loyalty, namely apartment, garment and food sharing. Apartment und garment sharing firms might also consider adjusting their prices based of customer age, as older people put more emphasis on economic benefits for their loyalty.

In the field of communication policy, we suggest that firms should put a stronger emphasis on some aspects in their direct marketing campaigns. For example, economic benefits strongly increase loyalty for all five sharing sectors. Thus, for ensuring loyalty, sharing firms should communicate the economic benefits of their services, by, for instance, comparing car sharing with car ownership and its related costs. For some customer groups, firms might also want to communicate price promotions to motivate them to continue using the service. In the apartment and garment sharing sectors, price promotions might be much more important for customer retention than in other industries.

5.4.7 Limitations and future research

As with all empirical research, this work has some limitations that provide directions for further examination. First, we conducted our studies only in one cultural context. Future research might investigate the impact of cultural dimensions such as individualism for customer responses towards sharing providers. Second, we found that environmental benefits only influence loyalty for car and bike sharing. Future research might therefore investigate why mobility services are linked to these environmental benefits and other sharing services are not. One possible reason could be that mobility is perceived as having the greatest environmental impact and, consequently, sharing users intend to contribute to saving the environment. Another reason might lie in sharing providers' professional communication of the environmental effects of their businesses. Third, akin to existing research on sharing, we measured social benefits by referring to the individual gains of consumers such as belonging to a community. Future research might broaden this perspective and examine whether social benefits for other people are also important for consumer loyalty. Fourth, future research could directly compare the role of the three types of benefits for gaining first-time sharing users (i.e., acquisition) with their impact on customer loyalty (i.e., retention) to provide management implications for both stages in customer relationship marketing. And finally, our work focused on loyalty as the only dependent variable. However, sharing organizations might have different marketing goals and aim to enhance their image and reputation, as well. Accordingly, future research might consider such variables and measure how customers' perception of communication messages influences their future behavioral responses.

5.4.8 Appendix

Table 11: Scales and criteria of study 1 to 5 (Quelle: Eigene Darstellung)

	Study 1 (Apartment)			Study 2 (Car)			Study 3 (Garment)			Study 4 (Bike)			Study 5 (Food)		
	Mean (SD)	Factor load.	Cron. alpha	Mean (SD)	Factor load.	Cron. alpha	Mean (SD)	Factor load.	Cron. alpha	Mean (SD)	Factor load.	Cron. alpha	Mean (SD)	Factor load.	Cron. alpha
Economic Benefits:			*.856*			*.804*			*.750*			*.886*			*.744*
MATBEN_1: I can save money if I use this sharing service.	6.09 (1.19)	.88		5.34 (1.49)	.83		6.37 (1.05)	.83		4.83 (1.88)	.94		6.41 (1.16)	.86	
MATBEN_2: My participation in this sharing service benefits me financially.	5.72 (1.50)	.87		4.83 (1.72)	.82		6.20 (1.21)	.73		4.28 (2.01)	.85		5.86 (1.65)	.73	
Social Benefits:			*.932*			*.938*			*.935*			*.949*			*.920*
BELONG_1: The use of this sharing service allows me to belong to a group of people with similar interests.	4.53 (1.69)	.79		3.48 (1.70)	.83		5.16 (1.62)	.80		3.39 (1.67)	.89		4.79 (1.72)	.80	
BELONG_2: I feel connected with others during sharing.	4.30 (1.74)	.94		3.32 (1.87)	.93		4.62 (1.73)	.95		3.20 (1.85)	.99		4.83 (1.79)	.90	
BELONG_3: I feel like a member of this sharing service.	4.21 (1.75)	.94		3.34 (1.82)	.92		4.65 (1.84)	.95		3.23 (1.73)	.91		4.60 (1.90)	.94	

	Study 1 (Apartment)			Study 2 (Car)			Study 3 (Garment)			Study 4 (Bike)			Study 5 (Food)		
	Mean (SD)	Factor load.	Cron. alpha	Mean (SD)	Factor load.	Cron. alpha	Mean (SD)	Factor load.	Cron. alpha	Mean (SD)	Factor load.	Cron. alpha	Mean (SD)	Factor load.	Cron. alpha
BELONG_4: I feel a deep connection with others who use this sharing service.	3.87 (1.77)	.86		3.09 (1.82)	.87		4.03 (1.79)	.84		2.87 (1.68)	.85		4.17 (1.90)	.82	
Environmental Benefits:			*.903*			*.891*			*.889*			*.787*			*.876*
ENVORIN_1: This sharing service is a sustainable mode of consumption.	4.64 (1.63)	.75		5.18 (1.47)	.70		5.88 (1.30)	.72		5.44 (1.64)	.46		6.33 (0.98)	.74	
ENVORIN_2: This sharing service is environmentally friendly.	4.71 (1.52)	.79		5.06 (1.47)	.83		5.76 (1.26)	.79		6.46 (0.97)	.76		6.21 (1.00)	.84	
ENVORIN_3: By using this sharing service, I can reduce my use of natural resources.	4.11 (1.63)	.90		5.18 (1.53)	.86		5.64 (1.47)	.88		5.77 (1.62)	.73		5.83 (1.35)	.80	
ENVORIN_4: With the use of this sharing service, I can demonstrate environmental friendly consumption behavior.	4.19 (1.63)	.92		5.07 (1.57)	.88		5.68 (1.40)	.88		6.18 (1.22)	.92		6.31 (0.97)	.87	

	Study 1 (Apartment)			Study 2 (Car)			Study 3 (Garment)			Study 4 (Bike)			Study 5 (Food)		
	Mean (SD)	Factor load.	Cron. alpha	Mean (SD)	Factor load.	Cron. alpha	Mean (SD)	Factor load.	Cron. alpha	Mean (SD)	Factor load.	Cron. alpha	Mean (SD)	Factor load.	Cron. alpha
Loyalty Intention:			*.741*			*.832*			*.845*			*.808*			*.937*
LOY_1: I intend to use this sharing service regularly in my daily life.	3.36 (1.61)	.56		3.55 (1.66)	.68		4.22 (1.62)	.71		3.52 (1.87)	.67		4.69 (1.85)	.87	
LOY_2: I intend to use this sharing service more frequently in the future.	5.37 (1.33)	.94		4.60 (1.48)	.93		5.05 (1.46)	.90		4.43 (1.48)	.87		5.28 (1.64)	.91	
LOY_3: I will do more business with the sharing provider in the future.	5.36 (1.30)	.80		4.56 (1.53)	.87		4.93 (1.47)	.88		4.13 (1.56)	.85		5.12 (1.60)	.96	

5.5 Beitrag 5: Teilen statt Besitzen: Disruption im Rahmen der Sharing Economy[66]

5.5.1 Abstract

Die fortschreitende Digitalisierung ermöglicht es Konsumenten in bisher ungekanntem Ausmaß Güter und Dienstleistungen im Rahmen von Sharing Economy-Modellen zu tauschen, teilen, leihen und verkaufen. Mit Blick auf die steigende Relevanz solcher Modelle ist es aus Sicht etablierter Unternehmen bedeutsam, möglichst frühzeitig zu erkennen, inwieweit eine wettbewerbsinduzierte Sharing-Innovation einen disruptiven Charakter aufweist und somit das eigene Geschäftsmodell bedrohen könnte. Der vorliegende Beitrag entwickelt eine Heuristik mit deren Hilfe das Disruptionspotenzial von Sharing Economy-Modellen eingeschätzt werden kann.

5.5.2 *Sharing – aus alt wird neu dank Digitalisierung*

Die Sharing Economy ist in Zeiten des Web 2.0 zu einem Synonym für schnellen Zugang zu Produkten und Dienstleistungen geworden. Wie wir uns heute ein Zimmer buchen (Airbnb), Bekleidung kaufen (Kleiderkreisel) oder ein Auto mieten (DriveNow) hat sich in den letzten Jahren stark gewandelt. Konsumenten haben durch die neuen Möglichkeiten des Internets vielfach Gelegenheit, sich schnell und komfortabel Zugang zu Produkten und Dienstleistungen zu verschaffen, die sie sich bei einem klassischen Ladenkauf bzw. der klassischen Inanspruchnahme einer Dienstleistung womöglich nicht hätten leisten können. Das Phänomen der Sharing Economy steht für eine Vielzahl an Möglichkeiten materielle und immaterielle Güter schnell, unkompliziert und flexibel zu tauschen, teilen, leihen oder zu verkaufen.

Sharing Economy-Modelle wachsen und stellen in einigen Branchen eine Bedrohung der großen, etablierten Unternehmen dar. In 2015 waren 17 Unternehmen, welche im Rahmen von Sharing Economy-Modellen operierten, mehr als 1 Milliarden US$ wert (Kathan, Matzler & Veider, 2016). Daneben zeigen Sharing Economy-Modelle hohe Marktvolumina: Den fünf Hauptsektoren der kollaborativen Ökonomie werden in Europa Einnahmen von knapp 4 Milliarden Euro in 2015 attestiert – ein Volumen, welches weit

66 Schreiner, N., Kenning, P. (2018): Teilen statt Besitzen: Disruption im Rahmen der Sharing Economy. In Keuper, F., Schomann, M., Sikora, L. I., Wassef, R. (Hrsg.): *Disruption und Transformation Management: Digital Leadership – Digitales Mindset – Digitale Strategie*, (355-380). Wiesbaden: Springer.

über die Erwartungen früherer Schätzungen hinausgeht (Vaughan & Daverio, 2016).

Dabei wird der Sharing Economy schon seit längerem eine wachsende Bedeutung beigemessen. So zählte das Time Magazine 2011 die Idee des Sharings zu den „10 ideas that will change the world“ (Walsh, 2011). Das Forbes Magazine fragte auf dem Cover der Ausgabe von 2013 provokativ „Who wants to be a billionaire“ und verwies darauf, dass die Sharing Economy Millionen neuer Mikro-Entrepreneure hervorbringt, die gewillt sind die Marktmacht etablierter Unternehmen zu durchbrechen (Geron, 2013). Insgesamt wird der Sharing Economy ein Marktpotential von 110 Milliarden US$ zugerechnet (Hellwig et al., 2015).

Im Zusammenhang mit der Betonung ihrer ökonomischen Relevanz werden prominente Beispiele der Sharing Economy, wie Airbnb oder Uber in der öffentlichen Wahrnehmung oft als disruptive Innovationen bezeichnet. Disruption stellt dabei einen Prozess dar, bei dem ein bestehendes Geschäftsmodell oder ein Markt durch eine stark wachsende Innovation außergewöhnlich rasch abgelöst bzw. vielmehr „zerschlagen“ wird (Christensen, Raynor & McDonald, 2015). Es gilt jedoch, dass nicht jegliches innovationsgetriebenes Wachstum einer Disruption entspricht. Vor diesem Hintergrund ist es für etablierte Unternehmen überaus bedeutsam, möglichst frühzeitig zu erkennen, inwieweit eine wettbewerbsinduzierte Innovation einen disruptiven Charakter aufweist und somit das eigene Geschäftsmodell bedrohen könnte (Christensen, Raynor & McDonald, 2015). Der vorliegende Beitrag geht demzufolge der Frage nach, wie aus Sicht etablierter Unternehmen ein potentiell disruptives Sharing-Geschäftsmodell eines neuen Anbieters frühzeitig erkannt werden kann.

Um diese Frage zu beantworten, wird im Kapitel 5.5.3 zunächst der Sharing-Begriff definiert. Ergänzend werden Einflussfaktoren der Sharing Economy und unterschiedliche Geschäftsfeldkategorien aufgezeigt. Komplementär hierzu wird im Kapitel 5.5.4 der Begriff der Disruption diskutiert. Zudem werden einige theoretische Grundlagen vermittelt, sowie Kritik und Erweiterungsversuche zum konzeptionellen Verständnis einer Disruption benannt. Im Kapitel 5.5.5 soll eine Synthese aus den vorangegangenen Kapiteln vorgenommen und eine Heuristik entwickelt werden, mit deren Hilfe das Disruptionspotenzial von Sharing Economy-Modellen eingeschätzt werden kann. Der Beitrag schließt mit einem Fazit.

5.5.3 Sharing Economy – die neue Ökonomie des Teilens

5.5.3.1 Skizzierung des Sharing-Begriffs

Die Grundidee der Sharing Economy, dass Marktteilnehmer Güter und Dienstleistungen untereinander teilen anstelle diese ausschließlich selbst zu besitzen, kann schon in früheren Gesellschaften beobachtet werden. So haben die nomadischen Jäger und Sammler oft auf Ansammlungen von persönlichem Besitz verzichtet, da dieser bei großen Wanderungen als Last empfunden wurde (Belk & Llamas, 2012). Stattdessen verließ man sich darauf, dass das Teilen von Gütern in der eigenen Gemeinschaft ausreichend war, um ein angemessenes Leben auf Wanderschaft führen zu können.

Mit Blick auf moderne Gesellschaften ist das Phänomen des Sharings aus wissenschaftlicher Perspektive zunächst kaum beachtet worden. Gleichwohl sind in den 1960er Jahren erste theoretische Ansätze entstanden, die der Grundidee des Homo Oeconomicus folgend aufzeigen konnten, warum das Teilen von Ressourcen ökonomisch problematisch ist. So beschrieb Hardin 1968 in der „Tragedy of the Commons", was passieren kann, wenn Güter der Allgemeinheit zur Verfügung stehen und niemand aus der Nutzung des Gutes ausgeschlossen werden kann (Hardin, 1968). Dann, so die Theorie, werden rationale Entscheider das Gut so oft wie möglich nutzen wollen, was wiederum zur Tragik der Allemende führt: die Übernutzung eben solcher Güter, welche oft mit der nachhaltigen Schädigung von Ressourcen einhergeht. Die Überfischung der Weltmeere oder die Nutzung der Atmosphäre als Senke für Schadstoffe und Treibhausgase sind Beispiele dafür, welche Ausmaße die Tragik von Allmendegütern annehmen kann. Weitere theoretische Ansätze, wie die „Logic of Collective Action" aus dem Jahr 1965 (Olson, 1965) oder das „Prisoner's Dilemma" von 1970 (Rapoport & Chammah, 1965) zeigen ebenfalls auf, welche Probleme beim kollaborativen Handeln auftreten können. Sei es die sog. „Trittbrettfahrerproblematik" oder das Dilemma, das kollektiv und individuell betrachtete Entscheidungsstrategien zu unterschiedlichen Handlungsempfehlungen führen – alle Ansätze machen deutlich, dass kollaboratives Handeln mit Bereitstellungs- und Aneignungsproblemen verbunden ist.

Insofern ist aus wirtschaftswissenschaftlicher Sicht zunächst zu konstatieren, dass das kollaborative Handeln zwischen Marktteilnehmern bei Vorliegen bestimmter Verhaltensannahmen als problematisch umschrieben wurde. Dennoch zeigt ein Blick auf die moderne Gesellschaft von heute, dass Sharing ein aufkommender Trend ist, welcher das Kauf- und Nutzungsverhalten von Konsumenten grundlegend verändert (Botsman & Rogers, 2011; Sundararajan, 2016). Ein naheliegender Grund dafür könnte sein, dass das Verhalten der Konsumenten eine Veränderung erfährt, sodass die entsprechenden Verhaltensannahmen zumindest teilweise an Gültigkeit verloren haben - oder auch niemals besaßen.

Die wissenschaftliche Aufarbeitung dieses Umdenkens im Konsumentenverhalten ist bisher im Hinblick auf die Ökonomik des Teilens gleichwohl rudimentärer Natur. Ein Grund hierfür liegt möglichweise in der nach wie vor fehlenden, einheitlichen Definition des Sharing-Begriffs. Russell Belk, einer der führenden Wissenschaftler in diesem Bereich, konstatiert hierzu: „Despite its pervasiveness, the ubiquitous consumer behavior of sharing remains not only a theoretical terra incognita, but a nearly invisible and unmentioned topic in the consumer behavior literature" (Belk, 2010, S. 716).

Um diesen Sachverhalt zu verdeutlichen gibt Tabelle 12 einen Überblick über verschiedene Definitionen von Sharing bzw. dem oft synonym verwendeten Begriff des kollaborativen Konsums. Zunächst einmal betonen einige Autoren wie Benkler (2004) und Galbreth, Ghosh & Shor (2012), das Sharing mit pro-sozialem Verhalten in Verbindung gebracht werden kann. Galbreth, Ghosh & Shor (2012) spricht sogar von sozialem Sharing, welches vorwiegend im eigenen sozialen Umfeld zu beobachten ist, im Gegensatz zum anonymen Sharing, welches auf Online-Plattformen stattfindet.[67]

Desweiteren ist zu erkennen, dass einige Autoren das vorhandene Netzwerk bei Sharing-Aktivitäten betonen. Für Galbreth, Ghosh & Shor (2012) geschieht dies in Verbindung mit der digitalen Welt, während Möhlmann (2015) zunächst nur von „organized systems or networks" spricht, welche theoretisch auch die analoge Welt einschließen. Neben dem Netzwerkgedanken, wird Sharing ebenso ein gewisser Organisierungsgrad unterstellt, den Belk (2007) als „act and process", Bardhi & Eckhardt (2012) als „transactions that may be market mediated", Botsman (2013) hingegen als „economic model" bezeichnet.

67 Eine ähnliche Diskussion um verschiedene Differenzierungsgrade des Sharings findet auch bei Belk (2010) statt, der die Formen des „Sharing in" und „Sharing out" unterscheidet.

Tabelle 12: Ausgewählte Definitionen des Sharing-Begriffs bzw. verwandter Begriffe (Quelle: Eigene Darstellung)

Autor(en)	**Definition**
Benkler (2004, S. 275)	Sharing as „nonreciprocal pro-social behavior"
Belk (2007, S. 126)	Sharing as „the act and process of distributing what is ours to others for their use and/or the act and process of receiving or taking something from others for our use."
Galbreth, Ghosh & Shor (2012, S. 603 f.)	Social sharing as "sharing of goods through a network of social acquaintances (coworkers, friends, etc.). This is in contrast to anonymous sharing, exemplified by several well-publicized peer-to-peer networks in which goods are relayed through an anonymous online proxy."
Bardhi & Eckhardt (2012, S. 881)	"We define access-based consumption as transactions that may be market mediated in which no transfer of ownership takes place."
Botsman (2013, o.S.)	Collaborative consumption as "An economic model based on sharing, swapping, trading, or renting products and services, enabling access over ownership. It is reinventing not just what we consume but how we consume."
Möhlmann (2015, S. 194)	"Collaborative consumption takes place in organized systems or networks, in which participants conduct sharing activities in the form of renting, lending, trading, bartering, and swapping of goods, services, transportation solutions, space, or money [...]."
Scholl et al. (2015, S. 12)	„Peer-to-Peer Sharing steht für die zwischen Privatpersonen geteilte und von Dritten vermittelte Nutzung von materiellen Gütern. Das Teilen findet entweder zwischen verschiedenen Nutzer/innen ohne Eigentumsübertragung im Sinne einer Nutzungsintensivierung (Co-Using, Verleihen, Vermieten) oder mit Eigentumsübertragung im Sinne einer Nutzungs-dauerverlängerung (Verschenken, Tauschen, Weiter-verkaufen) statt."

Daneben betonen Bardhi & Eckhardt (2012) sowie Botsman (2013), dass im Sharing die Substituierung von alleinigem Besitz zum Zugang von Gütern und Dienstleistungen angelegt ist. Dieser Zugang kann sowohl ohne als auch mit Eigentumsübertragung stattfinden, wie Scholl et al. (2015) betonen. Bardhi & Eckhardt (2012) gehen hingegen davon aus, dass bei Sharing-Aktivitäten keine Eigentumsübertragung stattfindet.

Als Fazit lässt sich festhalten, dass es sich beim Sharing-Begriff bis dato um einen Sammelbegriff handelt, welcher viele Phänomene umfasst und in Zukunft weiterer theoretischer Ausdifferenzierung bedarf. Im Rahmen dieses Beitrags wird den Ausführungen gleichwohl die Definition von Belk (2007) zugrunde gelegt, da diese eine besonders hohe Verbreitung im entsprechenden Schrifttum erfahren hat. Demnach ist Sharing „the act and process of distributing what is ours to others for their use and/or the act and process of receiving or taking something from others for our use“ (Belk, 2007, S. 126). Neben ihrer hohen Prävalenz hat diese Definition den konzeptionellen Vorteil, dass sie Sharing aus einer breit angelegten Sichtweise beschreibt, sodass die gesamte Komplexität des Phänomens betrachtet werden kann, ohne sich in Spezifika einzelner Details zu verlieren.

5.5.3.2 Einflussfaktoren der Sharing Economy

Nachdem bis zu dieser Stelle der Sharing-Begriff diskutiert und definiert wurde, soll im Folgenden die Frage diskutiert werden, welche Einflussfaktoren ursächlich für die im Kapitel 5.5.3.1 dargestellte Bedeutungszunahme der Ökonomie des Teilens sind. Im Kontext dieser Diskussion sollen insgesamt fünf Faktoren unterschieden werden.

Ein erster zentraler Einflussfaktor ist der *technologische Wandel*. Digitale Plattformen und Apps gelten als essentieller Faktor, der das Aufkommen von Sharing Economy-Modellen in den letzten Jahren begünstigt hat (Botsman & Rogers, 2011). Denn tatsächlich ist die Idee des Teilens nicht neu. Auch in der analogen Welt kannte man Strukturen, in denen das Prinzip „Nutzen statt Besitzen“ Anwendung fand: bspw. in Waschsalons, Bibliotheken, Copyshops oder genossenschaftlichen Systemen wie landwirtschaftlichen Maschinenringen. Neu und aus ökonomischer Perspektive ganz wesentlich ist jedoch, dass durch die Digitalisierung und das Aufkommen professioneller Online-Vermittlungsplattformen die Transaktionskosten der Leistungskoordination, -organisation und -kommunikation erheblich gesenkt werden konnten (Haucap, 2015). In der analogen Welt war es kaum vorstellbar, bspw. im Rahmen eines Auslandsurlaubs die Privatwohnung eines Fremden ohne größeren Aufwand zu mieten. Die Suchkosten, einen Anbieter zu finden, der Wohnraum für den gewünschten Zeitraum zur Verfügung stellt, waren enorm. Selbst wenn diese Möglichkeit offenstand, so blieben immer noch maßgebliche Vertrauensprobleme, einer fremden Person Glauben zu schenken, dass dieser oder diese auch wirklich über eine Wohnung verfügt, die den eigenen Erwartungen entspricht. Beide Probleme (einem Matching-Partner zu finden und Vertrauensprobleme zu überwinden) konnten dank dem Web 2.0 deutlich reduziert werden (Haucap, 2015). Websites wie Airbnb vereinfachen es Anbietern und Nachfragen auch über große geographische Distanzen hinweg, miteinander in Kontakt zu treten. Zudem sorgen integrierte Bewertungsmechanismen dafür, dass Vertrauensprobleme überwunden werden können.

Neben technologischen Weiterentwicklungen sind zudem der *soziale Wandel* und seine Auswirkungen auf die Konsumenten von Bedeutung für das Wachstum der Sharing Economy. Wo früher die soziale Norm galt „You are what you own", liegt es heute im Trend, dem persönlichen Besitz keine große Bedeutung mehr beizumessen (Botsman & Rogers, 2011). Stattdessen treten immaterielle Werte wie Wissen oder Reputation in den Fokus (Kathan, Matzler & Veider, 2016). Die Abkehr vom eigenen Besitz ist v.a. für jüngere Generationen zu beobachten. So ist bspw. der durchschnittliche Neuwagenkäufer in Europa und den USA 52 Jahre alt. Während der Besitz eines Autos für die ältere Generation als erstrebenswert gilt, zeigen Studien für die USA, dass heutzutage nur noch 27 Prozent der Autokäufer zwischen 21 und 34 Jahren alt sind (Thompson & Weissmann, 2012). An die Stelle der Mobilität durch Besitz eines eigenen Autos tritt in der jüngeren Generation Carsharing als Funktionsprinzip der Fortbewegung. So hat jeder Zehnte aus der Kohorte der 18 bis 34-Jährigen bereits Carsharing Angebote genutzt (Automotive Zeitgeist Studie 3.0, 2015).[68]

Eng verbunden mit dem sozialen Wandel ist die zunehmende Sensibilisierung der Gesellschaft für *Nachhaltigkeit und Umweltfreundlichkeit*. In der Wahrnehmung der Konsumenten entsprechen viele Sharing-Angebote den Vorstellungen eines nachhaltigen Umgangs mit Ressourcen. So geben in einer Umfrage des Verbraucherzentrale Bundesverbands (vzbv) 45 Prozent der Befragten an, sie würden leihen statt kaufen, weil es die Umwelt schont (VZBV, 2015). Sharing wird hier v.a. als eine Möglichkeit gesehen, weniger Ressourcen zu verbrauchen, Produkt-Lebenszyklen durch Weitergabe zu verlängern oder die Nutzung eines Produkts durch häufigeren Gebrauch zu intensivieren (Kathan, Matzler & Veider, 2016; Scholl et al., 2015). Dabei haben viele Sharing Economy-Modelle einen entscheidenden Vorteil: In der Großstadt können Konsumenten bspw. relativ einfach und bequem anstelle des eigenen Autos auf Carsharing-Modelle umsteigen, ohne dabei ihr grundsätzliches Bedürfnis nach Mobilität einzugrenzen. Und tatsächlich gehen Schätzungen davon aus, dass jedes Auto in einem Carsharing-Fuhrpark ungefähr 9 bis 13 Autos im privaten Besitztum ersetzt (Martin & Shaheen, 2011). Zudem konnte für die USA gezeigt werden, dass Carsharing-Mitglieder ein Auto grundsätzlich weniger benutzen, als wenn sie es selbst besäßen,

68 Die veränderte Einstellung zu Konsum und Besitz, welche sich neben Autos auch für andere Konsumgüter beobachten lässt, wurde bereits 2003 unter dem Begriff „Transumer" (ursprünglich aus den Wörtern „transient" und „consumer" stammend) diskutiert. Der Begriff bezeichnet in diesem Zusammenhang einen neuen Typus von Konsument, welcher nach Erlebnissen anstelle von Besitztümern strebt und Eigentum als Last empfindet (Lawson, 2010; Scholl et al., 2013)

was wiederum CO2-Emmissionen einspart (Zhao, 2010). Dennoch kann der Sharing Economy nicht grundsätzlich ein nachhaltigeres Wirtschaften zugesprochen werden, da der Einfluss auf die Umwelt letztlich vom Konsumentenverhalten abhängt (Mont, 2004). So kann Sharing bei Beachtung von Rebound-Effekten durchaus auch die Umweltbelastung erhöhen (Kathan, Matzler & Veider, 2016; Mont, 2004; Scholl et al., 2013).

Als vierter Einflussfaktor können *ökonomische Vorteile* auf Seiten der Konsumenten als Treiber für die Entwicklung der Sharing Economy benannt werden. So sind es oft Kosten-Nutzen-Relationen, die Konsumenten dazu bewegen, ein Sharing Economy-Angebot zu präferieren. In Zeiten steigender Lebenshaltungskosten und unsicherer Beschäftigungsverhältnisse, scheuen Konsumenten bspw. den Kauf eines Automobils und die damit verbundenen Risiken sowie die finanzielle Mehrbelastung. Auswertungen des statistischen Bundesamtes zeigen, dass die Preise für den Kauf und die Unterhaltung von Kraftfahrzeugen seit dem Jahr 2000 um rund 27 Prozent gestiegen sind (Destatis, 2016). Carsharing hat hier den Vorteil, dass Kostenfaktoren (Versicherungsbeiträge, Steuern etc.) und Risiken (bspw. Reparaturkosten durch Unfallschäden) auf die Sharing-Community oder den Carsharing-Betreiber teilweise externalisiert werden können (Rifkin, 2014). Demnach besteht für den Carsharing-Kunden selbst Kostensicherheit, da er die Preise zur Nutzung des Sharing-Angebots kennt und sich darüber hinaus um nichts mehr zu kümmern hat.

Neben der Kostenersparnis bieten Sharing Economy-Modelle dem Konsumenten aber auch die Möglichkeit, zusätzliches Einkommen zu generieren. So können bspw. in den USA private Anbieter bei „Turo“ (früher unter dem Firmennamen „RelayRides“ bekannt), einem peer-to-peer Marktplatz mit der Möglichkeit eigene Fahrzeuge zu vermieten, ein durchschnittliches Einkommen von 250 US$ pro Monat generieren (Economist, 2013). Ähnlich lukrativ erscheint die Vermietung privater Wohnräume. Mithilfe von Airbnb-Daten konnte gezeigt werden, dass ein Gastgeber in New York City in einem Jahr durchschnittlich 5474 US$ verdient (Farber, 2016). Wie hoch potentielle Einnahmen durch Sharing-Services wirklich sind, ist letztlich von einer Vielzahl externer Faktoren abhängig (bspw. in welcher Stadt Wohnraum vermietet wird, welche Autoklasse zum Verleih geboten wird etc.). Dennoch zeigen Sharing Economy-Modelle neue Wege auf, einerseits ohne Komfort- oder Aktivitätsverlust zu sparen und andererseits zusätzliches Einkommen durch nicht oder kaum genutzte Vermögensgegenstände zu generieren.

Nicht zuletzt kann die *politische Umwelt* als ein Faktor aufgeführt werden, der die Bedeutungszunahme von Geschäftsmodellen der Sharing Economy begünstigt. So wird bspw. diskutiert, dass Sharing Economy-Anbieter

Regulierungslücken nutzen oder branchenübliche Vorschriften nicht akzeptieren, was wiederum eine beschleunigte – wenn auch bisweilen nur kurzfristige – Ausbreitung solcher Modelle zur Folge haben kann (Theurl, 2015). Teilweise ist dieses Gebaren darauf zurückzuführen, dass Sharing-Anbieter den Anspruch erheben, dass die bestehende Regulierung nicht die Aktivitäten der angebotenen Sharing-Leistung umfasse (Demary, 2015). So versteht sich bspw. Uber lediglich als Vermittlungsplattform und nicht als Betreiber eines Transportdienstes (Vettel, 2016). Darüber hinaus, führen aber auch strengere regulatorische Vorgaben unterhalb der Gesetzgebung dazu, dass Sharing Modelle vorteilhaft erscheinen.[69]

Mit der Bedeutungszunahme der Sharing-Economy geht aber auch die sozial- und wirtschaftspolitisch relevante Befürchtung einher, dass Sharing-Modelle versicherungs-, steuer- und arbeitsrechtliche Vorgaben nur unzureichend berücksichtigen würden. Insofern wird der Regulierungsbedarf der Sharing Economy intensiv diskutiert (Haucap, 2015; Loske, 2015; Theurl, 2015). Die unterschiedlichen politischen Ebenen verhalten sich in dieser Diskussion eher widersprüchlich. So wurde bspw. in Berlin ein Zweckentfremdungsverbot erlassen, wodurch auf Plattformen wie Airbnb nur noch Wohnungen vermieten dürfen, die eine Genehmigung als Ferienwohnung innehaben (Taz, 2016). So hofft man, den angespannten Mietmarkt in der Hauptstadt nicht weiter zu belasten. Dies zeigt, dass Sharing-Leistungen auf lokaler Ebene bisweilen auch kritisch gesehen werden. Auf europäischer Ebene ist man hingegen bestrebt, die Sharing Economy als Chance zu begreifen, um Wachstum und Arbeitsplätze zu generieren (Höltschi, 2016).

5.5.3.3 Ausgestaltung von Sharing-Modellen

Es gibt eine Vielzahl an Sharing-Modellen, welche wie im Kapitel 5.5.3.1 bereits angedeutet, sich vordergründig dadurch definieren, dass sie einen organisierten Austausch von Gütern und Dienstleistungen ermöglichen. Die Art von Ressourcen, welche getauscht werden, ist dabei vielfältig. So zeigt eine Studie für die Schweiz und Deutschland, dass immaterielle Ressourcen wie Erfahrungen (z.B. Reisetipps) und Ideen (z.B. Rezeptideen) besonders gerne getauscht werden, gefolgt von Alltagsgegenständen wie Büchern, CD's und Werkzeug (Frick, Hauser & Gürtler, 2013).

Die damit angesprochenen Sharing-Objekte bilden nach Botsman und Rogers einen Ansatzpunkt verschiedene Sharing-Modelle systemtheoretisch zu charakterisieren (Botsman & Rogers, 2011), wobei die entsprechenden

69 Man denke hier z.B. an privilegierte Parkplätze für Stadtteilautos oder ähnliche kommunale Ordnungspolitiken.

Systeme auch als Geschäftsmodell-Kategorien (Kraus & Giselbrecht, 2015) bezeichnet werden können.[70]

Unter dem Begriff der *„Product-Service-Systems"* (PSS) wird eine Art des Sharings verstanden, für welches die temporäre Nutzung eines Guts anstelle eines Kaufs im Vordergrund steht. Der rechtliche Anspruch auf das Gut bleibt dabei beim Eigentümer, der besagtes Gut zeitweise jedoch der Nutzung Dritter überlässt. Der Vorteil dieses Sharings liegt wie unter dem ökonomischen Aspekt in Kapitel 5.5.3.2 diskutiert, in der Auslagerung von Risiken und Verantwortlichkeiten gegenüber dem Gut. PSS kann sowohl auf B2C als auch auf C2C Märkten Anwendung finden, wobei beides dank der Möglichkeiten der Digitalisierung meist mit einem flexiblen, einfachen und kostengünstigen Nutzenversprechen verbunden ist. PPS hat sich auch im Rahmen von monetarisiertem Sharing etabliert, wie es bspw. bei Netflix oder DriveNow (B2C) sowie bei BlaBlaCar oder Airbnb (C2C) der Fall ist. Neben monetarisiertem Sharing-Modellen gilt der Grundgedanke eines PPS ebenso für nicht monetarisierte Modelle, wie das in den USA praktizierte „House Swapping", welches den zeitgleichen Tausch von Wohnimmobilien ermöglicht oder die Plattform „Fairleihen", welche den Verleih von Alltagsgegenständen koordiniert.

Im Vergleich zur temporären Nutzung der PSS, geht es bei dem System der *„Redistribution Markets"* um eine dauerhafte Umverteilung von Gütern. Während PSS nach der in Kapitel 5.5.3.1 angesprochene Definition von Scholl et al. (2015) der Idee der intensiveren Nutzung eines Gutes entspricht, sind Redistributionsmärkte eher dem Konzept einer verlängerten Nutzung zuzuordnen, da hier Eigentumsansprüche dauerhaft auf einen Dritten übergehen. Diese Art des Sharings findet v.a. im C2C Bereich statt und kann durch monetäre (z.B. Ebay oder Kleiderkreisel) sowie durch nicht monetäre Austauschbeziehungen (z.B. Freecycle) stattfinden.

Unter dem weit gefassten Begriff der *„Collaborative Lifestyles"* wird eine immaterielle Form des Sharings verstanden: „People with similar interests are branding together to share and exchange less tangible assets such as time, space, skills and money […]" (Botsman & Rogers, 2011, S. 73). Das Praktizieren gemeinschaftlicher Lebensstile findet v.a. auf lokaler Ebene statt und ist sowohl im B2C als auch im C2C Bereich vorzufinden. So können bspw. auf der Plattform „Shelf Sailor" private und kommerzielle Anbieter Lagerräume anbieten. Grundsätzlich sind hier monetäre (bspw. Hel-

70 An dieser Stelle sei erwähnt, dass in der Literatur verschiedene Arten der Differenzierung von Sharing-Modellen diskutiert werden (siehe bspw. Frenken et al. (2015) und ergänzend Frenken & Schor (2017)).

pling) und nicht monetäre Modelle (z.B. Couchsurfing oder Wikipedia) bekannt.

Vergleicht man die unterschiedlichen Sharing-Systeme miteinander, so werden zwei Punkte deutlich, welche für den Erfolg der Sharing Economy essentiell zu sein scheinen. Zum einen zeigen die genannten Beispiele, dass sich Austauschbeziehungen zunehmend über digitale Plattformen organisieren und damit verbundene Transaktionskostensenkungspotenziale realisieren. Zum anderen wird v.a. mit Bezug auf C2C Märkte deutlich, dass Verbraucher nicht nur in der passiven Rolle des Konsumenten verharren, sondern vielmehr im Rahmen der digitalen Plattformen die Rolle eines „Prosumenten" annehmen, der zwischen Produzenten- und Konsumentenrolle wechselt (Hellmann, 2017; Kenning & Lamla, 2017). Inwiefern diese beiden Aspekte dazu führen können, dass Sharing-Modelle ein disruptives Potenzial aufweisen, soll im Folgenden diskutiert werden. Zunächst soll dazu aber der Begriff der Disruption erläutert werden.

5.5.4 Disruption – wie neue Ideen Märkte verändern

5.5.4.1 Zur Theorie der Disruption

Um den Begriff der Disruption näher bestimmen zu können, wird im folgenden Kapitel die Theorie der Disruption nach Clayton Christensen verwendet (Christensen, 1997, 2006; Christensen, Raynor & McDonald, 2015). Diese beschreibt einen Prozess, bei dem oft junge Unternehmen mit wenigen Ressourcen durch disruptive Geschäftsmodelle etablierte Unternehmen oder Geschäftsmodelle vom Markt verdrängen können.

Der Prozess der Disruption wird in Abbildung 14 dargestellt. Diese zeigt zunächst, dass sich etablierte Unternehmen im Zuge ihrer langen Tradition zunehmend auf High-End Kunden fokussieren, die dem Unternehmen einen höheren Profit bringen. Es geht um die Aufrechterhaltung von Beziehungen zu solchen Kunden, welche die größte Zahlungsbereitschaft aufweisen (dargestellt durch die obere gestrichelte Linie), wodurch Segmente preissensibler Kunden vernachlässigt werden. Junge Unternehmen hingegen (dargestellt durch die untere gestrichelte Linie) fokussieren ihre Marktleistung zunächst auf das untere Segment der preissensiblen und dadurch weniger profitablen Kunden.

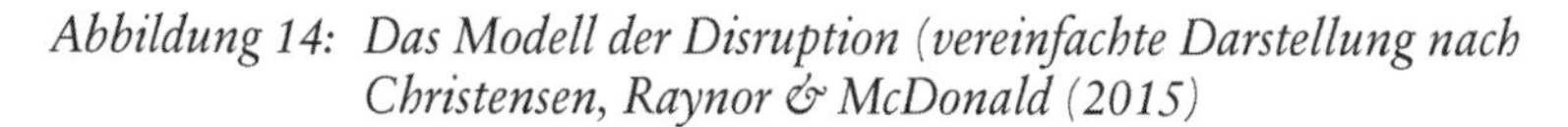

Abbildung 14: Das Modell der Disruption (vereinfachte Darstellung nach Christensen, Raynor & McDonald (2015)

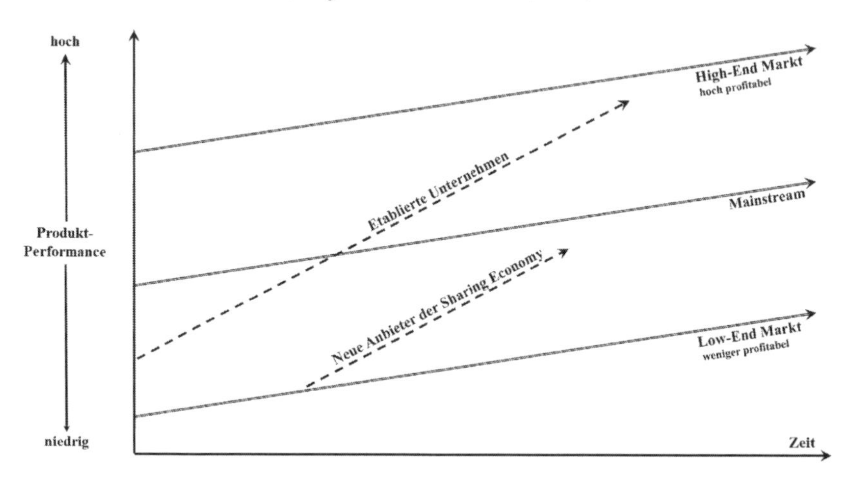

Dies wird damit begründet, dass das disruptive Modell bzw. Produkt zu Beginn in seiner Leistung deutlich schwächer ist, als vergleichbare Modelle bzw. Produkte etablierter Unternehmen. Dafür weist es jedoch neue Attribute auf, die neben einem günstigen Preis v.a. von Kunden am unteren Ende des Marktes gefordert werden, und weniger von profitablen Kunden am oberen Ende des Marktes. In der Konsequenz bleibt das disruptive Modell bzw. Produkt durch den günstigeren Preis trotz schwächerer Gesamtleistung für die preissensiblen Kunden attraktiv.

Da sich etablierte Unternehmen auf das profitablere Kundensegment am oberen Ende der Leistungsskala fokussieren, werden neue Anbieter zunächst ignoriert. Mit der Zeit schaffen es junge Unternehmen, ggf. ihre Marktleistung zu verbessern und auch Mainstreamkunden (dargestellt durch die mittlere durchgehende Linie) aus etablierten Segmenten für sich zu gewinnen, während sie gleichzeitig die Vorteile für ihre ersten, preissensiblen Kunden bewahren. Dies befördert schließlich einen Wechsel von Kunden der etablierten Unternehmen zu den Neueinsteigern. In dieser Phase ist eine erfolgreiche Reaktion der etablierten Unternehmen, welche die Kundenabwanderung verhindern würde, meist nicht mehr möglich.

Die Disruptionstheorie geht folglich davon aus, dass etablierte Unternehmen v.a. dann in ihrer Marktmacht unterwandert werden, wenn sie disruptive Modelle nicht früh genug erkennen. Die gewonnene Expertise von etablierten Unternehmen, welche sich z.B. in der hohen Qualität der eigenen Produkte widerspiegelt, führt letztlich zu einer zunehmenden Fixierung auf eben diese Produktqualität, wodurch eine Disruption durch neue Anbieter (mit vornehmend zunächst schwächerer Gesamtleistung) nicht mehr früh genug erkannt wird.

Für den vorliegenden Beitrag wird sich zunächst dem Verständnis von Christensen et al. angeschlossen und Disruption gemäß obiger Ausführungen wie folgt definiert: „'Disruption' describes a process whereby a smaller company with fewer resources is able to successfully challenge established incumbent businesses" (Christensen, Raynor & McDonald, 2015).

5.5.4.2 Kritik

Nachdem die Theorie der Disruption (aufbauend auf den alten Ansätzen von Nieschlag (1954)) erstmalig im Jahr 1995 im Rahmen eines Artikels in der Harvard Business Review (Bower & Christensen, 1995) eingeführt wurde, erfuhr sie zunehmende Beliebtheit zur Erklärung aller möglichen, technologisch getriebenen Phänomene. Der inflationäre Umgang mit dem Begriff der Disruption führte jedoch dazu, dass schließlich der Erfinder der Theorie selbst zu verstehen gab, dass der Begriff nicht überbeansprucht werden dürfe (Christensen, Raynor & McDonald, 2015; Gobble, 2016). Neben der allgemeinen Kritik der häufigen Verwendung des Disruptionsbegriffs, werden unter besonderer Berücksichtigung von Sharing Economy-Modellen noch zwei weitere Kritikpunkte diskutiert.

Zum einen wird die fehlende Berücksichtigung der andersartigen Wertschöpfungskette kritisiert. So beanstandet die Mitbegründerin von Zipcar (einem B2C Carsharing-Anbieter in den USA), dass die Idee des temporären Zugangs zu Marktleistungen als Ersatz für traditionelle Eigentumsverhältnisse im Rahmen der Theorie nicht als disruptives Merkmal wiedergegeben werden könne. Sie fordert daher, die Theorie um den Gedanken der sog. „excess capacity", also der zeitweiligen Nutzenüberlassung von nicht voll beanspruchten Vermögenswerten zum Abbau von Überkapazitäten im Konsumbereich, zu erweitern (Chase, 2016; in Ergänzung Gobble, 2016).

Ein zweiter Kritikpunkt wird in der Kontextabhängigkeit der theoretischen Aussagen gesehen. So gilt bspw. der Fahrdienstvermittler Uber, welcher auf C2C-Basis günstige Taxifahrten anbietet, nach den Ausführungen von Christensen als nicht disruptiv. Dies gilt u.a. deswegen, da Uber über seine Marktleistung keine neuen Kunden anspricht. Es wird konstatiert: „Uber has thrived primarily in cities where taxis were already a well-established option and has positioned itself as offering an alternative to taxis – but not a good-enough one offered at a radically reduced price or with fewer features" (Gobble, 2016, S. 68). Uber bedient demnach denselben Markt wie das klassische Taxigewerbe, nur zu einem günstigeren Preis. Zudem ist die Dienstleistung einer klassischen Taxifahrt im Vergleich zu einer Fahrt mit Uber die Gleiche, es gibt hier aus der Sicht von Nachfragern von Taxifahrten keine Dienstleistung, die im Kern deutlich schlechter ist, aber mit neuen Attributen aufwarten kann, wie von der Theorie gefordert. Christensen, Raynor & McDonald (2015, o.S.) argumentieren hier: „It is difficult to claim that the company found a low-end opportunity: That would have meant taxi service providers had overshot the needs of a material number of customers by making cabs too plentiful, too easy to use, and too clean".

Während Uber im Kontext des Taxigewerbes somit als nicht disruptiv eingeschätzt wird, wird jedoch der Premiumservice UberSELECT als potentiell disruptiv in Bezug auf das Limousinengewerbe eingeschätzt (Christensen, Raynor & McDonald, 2015). Im Rahmen von UberSELECT werden luxuriöse Automobile zur Verfügung gestellt, welche im Vergleich zum normalen Uber-Service zwar teurer sind, allerdings immer noch günstiger als traditionelle Limousinenservices (Uber, 2016). Dadurch werden wiederum preissensible Kunden angesprochen, welche durch die klassische Preisstruktur etablierter Limousinenservices diese Marktleistung zuvor nicht in Anspruch nehmen konnten. Zudem sind bei UberSELECT keine Reservierungen möglich. Eine Option, die der klassische Limousinenservice nicht anbietet, da dieser Markt nur über Reservierungen bzw. Voranmeldungen beim Anbieter funktioniert. Christensen, Raynor & McDonald (2015) schließen daraus: „Consequently, this offering from Uber appeals to the low end of the limousine service market: customers willing to sacrifice a measure of convenience for monetary savings. Should Uber find ways to match or exceed incumbents' performance levels without compromising its cost and price advantage, the company appears to be well positioned to move into the mainstream of the limo business—and it will have done so in classically disruptive fashion".

Als Fazit lässt sich festhalten, dass die Theorie der Disruption v.a. als Rahmenwerk verstanden werden kann, welches die Bedingungen disruptiver Innovationen aufzeigt. Im Anwendungsbereich der Sharing Economy zeigen sich allerdings Unzulänglichkeiten auf, wie die Berücksichtigung der andersartigen Wertschöpfungskette, sowie dem kontextspezifischen Charakter der Theorie.

5.5.4.3 Erweiterung mithilfe des Geschäftsmodellansatzes

Dem erstgenannten Kritikpunkt, dass andersartige Wertschöpfungsketten im Rahmen von Sharing Economy-Phänomenen eine besondere Bedeutung zukommt, soll nachfolgend Rechnung getragen werden. Hierzu wird die

Theorie der Disruption um dem definitorischen Ansatz von Geschäftsmodellen erweitert. Ein Geschäftsmodell wird dabei definiert als „the manner by which the enterprise delivers value to customers, entices customers to pay for value, and converts those payments to profit" (Teece, 2010).

Ein Geschäftsmodell gliedert sich demnach in die definitorischen Bereiche von Leistungsangebot, Erlösmodell und Wertschöpfung. Im Rahmen des Leistungsangebots wird der Frage nachgegangen, welcher Kundennutzen durch das Geschäftsmodell generiert wird. Das Erlösmodell dient der Frage, durch welchen Mechanismus im Rahmen des Geschäftsmodells Geld verdient werden kann. Zuletzt beantwortet der Wertschöpfungsaspekt, wie eine Leistung erstellt wird.

Die genannten Bereiche weisen Verbindungen zu den in Kapitel 5.5.4.1 genannten Aspekten einer Disruption auf. So findet bspw. der Gedanke des Kundennutzen in beiden Ansätzen eine Entsprechung: Während im Geschäftsmodellansatz der Kunden-nutzen durch das Leistungsnagebot widergespiegelt wird, gilt innerhalb der Disruptionstheorie das Postulat, dem Kunden durch neue Produkteigenschaften auch einen neuen Kundenutzen zu generieren.

Auch das Thema „Erlöse" wird in beiden Ansätzen angesprochen, allerdings mit unterschiedlichen Schwerpunkt: Im Geschäftsmodellansatz wird gefragt, über welche Preismechanismen ein Unternehmen Geld verdienen kann. Die Disruptionstheorie gibt den Hinweis, dass günstige Preise eine feste Bedingung für die Bottom-Up Logik von Disruptionen sind.

Die Disruptionstheorie stellt sich allerdings als ungeeignet heraus, innerhalb ihres Aussagesystems auf die Besonderheiten von Sharing-Modellen einzugehen. Dies kann jedoch im Rahmen des Geschäftsmodellansatzes durch den Bereich der Wertschöpfung aufgefangen werden. So sollte die Disruptionstheorie insofern erweitert werden, als dass eine aus Sicht von etablierten Unternehmen veränderte Wertschöpfungskette ein weiteres zentrales Element einer Disruption darstellt. Diese wird durch den Abbau von Überkapazitäten durch zeitweiligen Nutzenüberlassung von nicht voll beanspruchten Vermögenswerten charakterisiert.

Analog der Disruptionstheorie, das mehrere Annahmen (neue Attribute, günstigerer Preis, neue Kunden) für eine Disruption gelten müssen, könnte man für die fortführende Diskussion an dieser Stelle die folgende These formulieren:

Ein Geschäftsmodell, welches sich nach den Bereichen von Wertschöpfung, Leistungsangebot und Erlösmodell definiert, sollte demnach Veränderung in mehreren, mindestens aber zwei Bereichen aufweisen, um als Disruption zu gelten.

5.5.5 Synthese: Das Disruptionspotential der Sharing Economy

Vor dem Hintergrund der Ausführungen in Kapitel 5.5.3 und 5.5.4 stellt sich aus Sicht von etablierten Unternehmen die Frage, woran in der Sharing Economy ein disruptives Geschäftsmodell eines neuen Anbieters zu erkennen ist. Um diese Frage zu beantworten, werden nachfolgend unter Berücksichtigung bisheriger Erkenntnisse verschiedene Merkmalsausprägungen diskutiert, anhand derer das Disruptionspotenzial neuer Sharing-Anbieter aus Sicht von etablierten Unternehmen bewertet werden kann. Die Merkmale stellen eine Synthese aus den Überlegungen hinsichtlich der Eigenschaften einer Disruption und der Attribute von Sharing Economy-Phänomenen dar. Es werden nachfolgend drei verschiedene Faktoren unterschieden: Sharing-anbietergezogene, unternehmensbezogene sowie branchenbezogene Faktoren. Im Folgenden werden diese Faktoren vorgestellt und diskutiert.

5.5.5.1 Sharing-anbieterbezogene Faktoren

Aus Sicht etablierter Unternehmen stellt sich zunächst die Frage, welches Sharing-Modell der neue Anbieter im Hinblick auf das Erlösmodell praktiziert. Handelt es sich um ein nicht kommerziell angelegtes Modell, ist das Disruptionspotenzial höher einzuschätzen, als bei Anbietern kommerzieller Modelle. Die Vermutung liegt nahe, dass ein nicht kommerzielles Modell mehr Kunden generieren dürfte, v.a. Kunden mit stark ausgeprägten, preissensiblen Eigenschaften. Dies erleichtert den Einstieg in den Low-End Markt (vgl. Abbildung 14). Zudem bedeutet aus Sicht etablierter Unternehmen ein nicht-kommerzielles Modell eine radikalere Veränderung des Erlösmodells.

Der Unterschied zwischen kommerziellen und nicht-kommerziellen Sharing-Leistungen wird am Beispiel von Couchsurfing (einer C2C Übernachtungsplattform) deutlich. Couchsurfing startete 2004 als Non-Profit Organisation, änderte allerdings sein Geschäftsmodell durch die Einführung einer Verifikationssteuer im Jahr 2010. Mitglieder sollten fortan 25 US$ zahlen um Namen und Adressen zu verifizieren. Die Kommerzialisierung der Website führte dazu, dass tausende Mitglieder sich zu einer großen Protestgruppe zusammenschlossen. Ebenso wurde eine Petition ins Leben gerufen. Obwohl sich an der Sharing-Leistung (dem kostenlosen Übernachten bei einem lokalen Gastgeber) nichts änderte, fühlten sich die Nutzer durch die Einführung der Steuer benachteiligt (Belk, 2014a; Habibi, Davidson & Laroche, 2017). Eine Erklärung hierfür könnte wiederum die preissensible Eigenschaft solcher Nutzer von nicht kommerziellen Sharing-Modellen sein.

Der Vorfall zeigt insgesamt, welche Durchschlagkraft nicht kommerzielle Anbieter entwickeln können, die im Falle von Couchsurfing bei einer nachträglichen Kommerzialisierung wiederum mit starken Kundenreaktion zu rechnen haben.

Neben der Art des Sharings ist aus Sicht etablierter Unternehmen der Neuigkeitscharakter der angebotenen Sharing-Leistung im Hinblick auf die Nutzenstiftung beim Kunden zu betrachten. Bietet der neue Anbieter im Vergleich zu der Marktleistung des etablierten Unternehmens ein neues Leistungsbündel an, so kann das Disruptionspotenzial als hoch eingeschätzt werden. Ein bekanntes Beispiel ist die Marktleistung von Airbnb im Vergleich zur klassischen Hotelindustrie. Obwohl beide im Kerngeschäft Übernachtungsleistungen anbieten, hat Airbnb weitere Attribute, welche das klassische Hotelgewerbe in dieser Form nicht anbieten kann: „The experience of living in a residence [...] offers guests the chance to have a more 'local' experience by living more like a local, interacting with the host or neighbours, and possibly staying in a 'non-toursity' area, as Airbnb accommodations tend to be more scattered than traditional accommodations" (Guttentag, 2015, S. 1197). Durch die Interaktion mit dem Gastgeber haben Reisende demnach die Möglichkeit, mit Einheimischen zu interagieren und somit ihre Reiseerfahrung gemäß dem Leben der Einheimischen zu gestalten. Andere Vorteile liegen in neu gewonnen Freiheiten wie der Nutzung einer Waschmaschine oder einer voll ausgestatteten Küche, was v.a. für Familien von Vorteil ist (Guttentag, 2015). Die Marktleistung von Airbnb verspricht also individuelle Reiseerfahrungen verbunden mit dem Komfort einer ganzen Wohneinheit. Beides sind Attribute, die den Neuigkeitscharakter der Sharing-Leistung unterstreichen und somit einen echten Mehrwert im Vergleich zu Angeboten des klassischen Hotelgewerbes bieten.

5.5.5.2 Unternehmensbezogene Faktoren

Zu den unternehmensbezogenen Faktoren zählen solche, die aus Sicht etablierter Unternehmen die eigene Geschäftsmodell-Struktur insbesondere im Hinblick auf die Organisation der Wertschöpfung sowie die damit verbundenen Kosten betreffen. Mit Blick auf das mögliche Disruptionspotenzial eines neuen Sharing-Anbieters stellt sich hier zunächst die Frage, wie die Wettbewerbsrelationen beider Marktteilnehmer aus Kundensicht zu bewerten sind.

Im Sinne des Bedarfsmarktkonzeptes kann eine Abgrenzung des relevanten Marktes (und damit die Bestimmung der Wettbewerbsrelationen) anhand der Substituierbarkeit der angebotenen Produkte und Dienstleistungen erfolgen (Bundeskartellamt, 2015; Coppik & Haucap, 2015): Je mehr die Marktleistung des etablierten Unternehmens mit der Marktleistung des Sharing-Anbieters aus Sicht des Nachfragers austauschbar ist, desto eher stehen beide im unmittelbaren Wettbewerb. Ist die Wettbewerbsrelation aus Kundensicht gegeben, kann auch das Disruptionspotenzial des neuen Anbieters als hoch eingeschätzt werden.

Ob eine Substituierbarkeit gegeben ist, hängt von unterschiedlichen Faktoren ab und muss am konkreten Sharing-Modell des neuen Anbieters betrachtet werden. So ist z.B. denkbar, dass die eigentliche Marktleistung des Sharing-Anbieters im Rahmen eines erweiterten Leistungsbündels erhältlich ist, welche dann den Grad der Substituier-barkeit trotz grundsätzlich gegebener Austauschbarkeit beeinträchtigen kann. Das bereits angesprochene Beispiel von Airbnb und der traditionellen Hotelindustrie zeigt, dass Airbnb durch andersartige Leistungsattribute dem Kunden in der Gesamtbetrachtung eine andere Marktleistung anbietet, als es dem Hotelgewerbe möglich ist. Hier gilt es aus Sicht der Hotellerie empirisch zu klären, wie die eigenen Kunden die Wettbewerbsrelation anhand der Substituierbarkeit einschätzen. Die Erfahrungen mit anderen Märkten außerhalb von Sharing Economy-Phänomenen zeigen, dass die Übergänge oftmals fließend sind und Produkte und Dienstleistungen als mehr oder weniger substituierbar wahrgenommen werden (Coppik & Haucap, 2015).

Eng mit der wahrgenommenen Wettbewerbsrelation verbunden, ist die Preissensibilität der Kunden. Zunächst einmal kann der Preis als ein weiteres Kriterium dienen, anhand dessen Kunden die Wettbewerbsrelation zwischen etablierten Unternehmen und Sharing-Anbieter bestimmen. Beispielsweise gelten nach ständiger Rechtsprechung v.a. solche Produkte als substituierbar, die neben Eigenschaften und Verwendungszwecks auch in der Preislage zur Deckung eines Bedarfs austauschbar sind (Coppik & Haucap, 2015). Wäre die Marktleistung des etablierten Unternehmens preislich mit der Leistung des Sharing-Anbieters vergleichbar, würde das für eine gegebene Wettbewerbsrelation sprechen. Diese makroökonomische Perspektive ist allerdings von der betrieblichen Perspektive aus Sicht des etablierten Unternehmens zu unterscheiden. Hier gilt: ist die Preissensibilität der eigenen Kunden hoch, so kann auch das Disruptionspotenzial als hoch eingeschätzt werden. Dies sollte insbesondere dann der Fall sein, wenn das Sharing-Modell mit einem neuen Erlösmodell sowie einer kostengünstigeren Organisation der Wertschöpfung einhergeht. Analog zur Disruptionstheorie (siehe Kap. 5.5.4.1) bedeutet dies, dass preissensible Kunden eher bereit sind, die Marktleistung des neuen Sharing-Anbieters in Anspruch zu nehmen.

Wie unterschiedlich hoch die Kosten zwischen klassischen Geschäftsmodellen und Sharing-Modellen sein können, wird erneut am Beispiel von Airbnb deutlich. So testete die New York Times im Jahr 2011 den Service von Airbnb und buchte fünf Nächte in fünf unterschiedlichen Destinationen in New York City. Die Gesamtkosten aller Nächte beliefen sich auf 922 US$, was gleichzeitig eine Ersparnis von 724 US$ nach einer Preisvergleich-Recherche auf Expedia bedeutete (Lieber, 2011). Auch ein Vergleich von Airbnb-Preisen in unterschiedlichen Kategorien (gemeinsames Zimmer, privates Zimmer, ganze Wohneinheit) für beliebte Touristenstädte zeigt, dass die durchschnittlichen Preisraten kompetitiv sind. So sind bspw. die zehn günstigsten Airbnb-Angebote für die Kategorie „ganze Wohneinheit" vergleichbar mit den Preisen eines Ein- bis Zwei-Sterne-Hotels derselben Stadt (Guttentag, 2015).

Eine weitere Merkmalsausprägung hinsichtlich des Disruptionspotenzials ist der Vernetzungsgrad der Kunden aus Sicht etablierter Unternehmen. Hier stellt sich die Frage, inwieweit Kunden in ihrem Konsumverhalten bereits digital vernetzt sind und demzufolge in die Reorganisation der Wertschöpfungskette integriert werden können. Ist der Vernetzungsgrad bisher gering ausgeprägt, ist das Potential einer Disruption höher einzuschätzen, als bei hoch ausgeprägtem Vernetzungsgrad. In einer nicht oder kaum vernetzten Konsumwelt kann ein Sharing Economy-Anbieter noch das Potential interagierender Kunden abschöpfen.

Schließlich ist der hohe Vernetzungsgrad ein Hauptgrund dafür, warum Sharing-Geschäftsmodelle Bestand haben (Cusumano, 2015; Theurl, 2015). Vor allem für C2C-Plattformen gilt, dass die Vernetzung auch über weite geographische Distanzen hinweg einen Austauschprozess zwischen Kunden ermöglicht, der das Sharing maßgeblich erleichtert, da Transaktionskosten gesenkt werden (siehe 5.5.3.2). Zudem werden positive Netzwerkeffekte hervorgerufen, da durch die Zunahme der Anbieter von Sharing-Leistungen auch der Nutzen der Nachfrager erhöht wird. So gilt bspw. für Uber, dass die Fahrzeuge der Fahrer umso effizienter ausgelastet werden, je mehr Fahrgäste den Dienst nutzen. Ebenso bedeuten mehr Fahrer eine effizientere geographische Abdeckung des Servicebereichs von Uber (Brühn & Götz, 2014).

5.5.5.3 Branchenbezogene Faktoren

Neben den anbieter- und unternehmensbezogenen Faktoren, gibt es noch branchenbezogene Faktoren, welche die Rahmenbedingungen des Marktes betreffen. Aus Sicht etablierter Unternehmen kann der Fixkostenanteil der eigenen Branche als Indikator dafür dienen, ob neue Sharing-Anbieter ein potentiell hohes Disruptionspotenzial mitbringen, da dadurch das mit einer Reorganisation der Wertschöpfung verbundene Potenzial hoch ist.

So liegt der Kerngedanke vieler Sharing-Modelle darin, bereits vorhandene Kapazitäten besser auszulasten (Theurl, 2015). Sharing-Plattformen wie Uber oder Airbnb profitieren davon, dass sie keine ressourcenintensiven Tätigkeiten ausüben, sondern vielmehr als Vermittlungsplattform die Ressourcen anderer verwalten und somit keine nennenswerten Fixkosten zu verbuchen haben. So wird konstatiert: „These companies are indescribably thin layers that sit on top of vast supply systems (where the costs are) and interface with a huge number of people (where the money is). There is no better business to be in. The New York Times needs to write, fact check, buy paper, print and distribute newspapers to get their ad money. Facebook provides a platform for us to write our own content, and Twitter monetizes the front page of newspapers, which happens to now be the Twitter feed" (Goodwin, 2015, o.S.). Wenn solche Geschäftsmodelle in klassische Branchen mit hohem Fixkostenanteil eintreten (wie bspw. dem Hotelgewerbe oder der klassischen Autovermietung), sind die Vorteile der Sharing Economy besonders immanent, sodass in diesem Fall das Disruptionspotenzial als hoch einzuschätzen ist.

Sharing-Modelle können auch zur Fixkostendegression genutzt werden, was bspw. bereits im B2B-Bereich der Fall ist (Haucap, 2015). So können durch Cloud-Computing knappe Rechen- und Speicherkapazitäten effizient genutzt werden. Das Unternehmen spart an der Wartung von IT-Ressourcen und muss weniger Geld in Hardware investieren. Dies dient als Beispiel dafür, dass sich die Vorteile von Sharing-Modellen nicht nur disruptiv in bestehenden Branchen auswirken können, sondern dass solche Modelle auch in etablierten Unternehmen genutzt werden können (z.B. dann, wenn die Auslastungsgrade der Vermögensgegenstände im Anlagevermögen eher gering sind).

Als letzte Merkmalsausprägung wird die politische Umwelt in den Blick genommen. Der Regulierungsgrad der Branche soll hier als Indikator dafür dienen, wie das Disruptionspotenzial eines Sharing-Anbieters aus Sicht etablierter Unternehmen zu bewerten ist. Ist der Regulierungsgrad der Branche hoch, können Sharing-Anbieter Schwierigkeiten in der operativen Ausgestaltung ihres Geschäftsmodells bekommen und das Disruptionspotenzial ist dementsprechend niedrig einzuschätzen.

Derzeit wird die Bedeutung von Regulierungen im Bereich der Sharing-Leistungen unterschiedlich diskutiert (Hagen & Rückert-John, 2016). Neben Positionen, die sich gegen eine starke Regulierung aussprechen (Haucap, 2015), um den Wettbewerb und die Innovationskraft neuer Märkte nicht zu unterbinden, gibt es auch solche Vertreter, die mit dem Einzug von Sharing-Leistungen eine Aufhebung von arbeits- und sozialrechtlichen Standards sehen (Loske, 2015). Ebenso werden unter dem Stichwort der „smarten Regulierung" Ansätze diskutiert, die Sharing nicht verbieten, gleichzeitig aber negative Auswirkungen eindämmen sollen. Am Beispiel von Airbnb hat eine solche smarte Regulierung, auch außerhalb des bereits erwähnten Berliner Beispiels, bereits Anwendung gefunden (Frenken et al., 2015). So haben die Städte Amsterdam und London beschlossen, die Möglichkeit der Vermietung von persönlichen Wohnraum auf 60 bzw. 90 Tage im Jahr zu begrenzen (Woolf, 2016).

Die Praxis zeigt hier im Übrigen, dass regulatorische Eingriffe einen erheblichen Einfluss auf die Wettbewerbsrelationen bewirken können. Auch das zeitweilige Verbot von Uber in Deutschland ist auf Vorgaben im Bereich des Personenbeförderungs-gewerbes zurückzuführen. So wurde die Fahrdienstvermittlung von Uber als wettbewerbswidrig erklärt, da den Privatfahrern die Lizenz zur Beförderung von Personen fehle (Handelsblatt, 2015). Eine stark regulierte Branche kann aus Sicht etablierter Unternehmen demnach helfen, die Marktmacht neuer Sharing-Anbieter einzuschränken und in Folge dessen, das Disruptionspotenzial zu schwächen. Dies ist allerdings mit der Grundannahme verbunden, dass betreffende Regularien auch auf Sharing-Anbieter angewendet werden.

Aktuell ist jedoch wie in Kapitel 5.5.3.2 bereits angesprochen, auch die gegenteilige Entwicklung erkennbar: Sharing Economy-Anbieter nutzen Regulierungslücken oder akzeptieren branchenübliche Vorschriften nicht. In solchen Fällen kann es zu Wettbewerbsverzerrungen kommen: Wo streng zwischen Anbieter und Nachfrager auf Basis eines klassischen B2C Geschäftsmodells unterschieden wird, herrscht auf Seiten der etablierten Unternehmen mit Blick auf Sicherheits- und Qualitätsstandards ggf. eine höhere Regulierungsintensität. Sharing-Anbietern wird hingegen vorgeworfen, genau solche Standards systematisch zu umgehen (Paech, 2015; Theurl, 2015).

Insgesamt zeigt sich, dass die politische Umwelt (sei es nun durch hohe oder geringe Regulierungsintensität) einen wesentlichen Einfluss auf die Marktordnung und die darin angesiedelten Geschäftsmodelle haben kann. Damit etablierte Modelle gegenüber Sharing-Modellen konkurrenzfähig bleiben, müssen sie sich den politischen Vorgaben und den veränderten Marktbedingungen anpassen. Unter dem Begriff des „Corporate Political Marketing" (CPM) wird diskutiert, inwieweit eine marktorientierte Unternehmensführung auf die gestiegene Relevanz politischer Entwicklungen reagieren kann und soll (Kenning & Meißner, 2015). CPM wird dabei als Marketingansatz verstanden, der politisch bedingte Marktveränderungen proaktiv in die Unternehmensführung integriert. Dieser Ansatz könnte aus den genannten Gründen in der Sharing-Economy an Bedeutung zu gewinnen.

Abbildung 15 zeigt zusammenfassend nochmals alle diskutierten Merkmals-ausprägungen anhand derer das Disruptionspotenzial neuer Sharing-Anbieter aus Sicht etablierter Unternehmen bewertet werden kann.

Abbildung 15: Einflussfaktoren auf das Disruptionspotenzial der Sharing Economy

eher niedrig	**Disruptionspotential**	eher hoch
←	Merkmalsausprägung	→
kommerziell	Sharing-Modell	nicht kommerziell
nicht gegeben	Neuigkeitscharakter der Leistung	gegeben
nicht gegeben	Wettbewerbsrelation aus Kundensicht	gegeben
niedrig	Preissensibilität der Kunden	hoch
hoch	Vernetzungsgrad der Kunden	niedrig
niedrig	Fixkostenanteil der Branche	hoch
hoch	Regulierungsgrad der Branche	niedrig

5.5.6 Fazit

Neue Geschäftsmodelle der Sharing-Economy können aus Kundensicht eine interessante Alternative im Vergleich zu klassischen Marktleistungen darstellen, da sie schnellen und flexiblen Zugang zu Produkten und Dienstleistungen ermöglichen und durch die zeitweilige Überlassung kaum genutzter Vermögensgegenstände neue Verdienstmöglichkeiten generieren. Mit Blick auf die steigende Relevanz von Sharing Economy-Modellen zeigte der vorliegende Beitrag, wie aus Sicht etablierter Unternehmen ein potentiell disruptives Geschäftsmodell eines neuen Anbieters erkannt werden kann. Hierfür wurden aus Sicht der Verfasser wesentliche Phänomene, Probleme und Entwicklungen beschrieben und vor dem Hintergrund theoretischer Annahmen, Einflussfaktoren auf das Disruptionspotenzial der Sharing Economy entwickelt. Für die Analyse bedeutsam war zudem die Dekomposition der Geschäftsmodelllogik in ihre verschiedenen Bestandteile. Die darauf aufbauend diskutierten Faktoren können etablierten Unternehmen als erste Hilfestellung dienen, das disruptive Potenzial der in der Sharing Economy anzusiedelnden Geschäftsmodelle einzuschätzen. Die aufgezeigten Faktoren sind in ihrer Ausarbeitung von primär phänomenologischen und plausiblen

Überlegungen geprägt, leiten also ihren Erkenntnisgewinn von den gegebenen Erscheinungen im Rahmen der Sharing Economy ab. Die Auflistung ist aber keinesfalls als abschließend zu verstehen, sondern kann – und sollte! – um weitere Faktoren, bspw. auf Grundlage weiterführender, theoretischer Überlegungen ergänzt werden.

6. Zusammenfassung und Schlussfolgerungen

6.1 Zusammenfassung des Erkenntnisbeitrags

Die vorliegende Arbeit hat sich – wie in Kapitel 1.2 dargelegt – zum Ziel gesetzt, ausgewählte Einflussfaktoren auf das Sharingverhalten empirisch zu analysieren. Neben der angesprochenen Kundenorientierung ist aus Sicht des modernen Marketings auch eine Stakeholderorientierung von Interesse, welche jene Anspruchsgruppen berücksichtigt, die von der Geschäftstätigkeit eines Sharing-Anbieters im weitesten Sinne betroffen sein könnten (Meffert, Burmann & Kirchgeorg, 2012). Um die Legitimität solcher Anspruchsgruppen zu erlangen oder zu erhalten, sind entsprechende gesellschafts- und umweltbezogene Analysen sinnvoll und daher innerhalb des Marketings zu berücksichtigen.

Die vorliegenden Beiträge werden dem Anspruch der Kunden- und Stakeholderorientierung in folgendem Sinne gerecht: Gegenstand der Beiträge 1 bis 4 ist die **Deskription und Explikation**[71] realer Phänomene im Kontext der Austauschform Sharing. Auf Basis eines empirisch quantitativen Ansatzes werden Aussagen darüber getroffen, welche Einflussfaktoren im Rahmen der Kundenorientierung einen Beitrag zur Aufklärung der Varianz im Sharingverhalten leisten. Beitrag 5 ist konzeptioneller Natur und tätigt auf Basis gesellschafts- und umweltbezogener Analysen zum Mittel der Stakeholderorientierung allen voran **praktisch-normative Aussagen**[72] zur Bewältigung von marketingbezogenen Problemstellungen. Zusammengefasst stellen sich die zentralen Erkenntnisse der Beiträge wie folgt dar (siehe Tabelle 13).[73]

---

71 Die Deskription hat die Beschreibung von Merkmalen einen einzelnen Sachverhalts zum Ziel. Die Explikation umfasst die allgemeingültige Erklärung von Sachverhalten. Sie umfasst im Gegensatz zur Deskription einen größeren Ausschnitt der Realität und ist in ihrer Erklärungskraft nicht an Raum oder Zeit gebunden. Beide Aussagearten können als empirische Aussagen verstanden werden, deren Wahrheitsgehalt von anderen Personen überprüft werden kann (Kornmeier, 2007; Raffée, 1974).

72 Eine normative Aussage kann nicht anhand eines Wahrheitskriteriums geprüft werden, sondern erklärt sich auf Basis eines Werturteils. Es handelt sich um Aussagen, die einen Sollzustand festsetzen und damit einen empfehlenden Charakter aufweisen (Kornmeier, 2007; Raffée, 1974).

73 An dieser Stelle sei angemerkt, dass die beiden Aussageebenen nicht immer deutlich voneinander zu trennen sind und besonders im Rahmen von Journal- und Konferenzbeiträgen auch empirisch gestützte Aussagen zur erweiterten Diskussion um praktisch-normative Inhalte genutzt wurden. Dennoch bietet die hier vorgestellte Einteilung einen Orientie-

Mit Blick auf die **deskriptiv und/oder explikative Ebene**, konnten Einflussfaktoren auf das Sharingverhalten, genauer gesagt auf die Sharingintention und -loyalität untersucht werden. So konnte Beitrag 2 in Abgrenzung zu den Beziehungsbedürfnissen, die individuellen **Wachstumsbedürfnisse** als Treiber für Food-Sharing identifizieren. Wachstumsbedürfnisse sind grundsätzlich durch ein Streben nach Selbstachtung und autonomer Selbsterfüllung gekennzeichnet (Alderfer, 1969) und wurden durch die Konstrukte „Freude am Teilen, „Wertüberzeugungen", „Erfahrung" und „Selbstwerterhöhung" operationalisiert. Frühere Studien zeigen, dass autonome Selbsterfüllung durch ethisches Handeln erlebt werden kann.[74] Insofern liegt die Vermutung nahe, dass Sharing als Konsumform verstanden wird, die der Erfüllung ethischer Grundsätze entspricht. Hierzu passen sowohl die Erkenntnisse aus Beitrag 2, die **Wertüberzeugungen** als signifikanten Faktor herausstellten, als auch der Einfluss der **moralischen Verpflichtung** auf Sharing in Beitrag 3. Zudem konnte in beiden Beiträgen der Einfluss der intrinsisch motivierten **Freude am Akt des Teilens** nachgewiesen werden. Sharing (bzw. unter Bezugnahme des situativen Kontexts Foodsharing) ist demnach vor allem mit Spaß an der Sache verbunden.

Neben dieser hedonistischen Perspektive, zeigt sich in Beitrag 4 ebenso eine ausgeprägte Dominanz **ökonomischer Motive**. Sharing sollte sich gleichwohl aus finanzieller Sicht für die Kunden lohnen und bspw. zu einer wahrnehmbaren Ersparnis im Vergleich zum klassischen Erwerb von Gütern und Dienstleistungen führen. Gleichermaßen kann die Generierung zusätzlichen Einkommens mit Blick auf die Rolle des Sharing-Gebers als ökonomischer Vorteil gewertet werden. Weiterhin sind in Beitrag 4 ausschließlich im Car- und Bike-Sharingbereich **ökologische Motive** von Relevanz. Schlussfolgernd werden vordergründig Sharing-Praktiken im Mobilitätssektor als ökologisch nachhaltig wahrgenommen, während für andere Branchen dieser Zusammenhang trotz einer vermeintlichen Kausalität nicht nachgewiesen werden konnte.

rungsrahmen, der zur Einordnung der Erkenntnisse und deren Wahrheitsgehalt im Sinne Poppers dient (Popper, 1935) .

74 Siehe bspw. zum Zusammenhang von Selbstwerterhöhung und umweltfreundlichem Verhalten Urien & Kilbourne (2011).

Tabelle 13: Zentrale Ergebnisse der Beiträge 1 bis 5 (Quelle: Eigene Darstellung)

Beitrag 1	**Beitrag 2**	**Beitrag 3**	**Beitrag 4**	**Beitrag 5**
Die WTS nimmt mit zunehmender sozialer Distanz ab.	Die Wachstumsbedürfnisse der Freude am Teilen, Wertüberzeugung, Erfahrung und Selbstwerterhöhung haben einen positiven Einfluss auf die Teilnahmeintention am Foodsharing.	Die moralische Verpflichtung und wahrgenommene Freude haben einen Einfluss auf die Teilnahmeintention als Sharing-Geber und Sharing-Nehmer aufzutreten.	Ökonomische Motive spielen eine Schlüsselrolle für die Loyalitätsintention gegenüber einem Sharing-Anbieter in verschiedenen Branchen.	Nicht jegliche neu auf dem Markt kommende Sharing-Innovation kann auch als disruptive Innovation verstanden werden.
Die WTS ist bei Low-Involvement-Produkten über alle sozialen Distanzen hinweg höher als bei High-Involvement-Produkten.	Die Beziehungsbedürfnisse der sozialen Bindung und Anerkennung haben keinen Einfluss auf die Teilnahmeintention am Foodsharing.	Die moralische Verpflichtung hat im Vergleich zur wahrgenommenen Freude den weitaus stärkeren Einfluss auf beide Rollen.	Der Einfluss sozialer und ökologischer Motive auf die Loyalitätsfunktion gilt nur für ausgewählte Branchen. Allen voran spielen ökologische Motive im Bereich von Mobility-Sharing eine Rolle.	In der Tendenz ist das Disruptionspotential von auf dem Markt kommenden Sharing-Anbietern als hoch anzusehen, wenn es sich um (1) ein nicht kommerzielles Geschäftsmodell handelt, (2) dessen Leistung einen Neuigkeitscharakter inne hat, (3) die Wettbewerbsrelation zu Altanbietern aus Kundensicht gegeben ist, (4) die Preissensibilität der Kunden hoch, (5) der bisherige Vernetzungsgrad hingegen niedrig, (6) der Fixkostenanteil der Branche hoch und (7) der Regulierungsgrad hingegen niedrig ist.
Materialismus, Vertrauen und Altruismus haben keinen Einfluss auf die WTS über alle sozialen Distanzen hinweg.			Ebenso gibt es vereinzelte Einflüsse der Soziodemografika Alter und Einkommen auf die Loylitätsintention bestimmter Sharingbranchen.	
Deskriptive und/oder explikative Aussagen				***Praktisch-normative Aussagen***

Mit Blick auf die sozialen Motivlagen liefern die Ergebnisse der Beiträge inkongruente Resultate: So zeigt sich für unterschiedliche Sharing-Kontexte in Beitrag 4 ein signifikant positiver Einfluss **sozialer Motive** auf die Sharing-Loyalität. Demnach tragen soziale Beziehungen und ein Gemeinschaftsgefühl zum Sharing bei. Dieser soziale Gedanke ist gleichwohl nicht als ubiquitär zu sehen, sondern sollte differenziert betrachtet werden. So zeigt Beitrag 1, dass die Sharingintention mit zunehmender **sozialer Distanz** abnimmt. Hier liegt die Vermutung nahe, dass Gemeinschaftsgefühl und soziale Teilhabe davon geprägt sein können, mit welchen Personen diese konkret erlebt werden. Dafür spricht ebenso die in Beitrag 2 verworfene Hypothese, dass **soziale Beziehungen** grundsätzlich zur Teilnahme am Food-Sharing beitragen. Hinsichtlich des Sharing-Objekts konnte in Beitrag 1 zusätzlich gezeigt werden, dass aus Sicht des Sharing-Gebers ein hohes **Involvement** das Sharingverhalten negativ beeinflusst.

Vor dem Hintergrund der **normativen Aussageebene** wurden in Beitrag 5 konzeptionelle Merkmale zum Erkennen der potentiell disruptiven Kraft von Sharing Economy-Modellen untersucht. Zum einen wurden Merkmale diskutiert, die sich auf Wahrnehmungsebene der Konsumenten befinden. So hat die wahrgenommene **Wettbewerbsrelation** aus Kundensicht, sowie die **Preissensibilität** der Kunden potentiell Einfluss auf das Disruptionspotential eines Sharing-Anbieters. Zum anderen konnten Aussagen über die Umwelt des Konsumenten getroffen werden. So wurden die **Art des Sharing-Modells** und der **Neuigkeitscharakter** der angebotenen Leistung als Sharing-anbieterbezogene Faktoren identifiziert, welche die disruptive Kraft eines Sharing-Anbieters potentiell aufzeigen können. Zudem konnte der digitale **Vernetzungsgrad** der Kunden als weiterer Einflussfaktor identifiziert werden. Hinsichtlich branchenbezogener Faktoren sind der **Fixkostenanteil** und der **Regulierungsgrad** der jeweiligen Branche zu nennen.

Eine **gesamthafte Betrachtung** der Beiträge 1 bis 5 lässt die Schlussfolgerung zu, dass sich Sharing als ökonomische Austauschpraxis in einem Spannungsfeld zwischen klassischer Nutzenorientierung und **Gemeinwohlorientierung** bewegt. Ein Aspekt, der in der Forschung diskutiert wird (Loske, 2015) und im Rahmen der Fachkonferenz „Sharing Economy zwischen Gemeinwohl und Gewinn" bereits Aufmerksamkeit erfahren hat (PeerSharing, 2016). Besonders evident wird das gleichzeitige Wirken von nutzen- und gemeinwohlorientierten Aspekten in Beitrag 4, der die Überlegenheit ökonomischer Motive hervorhebt, für bestimmte Branchen jedoch auch soziale und ökologische, und damit dem Gemeinwohl zuträgliche Einflüsse, beschreibt. Als ein weiteres Beispiel dienen die Ergebnisse in Beitrag 1: Einerseits verfolgen Sharing-Geber pro-soziale und damit implizit gemeinwohlorientierte Intentionen, wenn sie sich für Sharing entscheiden. Denn ein Gut mit jemand anderem zu teilen impliziert stets auch die Nutzenstiftung desjenigen zu erhöhen, der vorher keinen Zugang zu dem Gut hatte. Andererseits kann Sharing dazu beitragen, den eigenen Nutzen zu erhöhen. So kann z.B. durch das Anbieten des Rasenmähers auf Plattformen wie Pumpipumpe (Beitrag 1), das soziale Ansehen der eigenen Person in der Nachbarschaft erhöht werden. Sharing bietet im Vergleich zum klassischen Warentausch die Möglichkeit, durch die sozialen Einflüsse einen zusätzlichen Nutzen zu stiften, der sowohl dem Konsumenten selbst, als auch dem Gemeinwohl zugutekommt. Dies lässt den Schluss zu, dass Konsumenten im Sharing nicht ausschließlich die eigene (oft ökonomische) Nutzenstiftung wahrnehmen, sondern durch ihren Konsum nach einer darüber hinausgehenden gemeinwohlorientierten Nutzenstiftung streben. Diese Gemeinwohlorientierung kann dabei vielfältige Ausprägungen annehmen: So kann der eigene Konsum durch Sharing als nachhaltig (Beitrag 4), moralisch wertvoll (Beitrag 3) oder gemeinschaftsorientiert (Beitrag 1 und Beitrag 4) wahrgenommen werden.

Die Idee, mit Konsum Gutes tun zu können, ist grundsätzlich kein unbekanntes Konzept, sondern wurde von Praxis und Wissenschaft bereits aufgegriffen – bspw. in der Diskussion um Fairtrade-Produkte (Bäthge, 2017; Doran, 2010; Varul, 2009). Im Gegensatz zum Kauf von Faitrade-Produkten, die für den Konsumenten v.a. mit einem höheren Preis einhergehen, hat modernes Sharing durch die Digitalisierung eine neue Komfortkomponente erhalten.[75] Dies könnte einen Grund darstellen, warum das Ausmaß an gemeinwohlorientierten Einflüssen im Sharing besonders gegenwärtig erscheint – aus dem einfachen Grund, weil es dank dem Web 2.0 leichter umzusetzen ist. Wichtig hierbei ist, dass die Basis für einen gemeinwohlorientierten Konsum nicht auf der Idee der Askese oder Selbstbegrenzung beruht, wie dies bspw. in der Diskussion um das Suffizienzprinzip[76] der Fall ist. Vielmehr soll dieser auf Grundlage einer als freudig empfundenen Tätigkeit (Beitrag 2 und Beitrag 3) gelingen.

Demnach impliziert der Akt des Sharings ein vermeintliches Versprechen: Neben dem eigenen Nutzen auch dem Gemeinwohl zu dienen und

75 Wie in Kapitel 5.5.3.2 angesprochen, konnten durch den digitalen Zugang zur Sharing-Angeboten die Transaktionskosten der Leistungskoordination, -organisation und -kommunikation erheblich gesenkt werden (Haucap, 2015).

76 Das Suffizienzprinzip wird vor allem im Kontext der Nachhaltigkeitsdebatte diskutiert und meint eine Strategie, nach der die Senkung des Ressourcenverbrauchs durch eine freiwillige Selbstbegrenzung erfolgen soll (Ott & Voget, 2007). Zum Thema Suffizienz und Nachhaltigkeit siehe auch Bartelmus (2002); Huber (1994); Princen (2005); Stengel (2011).

dabei dennoch nicht auf Komfort und Freude am Konsum verzichten zu müssen. In diesem Sinne passen die Erkenntnisse zu dem im Sharing oft diskutierten Aspekt von **„Humanizing the Business World"** (Findlay, 2018; Grigoras, 2017): Die „Business World" scheint durch Sharing und die damit verbundenen Aspekte der Gemeinwohlorientierung menschlicher zu werden. Sie bleibt jedoch den Funktionsweisen nach eine „Business World", in der die eigene Nutzenstiftung (seien es ökonomischer Motive und/oder hedonistische Motive) die Basis ökonomischen Handelns bleibt.[77]

Zusammenfassend lässt sich darlegen, dass die Beiträge 1 bis 5 zum Verständnis des Phänomens „Sharing" beigetragen haben, da grundlegende Einsichten bzgl. der Einflussfaktoren auf das Sharingverhalten gewonnen werden konnten. Dies ist besonders vor dem Hintergrund des jungen Forschungsfeldes zu betrachten (siehe Kapitel 1.2), in dem behaviorale Aspekte des Sharings bisher kaum untersucht wurden.[78] Die Beiträge folgten dem bisherigen Duktus der vorhandenen Literatur und untersuchten Sharing aus einer breit angelegten Perspektive mit unterschiedlichen Schwerpunkten auf Geber- und Nehmerrollen sowie situativen Kontexten. Als Basis dienten die theoretischen Überlegungen von Belk (2007, 2010) und in Weiterentwicklung von Habibi et al. (Habibi, Davidson & Laroche, 2017; Habibi, Kim & Laroche, 2016): Sharing wird in der Theorie als ein vielschichtiges Phänomen verstanden, dessen Komplexität darin begründet liegt, dass ökonomische und gemeinschaftsorientierte Sphären des Sharings eng beieinander liegen. So wurden in den Beiträgen der vorliegenden Arbeit beide Seiten des Sharings untersucht, ausgedrückt in der Betrachtung sowohl nicht-kommerzieller, als auch kommerzieller Sharing-Phänomene. Damit bedient die-

77 Kritiker der Sharing Economy sehen im Aspekt von „Humanizing the Business World" einen großen Nachteil, da sie befürchten, dass auch der umgekehrte Zusammenhang gelten könnte und Sharing zu einer Ausdehnung ökonomischer Handlungsprinzipien im privaten Kontext führt. Demnach würde das „Mensch sein" durch Sharing immer weiter ökonomisiert werden. Welzer (2016, o.S.) konstatiert hierzu: „Die Share Economy [zündet nun] die zweite Stufe: Und die besteht in der Monetarisierung jener Sozialverhältnisse, die bislang durch die Sozialform Beziehung und nicht durch die Beziehungsform Geld strukturiert war."

78 Rudmin (2016) gibt z.B. einen historischen Rückblick auf die Sharing-Forschung und stellt in seiner Analyse fest, dass die aktuelle Auseinandersetzung der science community mit dem Sharing-Phänomen v.a. durch die Ausführungen von Belk (2007, 2010) seinen Anfang nahm. Er spricht im diesem Kontext von „current focus on microeconomic sharing", was in dieser Arbeit als Bezug zu den behavioralen Aspekten gewertet wird. Demnach kann das Forschungsfeld aus heutiger Perspektive als jung angesehen werden, auch wenn andere akademische Disziplinen (wie bspw. die in Kapitel 2.1 angesprochenen) das Phänomen teilweise schon früher betrachtet haben.

se Arbeit den Anspruch, Sharing in seiner phänomenologischen Breite zu erfassen.

6.2 Handlungsimplikationen für die Praxis

Darüber hinaus ergeben sich indes für das praktische Marketing von Sharing-Anbietern wie Unternehmen, Plattformen und Organisationen einige Handlungsimplikationen, die nachfolgend diskutiert werden sollen. Für die Ausrichtung aller Marketingaktivitäten auf die marktorientierte Führung des Unternehmens (siehe Kapitel 3.1), ist die marktorientierte Koordination aller betrieblichen Funktionsbereiche nötig. Diese kann innerhalb des Marketingmanagements als „eindeutig identifizierbarer Prozess der Willensbildung und Willensdurchsetzung“ (Meffert, Burmann & Kirchgeorg, 2012, S. 20) verstanden werden.

Im Hinblick auf den Koordinationsaspekt umfasst das Marketingmanagement fünf Schritte, die in Abbildung 16 visualisiert sind: (1) die Situationsanalyse, (2) die Definition der Marketingziele, (3) die zielorientierte Ableitung der Marketingstrategie, (4) die Festlegung des adäquaten Marketing-Mix und (5) das Marketing-Controlling zur Erfassung der Erfolgswirkung und zur Initiierung eines Rückkopplungsprozesses der soeben beschriebenen Aktivitäten (Meffert, Burmann & Kirchgeorg, 2012).[79] Die einzelnen Schritte werden nachfolgend vor dem Hintergrund der gewonnen Erkenntnisse aus den Beiträgen 1 bis 5 näher beleuchtet.

---

79 Hierbei handelt es sich um eine vereinfachte Darstellung der strategischen Marketingplanung. Meffert, Burmann & Kirchgeorg (2012) nennen zusätzlich noch die Prognosephase als zweiten Schritt, welche sich explizit mit der Frage nach der Wirkungen der eigenen unternehmerischen Aktivitäten befasst. Ebenso wird die Marketingimplementierung als vorletzter Schritt vor dem Marketing-Controlling genannt, welche die strategische Planung einer effizienten Aufbau- und Ablauforganisationen der im Rahmen des Marketing-Mix gewählten Instrumente umfasst.

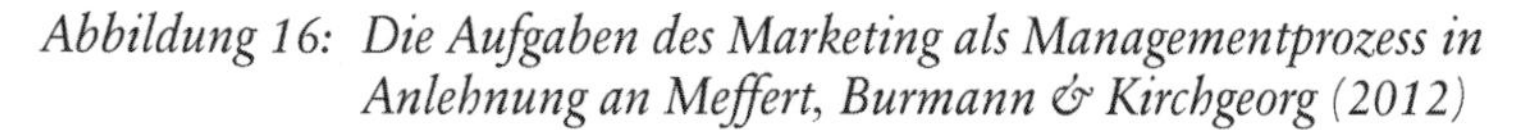

Abbildung 16: Die Aufgaben des Marketing als Managementprozess in Anlehnung an Meffert, Burmann & Kirchgeorg (2012)

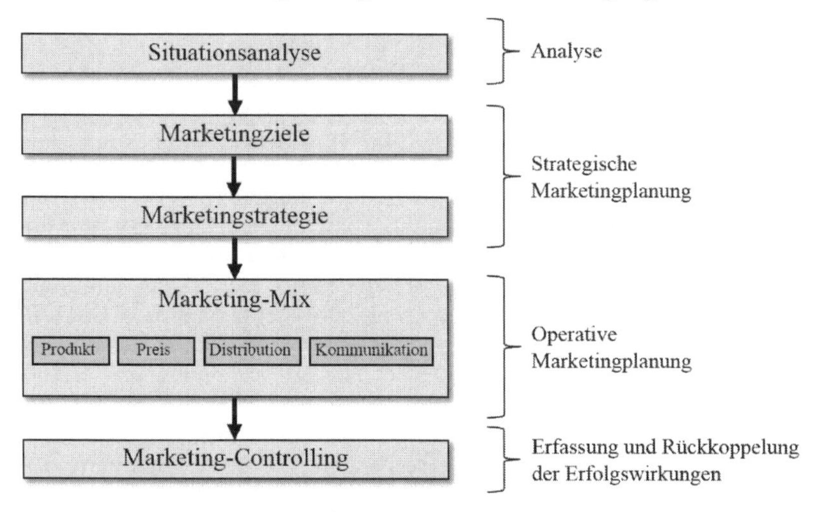

Die (1) **Situationsanalyse** umfasst dabei die Sammlung aller relevanten Informationen über die interne und externe Ausgangssituation des Unternehmens (Meffert, Burmann & Kirchgeorg, 2012). Zu den unternehmensinternen Faktoren zählen z.B. die Art und Funktion der angebotenen Marktleistung, finanzielle Mittel oder die Vertriebsinfrastruktur. Im Gegensatz dazu stehen die unternehmensexternen Faktoren, wie die Art des Bedarfs, Käuferstruktur und -verhalten sowie die Konkurrenzverhältnisse am Markt. Das Ziel besteht darin, die Markt- und Umweltsituation sorgfältig zu analysieren und einzuschätzen, um auf dessen Basis operative Marketingentscheidungen zu fundieren. U.a. sind externe Chancen und Risiken den eigenen Stärken und Schwächen im Rahmen einer SWOT-Analyse gegenüberzustellen (Homburg, 2016; Meffert, Burmann & Kirchgeorg, 2012). Da die Analyse von Stärken und Schwachen vordergründig von der aktuellen Situation des Unternehmens sowie dessen Ressourcen und Kernkompetenzen abhängt, wird sich nachfolgend auf beispielhafte Benennung von Chancen und Risiken umweltbezogener Faktoren fokussiert.

Im Rahmen der Situationsanalyse externer Faktoren können für Sharing zwei Perspektiven eingenommen werden: Zum einem kann für bestehende Unternehmen der Trend zum Sharing (siehe hierzu auch Kapitel 1.1) als **Chance** verstanden werden. So könnte für etablierte Unternehmen der klassische Verkauf von Waren und Dienstleistungen durch eine **Erweiterung**

des Kerngeschäfts um Sharing-Modelle als sinnvoll erachtet werden. Ebenso sind **neue Vertriebsmöglichkeiten** der eigenen Produkte durch die Erweiterung um Sharing-Modelle möglich. So haben bspw. im Mobilitätsbereich Unternehmen wie BMW oder die Deutsche Bahn Wachstumspotential durch die Einführung von DriveNow bzw. Call-a-Bike ausgeschöpft. Der Vertrieb der Auto- bzw. Fahrradflotte findet dabei aus Sicht des Kunden auf der Straße statt – so gehört es schließlich zum Kern des Sharing-Geschäftsmodells dem Kunden die Dienstleistung regional und in direktem Zugriff zu gewährleisten. Ein weiteres Beispiel ist das US-Unternehmen GoKid, welches eine Plattform für elterliche Fahrgemeinschaften anbietet (GoKid, 2018). Über eine App können Eltern gemeinsame Fahrstrecken für ihre Kinder organisieren, die sich in Echtzeit verfolgen lassen. Die App verfügt zudem über eine Direct-Messaging-Funktion und gibt genau an, wann die Kinder im Sportverein oder in der Schule angekommen sind. Aktuell hat sich die deutsche Bahn an dem Start-Up beteiligt, um ihr Dienstleistungsportfolio im Mobilitätssektor weiter auszubauen (Prengel, 2018).

Wenn hingegen die Konkurrenz Sharing-Modelle einführt, kann Sharing für etablierte Unternehmen erwartungsgemäß ein **Risiko** darstellen. Dann besteht für das Unternehmen z.B. die Gefahr, dass der Markt einem **Preisverfall** ausgesetzt wird, da vor allem für disruptive Sharing-Innovationen günstige Preise eine feste Bedingung darstellen. Als Beispiel dient der bereits in Kapitel 5.5 angesprochene Limousinenservice UberSELECT, der preissensible Kunden anspricht, welche durch die klassische Preisstruktur etablierter Limousinenservices die Marktleistung nicht in Anspruch nehmen könnten. Ein weiteres Risiko innerhalb der unternehmensexternen Faktoren stellt der Markteintritt neuer **Konkurrenten aus dem Ausland** dar. So wird seit längerem das Überangebot an Leihfahrrädern in deutschen Großstädten kritisch diskutiert, welche v.a. durch den Markteintritt asiatischer Bike-Sharinganbieter wie Mobike, Obike oder Ofo zustande kamen (Kugoth, 2018).

Alle unternehmensinternen und –externen Faktoren lassen sich im Zuge der Situationsanalyse in verschiedene Komponenten aufteilen: Hierzu zählt die Unterscheidung nach Markt, Marktteilnehmer, Marketinginstrumente und Makroumwelt (Meffert, Burmann & Kirchgeorg, 2012). Es gilt zu ermitteln, welche Bestimmungsfaktoren zur Ableitung von Chancen und Risiken wirksam werden. Mit Blick auf die Analyse der Marktteilnehmer dienen **Erkenntnisse zum Nachfrageverhalten und den Bedürfnisstrukturen** der Konsumenten als dominierender Bestimmungsfaktor.

Vor diesem Hintergrund kann unter Einbeziehung der Erkenntnisse der vorliegenden Arbeit zur Situationsanalyse beispielhaft folgende These formulieren werden:

Um Chancen und Risiken von Sharing zu analysieren, sollten Unternehmen die wahrgenommene soziale Distanz und das Produktinvolvement zur Analyse des Nachfrageverhaltens heranziehen.

In Beitrag 1 konnte gezeigt werden, dass mit zunehmender sozialer Distanz das Sharingverhalten abnimmt. Daraus lässt sich schlussfolgern, dass Sharing v.a. dann als Chance für das Unternehmen verstanden werden kann, wenn die wahrgenommene **soziale Distanz** zum Anbieter (für B2C-Modelle) bzw. zum anderen Konsumenten (C2C-Modelle) **möglichst niedrig** ist.[80] Umgekehrt würde das Sharing zum Risiko, wenn die soziale Distanz von Seiten der Kunden als hoch empfunden wird, bzw. der Wettbewerber durch eine niedrige soziale Distanz wahrgenommen wird. Hinsichtlich des Produktinvolvements wird folgender Wirkungszusammenhang deutlich: In Beitrag 1 konnte gezeigt werden, dass Low-Involvement-Produkte leichter vom Kunden geteilt werden. Bezogen auf die strategische Marketingplanung von Plattformintermediären, welche z.B. das Verleihen von Gegenständen zwischen den Konsumenten zum Ziel haben, könnte dies bedeuten, dass das Bewerben klassischer Low-Involvement-Produkte wie Bücher oder Werkzeug vorteilhaft sein kann. Will ein etabliertes Einzelhandelsunternehmen im Kleidungs- und Accessoire-Bereich bspw. eine Plattform zum Tauschen von teurem Schmuck oder Handtaschen etablieren, ist das Produkt, welches ggf. als High-Involvement eingeschätzt wird, für ein Sharing Geschäftsmodell tendenziell ungeeignet. Dies bedeutet jedoch nicht, dass ein solches Modell nicht grundsätzlich funktionieren kann, es bedeutet allerdings sehr wohl, dass im Rahmen des Marketing Mix andere Instrumente (bspw. Versicherungen zur Risikominimierung beim Sharing von High-Involvement-Produkten) gewählt werden sollten.

Da Sharing im Food-Bereich vorwiegend in nicht-kommerziellen Modellen Anwendung findet, könnte unter speziellem Fokus auf Non-Profit-Organisationen (NPOs) folgende These für die Situationsanalyse festgehalten werden:

---

80 Beitrag 1 thematisiert die soziale Distanz ausschließlich im Kontext von C2C-Austauschbeziehungen. An dieser Stelle wird hingegen davon ausgegangen, dass eine Analogie zu B2C-Modellen hergestellt werden kann und der Kunde demnach auch ein Distanzgefühl zu Institutionen und deren angebotenen Produkten und Dienstleistungen entwickelt. Erste Hinweise hierauf liefert eine Studie, in der unter dem Begriff der „sozio-institutionellen Distanz“ das wahrgenommene Distanzgefühl von Besuchern und Nicht-Besuchern von Kultureinrichtungen untersucht wurde (Meißner et al., 2015).

Um Chancen und Risiken von nicht kommerziellem Sharing zu analysieren, sollten Non-Profit-Organisationen die Wachstumsbedürfnisse, sowie die wahrgenommene moralische Verpflichtung der Konsumenten näher betrachten.

In Beitrag 2 konnte gezeigt werden, dass bei der Teilnahme an nicht-kommerziellem Sharing, Konsumenten aus dem Bedürfnis heraus handeln, eine Form des persönlichen Wachstums zu erfahren. Hiermit ist ein Handeln gemeint, welches konform zu den eigenen Wertvorstellungen geht oder welches als derart positiv eingeschätzt wird, dass es eine Form der Selbstwerterhöhung ermöglicht. Sharing kann von NPO's demnach als **Chance** begriffen werden, wenn ihre Geschäftstätigkeit in einer Branche liegt, die aus Konsumentensicht mit positiven Werten belegt ist – Denn dann kann der Konsument durch Sharing dem Bedürfnis des persönlichen Wachstums entsprechen. Dies dürfte z.B. bei Foodsharing e.V. der Fall sein, welcher durch den Slogan „Rette mit!" eine Botschaft aussendet, die indirekt zur Hilfsbereitschaft und damit zu einem moralisch positiv konnotierten Verhalten aufruft.

Im Vergleich zu gewinnorientierten Unternehmen sind NPO's einem höheren Erwartungsdruck in Bezug auf Moral und ethischem Handeln unterworfen (Meffert, Burmann & Kirchgeorg, 2012). Können Sie diesem Druck nicht Stand halten und werden bspw. mit Skandalen in Verbindung gebracht, könnte die Einführung eines Sharing-Modells auch als Risiko gesehen werden. Als ein solches Negativbeispiel kann der ADAC verstanden werden, dessen Glaubwürdigkeit durch den Skandal um die jahrelange Manipulation des Autopreises „Gelber Engel" gelitten hat (Spiegel Online, 2014). Würde der ADAC als NPO und größter Autoclub Europas z.B. eine europäische Carsharing-Plattform aufbauen wollen, sollte im Rahmen der Situationsanalyse zunächst geprüft werden, ob das moralische Vergehen der Vergangenheit die Kunden in ihrer Intention zur Teilnahme an einem solchen Modell beeinflusst.

Neben der Situationsanalyse umfasst das Marketingmanagement die (**2**) **Festlegung der strategischen Marketingziele**. Hierbei handelt es sich um die Definition des Soll-Zustandes, den es durch Einsatz der Marketinginstrumente zu erreichen gilt (Meffert, Burmann & Kirchgeorg, 2012). Im Marketing wird klassischerweise zwischen **ökonomischen Zielen** wie Rendite, Umsatz, Gewinn und **vorökonomischen bzw. psychografischen Zielen** zur Beeinflussung des Nachfrageverhaltens unterschieden. Letzteres hat vordergründig die Marke-Kunde-Beziehung im Blick, bei dem sowohl affektive als auch kognitive Bindungsmotive auf Seiten der Käufer dazu führen, dass ein unmittelbarer Austausch zwischen Marke und Kunde stattfindet (Meffert, Burmann & Kirchgeorg, 2012).

Abbildung 17 visualisiert die Beziehung zwischen ökonomischen und vorökonomischen Größen. Da vorliegende Arbeit die Aufklärung verhaltenswissenschaftlicher Aspekte fokussiert, wird nachfolgend das Zielgrößensystem der vorökonomischen Größen eingehender betrachtet. Hier gilt die Bekanntheit der Marke als Zielgröße zur Generierung des entsprechenden Images. Das Image führt wiederum dazu, dass Kunden Präferenzen hinsichtlich ihrer Sharing-Aktivität ausbilden und bspw. ein Sharing-Angebot wahrnehmen oder nicht. Wurde diese Leistung in Anspruch genommen, bildet sich bei positiver Wahrnehmung dieser Zufriedenheit aus, das Vertrauen in die Marke steigt und es kommt ggf. zu einer erneuten Inanspruchnahme des Sharing-Angebots. Diese hätte wiederum eine positive Rückkopplung zur weiteren Ausprägung von Zufriedenheit und Vertrauen und würde eine langfristige Kundenbindung schaffen, was zu einer Steigerung der Bekanntheit der Marke führen würde. Die Stärke der Marke-Kunde-Beziehung ist letztlich die Grundlage für den ökonomischen Wert der Marke, ausgedrückt durch ökonomische Zielgrößen wie dem Marktanteil, Kosten, Umsatz, Gewinn und Rendite.

Abbildung 17: Zielgrößen im Marketing in Anlehnung an die Ausführung von Meffert, Burmann & Kirchgeorg (2012)

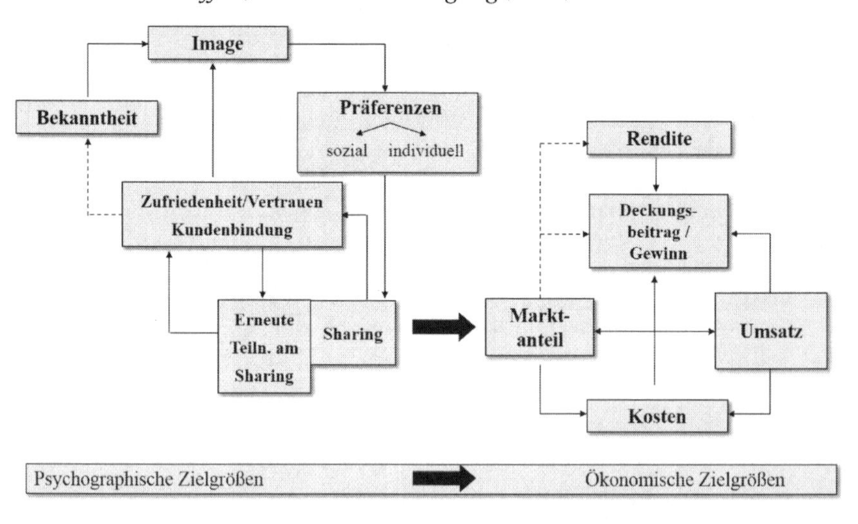

Im Rahmen der Beiträge 1 bis 4 wurden Schlüsselfaktoren identifiziert, welche auf die **Präferenzen der Kunden** und damit deren beobachtbaren Sharingverhalten wirken. Präferenzen beschreiben allgemein „das Ausmaß der Vorziehenswürdigkeit eines Beurteilungsobjekts für eine bestimmte Person während eines bestimmten Zeitraums [...]" (Foscht & Swoboda, 2007, S. 62). Die Präferenzen des Kunden sollen abgeleitet aus den vorliegenden Erkenntnissen in soziale und individuelle Präferenzen unterschieden werden (siehe Abbildung 17). **Soziale Präferenzen** haben im Unterschied zu individuellen Präferenzen das Wohlergehen anderer Akteure im Fokus, die das eigene Verhalten beeinflussen.[81] Klassische Beispiele für soziale Präferenzen im Marketingbereich sind die vom Kunden wahrgenommene Preisfairness oder Reziprozitätsmotive. In vorliegender Arbeit konnten soziale Präferenzen hinsichtlich der Teilnahme an Sharing durch den signifikanten Einfluss der sozialen Distanz belegt werden (Beitrag 1). Ebenso legt Beitrag 4 soziale Motivlagen zur Ausbildung von Loyalität und damit zum Aspekt der Kundenbindung (siehe Abbildung 17) offen.

Neben den sozialen wurde der Einfluss auf **individuelle Präferenzen** durch unterschiedliche ökonomische, ökologische sowie Wachstumsmotive (Beiträge 2 und 4) deutlich. Auch das bereits erwähnte Produktinvolvement (Beitrag 1), sowie die moralische Verpflichtung (Beitrag 3) können die Vorziehenswürdigkeit eines Beurteilungsobjektes beeinflussen. Je nachdem, welche strategischen Marketingziele ein Unternehmen formuliert, können diese vielseitige Bezugspunkte haben. Mit Blick auf die Beeinflussung der hier fokussierten psychografischen Größen könnte z.B. **die Erhöhung des Bekanntheitsgrades oder die Verstärkung der Sharingabsicht** ein Ziel darstellen.

Neben derart **unbegrenzt formulierten Zielen**, die als andauernde Aufgaben eines Unternehmens verstanden werden können, gibt es unter Einbeziehung der jeweiligen ökonomische Situation gleichermaßen **begrenzt formulierte Ziele,** die mit einem höheren Grad der Konkretisierung einher gehen. Um konkrete Marketingziele festzulegen, bietet sich mit Blick auf die unterschiedlichen sozialen und individuellen Präferenzen der Kunden eine **Marktsegmentierung** an. Unter Marktsegmentierung versteht man die Einteilung des Gesamtmarktes in intern möglichst homogene und

---

81 In der Literatur werden unterschiedliche Begründungen für ein solches Verhalten diskutiert. U.a. wird davon ausgegangen, dass Menschen eine Ungleichheitsaversion zeigen und die Benachteiligung anderer Akteure als unangenehm empfinden („Difference Aversion Model"). Der „Social-Welfare-Ansatz" beschreibt hingegen die Annahme, dass Akteure im Rahmen ihrer sozialen Präferenzen ggf. auf positive Outcomes verzichten, wenn dafür der Gewinn aller Akteure insgesamt steigt. Als letztes können noch Ansätze der Reziprozität genannt werden („Reciprocity Models"), wo Akteure nach dem Prinzip „Wie du mir, so ich dir" handeln und dadurch unter gegebenen Umständen auf egoistisches Verhalten verzichten (Charness & Rabin, 2002).

extern möglichst heterogene Teilmärkte (Meffert, Burmann & Kirchgeorg, 2012). Die Segmentierung in Kundengruppen erlaubt die Ausrichtung alle Marketingaktivitäten entlang der Bedürfnisse bestimmter Zielkunden und ist für die Festlegung konkreter Marketingziele und zur Bestimmung des Marketing-Mix bedeutsam. Gemäß den bereits erwähnten sozialen und individuellen Präferenzen der Kunden im Sharing, ist eine Marktsegmentierung hinsichtlich der wahrgenommen sozialen Distanz zum Anbieter denkbar. Eine Einteilung des Marktes in Gruppen mit niedriger, mittlerer und hoher sozialer Distanz zum Anbieter erlaubt die Ableitung konkreter Zielformulierung, sowie in Schritt vier die adäquate Festlegung der Marketinginstrumente. So könnte für einen Carsharing-Anbieter die Steigerung der Kundenloyalität um 30 % im Segment der Kunden mit hoher sozialer Distanz innerhalb der nächsten zwölf Monate ein konkretes Ziel darstellen. Ebenso wäre es denkbar, Kunden anhand ihrer präferierten Sharing-Motive zu segmentieren. In Beitrag 4 wurde deutlich, dass die Kunden von Sharing-Anbietern im Mobilitätsbereich ökonomische, soziale und ökologische Motive verfolgen. Für einen Bikesharing-Anbieter könnte es sinnvoll sein, nach den drei genannten Motivlagen zu segmentieren und Zielformulierungen entsprechend der Segmente zu erstellen. So könnte z.B. die Steigerung des Nachfrageverhaltens um 15% im Segment der vorwiegend ökologisch orientierten Kunden ein Ziel sein, während beim gleichen Anbieter eine stärkere Steigerung des Nachfrage um 25% für ökonomisch orientierte Kunden im gleichen Zeitraum als Soll-Zustand definiert wird. Ein größerer Anstieg im ökonomisch orientierten Kundensegment könnte deswegen sinnvoll sein, weil u.a. im Beitrag 4 gezeigt werden konnte, dass die ökonomischen Motive den stärksten Einfluss auf die Loyalität des Kunden zeigen und damit schlussfolgernd eine stärkere Beeinflussung des Nachfrageverhaltens möglich erscheint.

Die (3) **zielorientierte Ableitung der Marketingstrategie** markiert den dritten Schritt innerhalb der strategischen Marketingplanung. Sie zeigt auf, welche grundlegenden Stoßrichtungen bei der Marktwahl und –bearbeitung zu beachten sind, um die zuvor definierten Marketingziele erreichen zu können. Die Umsetzung der Marketingziele und –strategien erfolgt auf Unternehmensebene durch koordinierte Aktivitäten zwischen den einzelnen Geschäftsbereichen. Die Bildung sog. **strategischer Geschäftsfelder** (**SGF**) als Bezugsebene für die Umsetzung von Marketingstrategien stellt demnach einen Schlüsselfaktor dar. Sie kann verstanden werden als ein „Aufbrechen des Gesamtmarkts in intern homogene Segmente, die sich in ihren abnehmerbezogenen Anforderungen und anderen erfolgsrelevanten

Charakteristika deutlich voneinander unterscheiden" (Meffert, Burmann & Kirchgeorg, 2012, S. 266).[82]

Durch die strategische Betrachtung der Geschäftsfelder können Synergien und/oder Interdependenzen aufgedeckt werden, die wiederum Antwort darauf geben, in welchen Bereichen der Einsatz einer bestimmten Strategie wie bspw. einer Wachstumsstrategie erfolgversprechend wirken kann. Eine **Wachstumsstrategie** wäre dann als sinnvoll zu erachten, wenn im Rahmen der Situationsanalyse festgestellt wurde, dass die in der vergangenen Periode avisierten Ziele mit der bisherigen Unternehmensstrategie nicht erreicht werden konnten. Dann gilt es, nach grundlegenden Handlungsalternativen zu suchen, die wiederum eine neue strategische Stoßrichtung in den verschiedenen Geschäftsfeldern bedeuten.

Zur Strukturierung der Suche neuer Wachstumsquellen bietet sich die Betrachtung einzelner Produkt-Markt-Kombinationen an, wie es bspw. in der **Z-Strategie** nach Ansoff (1966) getan wird. Hier werden sowohl Märkte, als auch Produkte in die Kategorien von „Gegenwärtig" und „Neu" eingeteilt. Unterschiedliche Kombinationen dieser Einteilungen geben Hinweis auf vier alternative strategische Stoßrichtungen. Abbildung 18 visualisiert die vier unterschiedlichen Marktfeldstrategien am Beispiel eines Carsharing-Anbieters. Die Strategie der **Marktdurchdringung** (auch Intensivierungsstrategie genannt) ergibt sich aus der Ausschöpfung des Marktpotentials bestehender Produkte in vorhandenen Märkten (Meffert, Burmann & Kirchgeorg, 2012). In diesem Fall bedient der Carsharing-Anbieter bereits die Segmente der ökonomisch und sozial Motivierten aus Beitrag 4 im deutschen Markt mit dem Produkt Auto. Die Marktdurchdringungsstrategie umfasst eine Intensivierung der bereits bestehenden Marketingmaßnahmen – Der Carsharing-Anbieter könnte versuchen die Produktverwendung bestehender Kunden zu erhöhen, in dem z.B. das zulässige Fahrgebiet der Autoflotte ausgeweitet wird, um damit höhere Flächeneinsatzmöglichkeiten für Kunden zu schaffen. Eine andere Möglichkeit bestünde in der Generierung neuer Kunden im Segment der ökonomisch Motivierten durch eine direkte oder indirekte Preisreduktion.

82 Nach dieser Definition liegen die Prozesse der Marktsegmentierung und zur Bildung einer SGF inhaltlich eng beieinander. Nach Meffert, Burmann & Kirchgeorg (2012) besteht jedoch der Unterschied beider Aufgaben im Aggregationsniveau. Während bei der Bildung der SGF auf grobe Kriterien zurückgegriffen wird, wird die zeitlich nachgelagerte Marktsegmentierung zur feineren Ausdifferenzierung unterschiedlicher Abnehmergruppen genutzt.

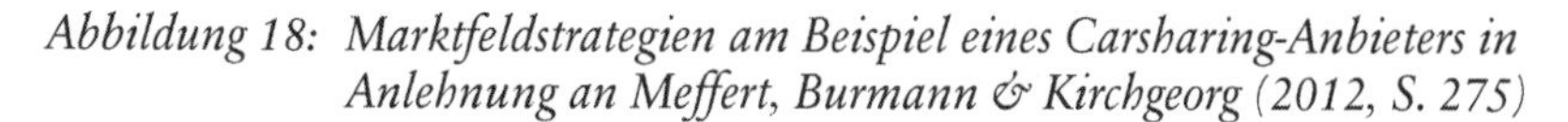

Abbildung 18: Marktfeldstrategien am Beispiel eines Carsharing-Anbieters in Anlehnung an Meffert, Burmann & Kirchgeorg (2012, S. 275)

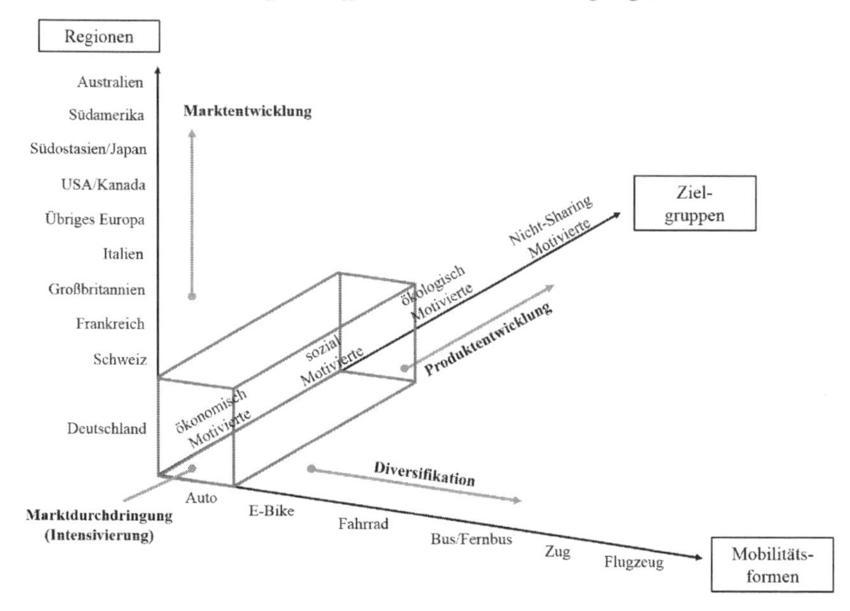

Bei der strategischen **Produktentwicklung** werden die Bedürfnisse der Kunden in bestehenden Märkten durch die Einführung neuer Produkte abgedeckt. Das neue Produkt kann dabei eine Marktneuheit im Sinne einer echten Innovation oder eine Entwicklung zusätzlicher Produktvarianten darstellen. Im Hinblick auf Letzteres könnte der Carsharing-Anbieter in seiner Flotte bspw. Elektroautos anbieten, um damit den spezifischen Wünschen der ökologisch motivierten Carsharing-Nutzer gerecht zu werden.

Versucht ein Unternehmen für gegenwärtige Produkte neue Märkte zu finden, so stellt dies eine strategische **Marktentwicklung** dar. Ein solches Vorgehen kann vorteilhaft sein, wenn sich die Stärke des Unternehmens im Schwerpunkt auf ein spezifisches Produkt, als auf einen spezifischen Markt bezieht. Ist der Carsharing-Anbieter z.B. ein hundertprozentiges Tochterunternehmen eines Autoherstellers (wie im Beispiel von DriveNow der Fall), liegt die Kernkompetenz des Gesamtunternehmens in der Herstellung von Autos. Der Carsharing-Anbieter würde in diesem Fall Wachstum durch die Erschließung neuer geografischer Regionen generieren (siehe Abbildung 18). Handelt es sich bei dem Carsharing-Anbieter hingegen um einen

Dienstleister, dessen Flotte verschiedene Automarken umfasst, wäre eine Produktentwicklung zu bevorzugen, da die Kernkompetenz des Anbieters nicht im spezifischen Produkt, sondern in der Bedürfnisbefriedigung spezifischer Kundenkreise liegt.

Abschließend ist die **Diversifikationsstrategie** zu nennen, welches die Einführung eines neuen Produktes bei gleichzeitiger Erschließung neuer Märkte beschreibt. Von allen genannten Strategien ist diese die risikoreichste, wenngleich das Risikoausmaß durch die Ausdifferenzierung von Diversifikationsstrategien in horizontal, vertikal und lateral unterschiedlich bewertet werden kann.[83] Am Beispiel des Carsharing-Anbieters kann das bestehende Produktprogramm durch die Aufnahme von E-Bikes erweitert werden. E-Bikes stellen eine andersartige Technologie als Autos dar, stehen durch den Fortbewegungscharakter aber in sachlichem Zusammenhang, weshalb von einer horizontalen Diversifikation gesprochen werden kann.

Steht für ein Unternehmen die Marketingstrategie fest, erfolgt im Anschluss die (4) **Festlegung des adäquaten Marketing-Mix** und damit die operative Marketingplanung. Traditionell werden im Marketing hierfür die sog. vier „P's"[84] eingesetzt um in deren Rahmen Marketinginstrumente festzulegen, die zur Erreichung der in Schritt 2 definierten Marketingziele dienen.

Der **Produkt- und Programmpolitik** kommt eine besondere Stellung innerhalb der 4 P's zu, da sie in ihrer Eigenschaft der grundlegenden Gestaltung des Absatz-programms für den Erfolg des Unternehmens von elementarer Bedeutung ist (Meffert, Burmann & Kirchgeorg, 2012). Als Grundvoraussetzung zur erfolgreichen Implementierung von Sharing-Konzepten am

83 Die horizontale Diversifikationsstrategie ist durch die Erweiterung des bestehenden Produktprogramms um neue Produkte gekennzeichnet, die jedoch noch mit den ursprünglichen Produkten in einem sachlichen Zusammenhang stehen. Die vertikale Diversifikationsstrategie entspricht einer Vergrößerung der Programmtiefe in Richtung Absatz (sog. Vorwärtsintegration) oder in Richtung Herkunft der Produkte (sog. Rückwärtsintegration). Die laterale Diversifikation umfasst den Vorstoß in völlig neue Produkt-Markt-Kombinationen. Das Unternehmen verlässt seine traditionelle Branche und investiert in Geschäftsfelder, die keinen sachlichen Zusammenhang mehr zum Kerngeschäft aufweisen (Homburg, 2016; Meffert, Burmann & Kirchgeorg, 2012).

84 Teilweise wird in der Marketingdisziplin über eine Erweiterung der 4 P's diskutiert wenngleich der klassische Ansatz weiterhin vorherrscht (Meffert, Burmann & Kirchgeorg, 2012) – z.B. definiert Kotler (1986a) 6 P's (inkl. „Public Relations" und „Politics"), Brookes (1988) spricht hingegen von 5 P's (inkl. „Customer Service") und Wind (1986) definiert sogar 11 P's. Im Bereich Dienstleistungsmarketing wird wiederum von 7 P's ausgegangen, da durch den Dienstleistungscharakter des Angebots noch „People", „Process" und „Physical Facilities" beachtet werden sollten (Booms & Bitner, 1981).

Markt kann eine angemessene **Produkt- bzw. Dienstleistungsqualität** dienen. Möchte man Kunden für ein neues Sharing-Konzept gewinnen, werden sich dieser die Frage stellen, ob Sharing eine wirkliche Alternative zum klassischen Kauf des Produktes darstellt. Die Substitution der Kaufoption durch eine Sharingvariante erscheint v.a. für Neukunden nur dann greifbar, wenn das angebotene Produkt bzw. die Dienstleistung nicht als unmittelbar minderwertiger beurteilt wird.[85] Daher erscheint es sinnvoll, dass Sharing-Anbieter darauf achten, dass die Produktqualität der Qualität einer klassischen Kauf- und/oder Dienstleistungsoption tendenziell äquivalent ist. Ein Kunde, der bspw. eine Wohnung über Airbnb bucht, möchte diese in einem genauso sauberen Zustand, als wenn er ein Hotelzimmer über einen klassischen Anbieter bucht. Dies dürfte eine Grundbedingung sein, um bspw. Freude am Sharing (Beitrag 2 und 3) beim Kunden zu initiieren.

Gleiches dürfte auch im nicht-kommerziellen Bereich von Foodsharing gelten: Möchte z.B. Foodsharing e.V. neue Kunden für ihr Konzept gewinnen, so ist es zentral, dass Lebensmittel, die zum Teilen angeboten werden, nicht von schlechter Qualität sind. Im Rahmen der Erhebung in Beitrag 3 wurde von den Befragten mehrmals betont, dass die „Fairteiler"-Kühlschränke, welche als Distributionsstätte der Lebensmittel dienen, oft abgelaufene oder verschimmelte Lebensmittel beherbergen, was für Nutzer als problematisch und nachteilig in Bezug auf die Intention wieder an einem solchen Konzept teilzunehmen, gesehen wurde.[86]

Neben dem Aspekt der Produktqualität sollten Sharing-Anbieter Konzepte der **Kundenintegration** fördern. Kundenintegration meint die gezielte Einbeziehung des Kunden in den Wertschöpfungsprozess, wodurch Loyalität zum Anbieter geschaffen werden kann (Auh et al., 2007; Eisingerich & Bell, 2006; Meik, 2016). Für Sharing-Anbieter im B2C-Bereich kann eine Integration des Kunden einen Abbau der wahrgenommen sozialen Distanz befördern, was wiederum positiv auf das Nachfrageverhalten wirken kann. So ist es bspw. beim Carsharing-Anbieter DriveNow für den Kunden möglich, das geliehene Auto mit Hilfe einer im Wagen hinterlegten Tankkarte selbst zu betanken. Dieser **Self-Service** des Kunden könnte eine Verbindung zum

85 Hier sei darauf verwiesen, dass bei einem disruptiven Sharing-Angebot durchaus im Vergleich zu etablierten Anbietern eine geringfügig schlechtere Qualität angeboten werden kann (siehe Kapitel 5.5.4.1). Dennoch erscheint es für eine gelungene Disruption wichtig, dass die angebotene Qualität ein vom Kunden wahrgenommenes Mindestmaß erfüllt, da die Kunden am Low-End-Markt das Produkt sonst nicht nachfragen würden.

86 Bei den hier wiedergegebenen Aussagen handelt es sich um offene Antwortangaben aus der empirischen Erhebung für Beitrag 3. Die Fragestellung lautete wie folgt: „Kennen Sie Gründe, die gegen die Teilnahme an Food-Sharing sprechen?".

Produkt und zum Anbieter schaffen.[87] In Verbindung mit einer preispolitischen Maßnahme erhält der Kunde als Dankeschön 20 Minuten Freifahrt, wodurch dem Bedürfnis ökonomisch motivierter Kunden entgegen gekommen wird.

Eine weitere Möglichkeit zur Ausgestaltung der Produkt- und Programmpolitik gilt für Anbieter, deren Kernkompetenzen in der Produktentwicklung liegen. Solche Anbieter können ihr Sharing-Angebot nutzen, um Kunden einfachen Zugang zu **Produktneuheiten** zu ermöglichen. So bietet DriveNow seit Ende 2017 in einigen Großstädten Zugang zum BMW i3, der vielen Kunden die Möglichkeit bietet, erstmalig mit Elektromobilität in Kontakt zu kommen. Dieser exklusive Zugang schafft eine Verbindung zum Unternehmen, die potenziell soziale Distanzen verringern kann.

Ebenso ist der **Einsatz von Zusatzleistungen** sinnvoll, wenn es sich beim Sharing-Produkt um ein High-Involvement Produkt handelt. Bei High-Involvement-Produkten ist das innere Engagement bzgl. des Produktes beim Kunden besonders hoch, demnach kann auch die Risikowahrnehmung über die Nutzung eines Produktes steigen. Wer ein Auto nutzt, dass er nicht kennt oder in der Wohnung eines Fremden übernachtet, hegt vielleicht die Befürchtung, bei inkorrekter Nutzung potentiellen Schaden anzurichten. Dies kann ein Grund sein, warum die Bereitschaft, ein Gut anzubieten, bei High-Involvement-Produkten im Vergleich zu Low-Involvement-Produkten sinkt (Beitrag 1). Hier könnte der Einsatz von Zusatzleistungen in Form einer garantierten Schadensübernahme in Kombination mit einer transparenten Kommunikation ebendieser die Risikowahrnehmung der Sharing-Geber verringern. So arbeitet z.B. Airbnb mit eine Haftungsgarantie und sichert Vermietern auf ihrer Plattform einen sofortigen Schadensersatz in Höhe von 800.000 US-Dollar zu (Kyriasoglou, 2016). Zudem wurde für Schadens- und Beschwerdefälle eine 24-Stunden-Hotline für Mieter und Vermieter eingerichtet. Der Konkurrent Wimdu dient hingegen als Negativbeispiel. Ihm wird Irreführung mit seine Haftungspraktik vorgeworfen, da bei der angebotenen, subsidiären Haftpflichtversicherung unklar ist, wofür die Versicherung letztlich genau haftet. So wurden Schäden einiger Vermieter in der Vergangenheit nicht bezahlt (Die Zeit, 2016; Kyriasoglou, 2016). Zudem sind zahlreiche Gegenstände (bspw. Kommunikationstechnologien betreffend) vom Versicherungsschutz explizit ausgenommen. Für einen sol-

87 Siehe zum Zusammenhang von Self-Services und Kundenloyalität Selnes & Hansen (2001).

chen Fall besteht die Gefahr eines potentiellen Imageverlustes, der sich negativ auf das Nachfrageverhalten bei diesem Anbieter auswirken könnte.[88]

Ein weiterer Ansatz der Produkt- und Programmpolitik liegt in der Fokussierung auf Attribute der Sharing-Leistung, die ausschließlich mit der **veränderten Wertschöpfungskette** einhergehen (Beitrag 5). So ist u.a. beim Couchsurfing das Interagieren mit einem lokalen Host mit dem besonderen Attribut verknüpft, die fremde Umgebung nicht als Tourist, sondern vielmehr „durch die Augen" eines Einheimischen zu erkunden. Dieses Attribut kann die B2C-basierte Hotelindustrie nicht bieten, daher liefert die Wertschöpfungskette Ansatzpunkte zu effektiven Aufdeckung von Alleinstellungsmerkmalen, die wiederum einen Wettbewerbsvorteil gegenüber klassischen Anbietern darstellen. Ein unverwechselbares Nutzenangebot auf Basis der veränderten Wertschöpfung kann demnach in der Wahrnehmungswelt der Nachfrager als USP („Unique Selling Proposition") bzw. mit Fokus auf die Wettbewerbssituation zur Schaffung eines KKV („komparativer Konkurrenzvorteil") eines Sharing-Anbieters verstanden werden.[89]

Neben rein produktpolitischen Maßnahmen, können ferner Maßnahmen im Zusammenhang mit der **Preispolitik** eines Unternehmens ergriffen werden. Eine **Produkt- und Preisbündelung** kann bspw. dafür genutzt werden, die Kunden der Kernleistung eines Unternehmens gleichermaßen für die Zusatzleistung eines Sharing-Angebots zu werben. So bekommen z.B. Kunden der Deutschen Bahn mit der Bahncard 25 Rabatte auf alle Tarife des DB Bikesharing-Angebots „Call-a-Bike". Eine solche Vergünstigung spricht v.a. ökonomisch motivierte Kunden an (Beitrag 4). Durch die erweiterte Inanspruchnahme von Leistungen können aus Anbietersicht Cross-Buying-Potentiale ausgeschöpft werden, wodurch sich Kundenloyalität und fortfolgend ökonomische Zielgrößen steigern lassen.

Zur Verringerung der wahrgenommenen sozialen Distanz zu einem Anbieter kann zudem das Konzept des **„Relationship Pricing"** angewendet werden (Bruhn, 2016; Kerner, 2013). Dieser kundenbeziehungsorientierte Ansatz umfasst die anbieterseitige Würdigung bestehender Kundenbeziehungen durch Belohnung dieser z.B. in Form von Preisnachlässen, gewährten Belohnungen oder all-inclusive Strategien. Das Besondere dieses Ansatzes ist, dass die Dynamik der Kundenbeziehung im Fokus zur Vergabe von Belohnungen steht. Zeigt sich ein Kunde bspw. besonders aktiv in seinem

88 Siehe zum Einfluss von kritischen Zwischenfällen (sog. „critical incidents") auf die Kundenbeziehung im Allgemeinen Edvardsson & Strandvik (2000) sowie auf den Aspekt der Kundenevaluation angebotener Services im Speziellen Tontini et al. (2017).

89 Siehe für Gemeinsamkeiten und Unterschiede der theoretischen Konzepte von USP und KKV Backhaus (2006).

bisherigen Kauf- und Nutzungsverhalten, kann dies bei der kundenindividuellen Preisgestaltung berücksichtigt werden (Bruhn, 2016) . Denkbar wäre die Einführung eines Bonusprogramms, dass Kunden für jede geleistete Transaktion (z.B. das Vermieten bzw. Mieten einer Wohnung auf Airbnb) Punkte auf einem Konto gutschreibt. Bei Erreichen einer bestimmten Punktezahl können diese für eine Belohnung eingesetzt werden (z.B. in Form einer kostenlosen nächsten Buchung oder eines Freiflugs zum nächsten Airbnb-Urlaubsort, sofern Partnerschaften zu einem Fluganbieter bestehen). Diese Form der anbieterseitigen Würdigung könnte zu einer geringen wahrgenommenen Distanz zum Anbieter, sowie zur Ausbildung von Kundenloyalität gegenüber dem Unternehmen führen.

Darüber hinaus können Instrumente der **Distributionspolitik** genutzt werden, um das Nachfrageverhalten hinsichtlich der Nutzung von Sharing-Konzepten zu fördern. Dies gilt v.a. für Sharing-Angebote im Dienstleistungsbereich, wie dies z.B. für Mobility-Sharing der Fall ist. Da solche Angebote nicht physisch handelbar sind, sondern eine Leistungserstellung von Ort erfordern, sind Entscheidungen bzgl. des Standorts von besonderer Bedeutung. Hier können Anbieter ein positives Kundenerlebnis hervorrufen, wenn das spontan benötigte Auto, E-Bike oder Fahrrad in unmittelbarer Nähe vorzufinden ist. Demnach kann die **Distributionsdichte**, ausgedrückt in der Größe der Flotte, sowie deren strategische Verteilung ein entscheidender Faktor sein, um den Kunden Freude am Sharing zu vermitteln (Beitrag 2 und 3). Zudem ist die Größe des erlaubten Fahrgebiets als Faktor des **Distributionsgrads** zu berücksichtigen. Grundsätzlich dürfte hier gelten, dass das Kundenerlebnis umso freudiger bewertet wird, je weiter sich die Kunden mit dem geliehenen Vehikel im urbanen Raum bewegen können und damit einhergehend die Möglichkeit bekommen, das Auto, E-Bike oder Fahrrad in entlegeneren Gebieten abzustellen.

Eine Besonderheit gilt für C2C-Sharing, wo aus Kundensicht sowohl Sharing-Geber, als auch der Plattformintermediär zum Kundenerlebnis beitragen. Aus Sicht des Unternehmens bedeutet dies, dass der Sharing-Geber als **Absatzmittler** vor Ort fungiert, der Funktionen wie die Kommunikation mit dem Kunden (z.B. der Zeitpunkt einer Schlüsselübergabe) und ggf. das Beschwerdemanagement vor Ort übernimmt (z.B. bei Lärmbelästigung der Nachbarn). Hier sollte von Unternehmensseite darauf geachtet werden, dass die Absatzmittler entsprechend kundenorientiert agieren, um wiederum den Aspekt der wahrgenommenen Freude zu stärken.

Zuletzt kann ein Unternehmen Instrumente der **Kommunikationspolitik** ergreifen, um Nachfrageverhalten zu fördern. Um erneut den Aspekt der Emotion aufzugreifen, könnte den Kunden durch **emotionale und/oder erlebnisorientierte Werbung** die Freude am Sharing vermittelt werden, wodurch v.a. Neukunden einen positiven Anreiz zum Sharing verspüren. Ist Freude Teil des Markenkerns, wie dies z.B. bei BMW mit dem Slogan „Freude am Fahren" der Fall ist, können durch kombinierte Darstellung von Marke und Sharing-Angebot (in diesem Fall DriveNow) **Irradiationsseffekte**[90] genutzt werden.

Unter besonderer Berücksichtigung der nicht-kommerziellen Aktivitäten von NPO's erscheint es aufgrund der Erkenntnisse aus Beitrag 3 sinnvoll, die wahrgenommene moralische Verpflichtung von Seiten der Kunden über Werbemaßnahmen zu kommunizieren. Der bereits erwähnte Slogan „Rette mit!" von Foodsharing e.V. gilt hier als Beispiel, wie durch Werbebotschaften zu moralischen Verhalten aufgerufen werden kann. Grundsätzlich können nicht nur NPO's, sondern gleichermaßen kommerzielle Unternehmen den Aspekt der Moral in ihrer Produktwerbung aufgreifen. So wirbt z.B. die Krombacher Brauerei seit einigen Jahren damit, sich durch den Verkauf ihrer Produkte für den Erhalt des Regenwaldes einzusetzen.[91] Solche Kampagnen, die bspw. ökologische Verantwortung kommunizieren, sind grundsätzlich auch für Sharing-Anbieter denkbar. Ein Unternehmen wie Airbnb könnte z.B. für jede vermittelte Wohnung einen Kleinstbetrag an dortige Wohnungsbaugenossenschaften spenden, um gegen die seit Jahren

90 Unter Irradiation versteht man ein subjektives Wahrnehmungsvermögen, bei welchem „das Ausstrahlen und Hineinwirken von einem Bereich (der Wahrnehmung) auf einen anderen" (zitiert nach Kroeber-Riel & Gröppel-Klein (2013, S. 402), im Original von Pelzer (1980, S. 232)) stattfindet. Im Marketing sind Irradiationseffekte u.a. im Rahmen von Produktbeurteilungen bekannt. Z.B. schließt ein Konsument vom Geruch eines Reinigungsmittels auf dessen Reinigungskraft (Kroeber-Riel & Gröppel-Klein, 2013).

91 Eine solche Kooperation zwischen einem Unternehmen und einer NPO (im Falle der Krombacher Brauerei handelt es sich um die Stiftung WWF) sind unter der Bezeichnung des Cause-related Marketing (CrM) bekannt (Varadarajan & Menon, 1988). Innerhalb dieses Konzepts wird die spezifische Markenidentität durch eine ethische Dimension angereichert, was vor dem Hintergrund immer homogenerer Produktangebote und gesättigter Märkte einen Wettbewerbsvorteil bedeuten kann (Meffert & Holzberg, 2009). Dem Kunden wird dadurch nicht nur der direkte Produktnutzen (Bier trinken), sondern auch ein zusätzlicher, immaterieller Nutzen (Engagement für den Regenwald) vermittelt. Wie in Kapitel 6.1 angesprochen ist Sharing als Austauschform zu verstehen, die sowohl von Aspekten der ökonomischen Nutzenorientierung, als auch der Gemeinwohlorientierung bestimmt wird und damit aus Kundenperspektive ein ähnliches Wahrnehmungsmuster bedient (persönlichen Nutzen generieren und gleichzeitig etwas Gutes vollbringen, indem z.B. Ressourcen geschont werden) wie CrM-Marketingmaßnahmen. Vor diesem Hintergrund könnte die These aufgestellt werden, dass CrM-Marketing ihm Rahmen von Sharing-Geschäftsmodellen ein hohes Potential aufweist, Nachfrageverhalten zu steigern, da in der Kundenwahrnehmung eine Intensivierung der ethischen Dimension stattfinden könnte.

anhaltende Kritik anzugehen, durch die eigene Geschäftspraxis regionale Mieten in die Höhe zu treiben und damit zur Gentrifizierung der Großstädte beizutragen (Brauns, 2016).

Ein weiterführender Ansatz der Kommunikationspolitik ergibt sich unter Betrachtung von Möglichkeiten zur Kundenbindung. So kann Stammkunden die Möglichkeiten für aktives Empfehlungsmarketing an die Hand gegeben werden, bspw. in Form von **Kunden-werben-Kunden-Kampagnen** (Nießing, 2007; Southwell & Yzer, 2007). Die dadurch initiierte positive Mundpropaganda verringert potentiell die wahrgenommene Distanz des Anbieters aus Neukundensicht und gibt Unternehmen eine besonders hohe Glaubwürdigkeit.[92] Die direkte Interaktion hätte zudem den Vorteil, die sozialen Bedürfnisse der Kunden zu bedienen. Einige Sharing-Anbieter wie Airbnb, DriveNow oder emmy bieten Kunden bereits diese Möglichkeit, meist in Verbindung mit preispolitischen Maßnahmen, wie der Bereitstellung von Freiminuten oder monetärem Guthaben bei erfolgreicher Werbung des Neukunden.

Ein weiteres Instrument, welches soziale Distanzen verringern und Glaubwürdigkeit schaffen könnte, ist der Aufbau von **Kommunikationsforen**[93], welche bspw. in Form von „Sharingclubs" denkbar wären. Solche Clubs können in ihrer Funktionsweise analog zu sog. „Brand Communities" verstanden werden, wo Kunden überregional in Beziehung zu anderen Kunden treten, deren gemeinsames Fundament die Begeisterung für eine bestimmte Marke ist (McAlexander, Schouten & Koenig, 2002; Muniz & O'Guinn, 2001). In Apartment-Sharingclubs könnten sich Kunden bspw. passend zur gemieteten Wohnung über Reisetipps in der Umgebung austauschen. In Carsharing-Clubs könnten Erfahrungen mit neu eingeführten Produkten wie dem bereits erwähnten BWM i3 diskutiert werden. Dies fördert neben einer verringerten sozialen Distanz den Aspekt der sozialen Interaktion (Beitrag 4) und schafft damit potentiell Loyalität zum Anbieter.

Auch die Verwendung von zielgruppenspezifischen **Testimonials und/ oder Influencern**[94] hat das Potential soziale Distanzen zum Unternehmen und/oder der Plattform zu verringern. Bei Testimonials wird die Identifikati-

92 Siehe weiterführend zum Einfluss von interpersonellen Distanzen auf Word-of-mouth-Verhalten Dubois, Bonezzi & De Angelis (2016).

93 Siehe weiterführend zur kundenseitigen Nutzungsmöglichkeit von Kommunikationsforen für die Generierung von Produktinformationen Bickart & Schindler (2001), sowie Foren als Marketinginstrument zur Generierung von Kundenempfehlungen Helm (2013).

94 Siehe weiterführend zur Glaubwürdigkeit von Influencer-Marketing Xiao, Wang & Chan-Olmsted (2018) und zur Effektivität von Testimonials im Vergleich zu informativen Textbotschaften Braverman (2008).

on der Zielgruppen mit der werbenden Person als besonders hoch erachtet, was wiederum die Nachahmung von Verhaltensweisen dieser Person begünstigt und somit Nachfrageverhalten steigern kann (Meffert, Burmann & Kirchgeorg, 2012).

Zuletzt wird im strategischen Marketingmanagement (5) **das Marketing-Controlling** zur Erfassung der Erfolgswirkung der eingesetzten Instrumente und zur Initiierung eines Rückkopplungsprozesses genutzt. Das Marketingcontrolling umfasst die Identifikation und Bereitstellung sämtlicher Informationen, welche Auskunft über die Effektivität und Effizienz einer marktorientierten Unternehmensführung geben können (Meffert, Burmann & Kirchgeorg, 2012).

Wie in Schritt 2 betont wurde, steht die Betrachtung vorökonomischer Größen im Erkenntnisfokus dieser Arbeit. Um diesem Ansatz im Marketing-Controlling gerecht zu werden, erscheint die operative Einbettung vorliegender Erkenntnisse im Rahmen einer **Balanced Score Card** zielführend. Im Vergleich zu einem rein finanzwirtschaftlich orientierten Kennzahlensystem wie bspw. dem DuPont-System, erlaubt die Balanced Score Card die Einbindung der Kundenperspektive, ausgedrückt durch Größen, wie Kundenzufriedenheit oder –bindung (Meffert, Burmann & Kirchgeorg, 2012). Hier können auf Basis spezifischer Kunden- und Marktsegmente Kennzahlen entwickelt werden, die bspw. die wahrgenommene soziale Distanz der Kunden zum Anbieter einbeziehen. Ein kontinuierliches Measurement der wahrgenommenen Distanzen könnte Aufschluss darüber geben, ob sich durch die eingesetzten Marketinginstrumente die Wahrnehmung der Distanz verringert hat und das Nachfrageverhalten dementsprechend gestiegen ist. Diese Betrachtung könnte ausdifferenziert nach Marksegmenten stattfinden, die wie bereits angesprochen verschiedene Motivlagen von ökonomisch, sozial und ökologisch berücksichtigen könnten. Es wäre z.B. denkbar, dass die Distanzwahrnehmung ökologisch motivierter Kunden eine andere Entwicklung zeigt, als solche sozial motivierter Kunden. Der Vorteil dieser Betrachtung liegt in der differenzierten Auskunft über die Effektivität der eingesetzten Instrumente, wodurch im anschließenden Rückkoppelungsprozess eine Feinsteuerung von Marketingaktivitäten realisierbar ist.

Als Grundvoraussetzung der Einbettung vorökonomischer Größen in die Balanced Score Card gilt jedoch, dass neben den klassischerweise zur Verfügung stehenden Daten wie Warenkörbe, Abverkaufszahlen etc. die **Erhebung psychologische Variablen** explizit mitgedacht wird.[95] Dies ist mit Blick auf die derzeit vorherrschend genutzten Datenquellen wie Scannerkas-

95 Die Integration psychologischer Variablen in die Balanced Score Card fußt in ihren Grundannahmen auf der Idee von Meffert, Burmann & Kirchgeorg (2012), den Beitrag ge-

sen, Kundenkarten oder Haushaltspaneln nicht selbstverständlich. Die vorliegende Arbeit hat nichtsdestotrotz die Bedeutsamkeit intervenierender Variablen für den Einfluss auf das Nachfrageverhalten deutlich herausgestellt. Demnach ist zu empfehlen, die kontextspezifischen Einflussgrößen auf Sharingverhalten in ein konstantes Measurement der Balanced Score Card zu integrieren.

Zudem gilt es darauf zu achten, dass neben der Erfassung vorökonomischer Größen eine Verbindung zu ökonomischen Kennzahlen, wie dem Unternehmenswert geschaffen werden kann (Lennartz, 2016; Rudolf-Sipötz, 2001). Ein Ansatz, wie diese Verbindung stärker herausgearbeitet werden könnte, liegt bspw. in der Einbindung sozialer Distanzen in die Berechnung von **Kundenwerten**. Der sog. „Customer Equity" misst den Wertbeitrag von Marketingaktivitäten mit Fokus auf den Kunden und seiner Beziehung zum Unternehmen und wird definiert als die „Kapitalwertsumme aller Kundenbeziehungen des Unternehmens" (Meffert, Burmann & Kirchgeorg, 2012, S. 829). Zur Bestimmung der Customer Equity-Kennzahl können unterschiedliche Modelle herangezogen werden, die u.a. mit psychografischen Größen wie dem Meinungsführerpotential arbeiten und diese in einen ökonomischen Wert umrechnen (Meffert, Burmann & Kirchgeorg, 2012). Für Sharing-Anbieter könnte die Einbindung der wahrgenommen sozialen Distanz in die Berechnung des Customer Equity sinnvoll sein, um Informationen über die finanzielle Wertigkeit der einzelnen Nachfrager bzw. Nachfragesegmente zu erhalten. Damit würde dem Einfluss sozialer Distanzen ein monetärer Wert beigemessen werden, der andernfalls nicht direkt erfassbar wäre. Es könnte für Sharing-Anbieter von folgender Grundannahme ausgegangen werden: Nachfrager mit geringer wahrgenommener sozialer Distanz weisen eine höhere finanzielle Wertigkeit auf und damit einen höheren Kundenwert als der restliche Kundenstamm.

Insgesamt lässt sich festhalten, dass die Einbindung der vom Kunden wahrgenommenen sozialen Distanz, sowohl im Rahmen der Balanced Score Card als auch in der Berechnung von Kundenwerten für Sharing-Anbieter vielversprechend scheint. Um die Messung sozialer Distanzen für beide Vor-

---

sellschaftlicher und ökonomischer Größen für ein Marketingerfolgssystem mitzudenken. Die Autoren entwickeln auf der Grundlage von Kunden- und Markenwerten ein Konzept zur integrierten Messung von gesellschaftlichen und ökologischen Wertbeiträgen des Marketing-Mix. Dabei postulieren sie eine mögliche Verbindung des Modells mit dem Balanced Score Card-Ansatz zur Implementierung eines umfassenden Kennzahlensystems. Diese Ausweitung von Kennzahlen wäre, wie im Text beschrieben, auch durch die Einbindung qualitativer Konsumentenverhaltensaspekte in Form von psychologischen Variablen denkbar.

haben zu operationalisieren, könnte ein sog. **„Social Distance Score“** gebildet werden, dessen Berechnung ähnlich zum Net-Promoter-Scores (NPS) verläuft, welcher ursprünglich die Bereitschaft zur Weiterempfehlung der Kunden misst. Hierbei wird den Kunden analog zum NPS-Erhebung folgende Frage gestellt: „Wie nahe fühlen Sie sich dem Unternehmen auf eine Skala von 0 (sehr nah) bis 10 (sehr fern)?“

Die Befragten bekämen daraufhin die Möglichkeit auf einer Skala von 0 (niedrigste wahrgenommene soziale Distanz) bis 10 (höchste wahrgenommene soziale Distanz) anzugeben, wie nah bzw. fern sie sich dem Unternehmen fühlen. Für die Berechnung des Social-Distance-Score werden folgend die relativen Häufigkeiten derjenigen Kunden addiert, die 0, 1 oder 2 angeben. Diese werden sinngemäß als „low distance customer“ bezeichnet. Ebenfalls addiert werden die relativen Häufigkeiten solcher Befragten, die mit einer 5 oder schlechter geantwortet haben. Diese gelten als Gruppe der „high distance customers“. Analog zum NPS wird die mittlere Kundegruppe mit einem Distanzwert von 3 oder 4 nicht in die Berechnung aufgenommen. Es ergibt sich folgende Formel, die in Abbildung 19 visualisiert ist:

Abbildung 19: Berechnung des Social Distance Score

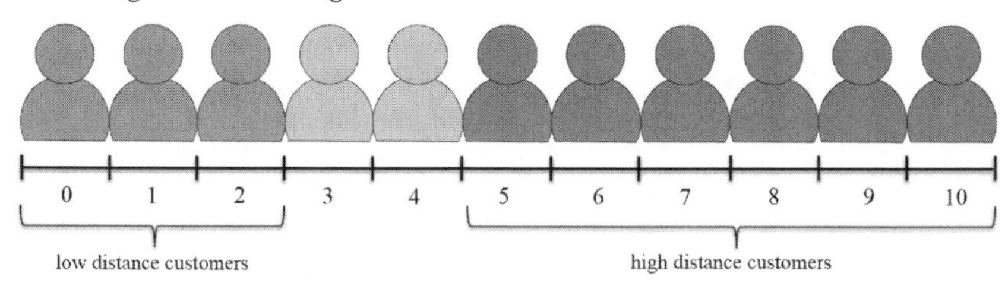

(Quelle: Eigene Darstellung)

Der Social-Distance-Score liegt folglich zwischen einem Wert von -100% und 100%. Je größer der Indexwert, desto näher fühlen sich die Kunden dem Unternehmen, was als positiv für den Sharing-Anbieter zu werten ist. Um den Social-Distance-Score im Rahmen der Balanced Score Card einzusetzen, wäre eine Anwendung für jedes Marktsegment denkbar. Auch eine Ausdifferenzierung des Scores nach High- oder Low-Involvement-Produkten für Plattformen, welche unterschiedliche Produkte zum Sharing anbieten, wäre prinzipiell möglich. Der Vorteil dieser Kennzahl liegt in der unkomplizierten Erhebung und vielseitigen Einsetzbarkeit im Rahmen des Marketing-Controllings.

Abbildung 20 zeigt zusammenfassend alle diskutierten Handlungsempfehlungen anhand der fünf Schritte des Marketingmanagements auf.

Abbildung 20: Implikationen für die Praxis bei der Umsetzung von Sharing-Konzepten im Marketingmanagement

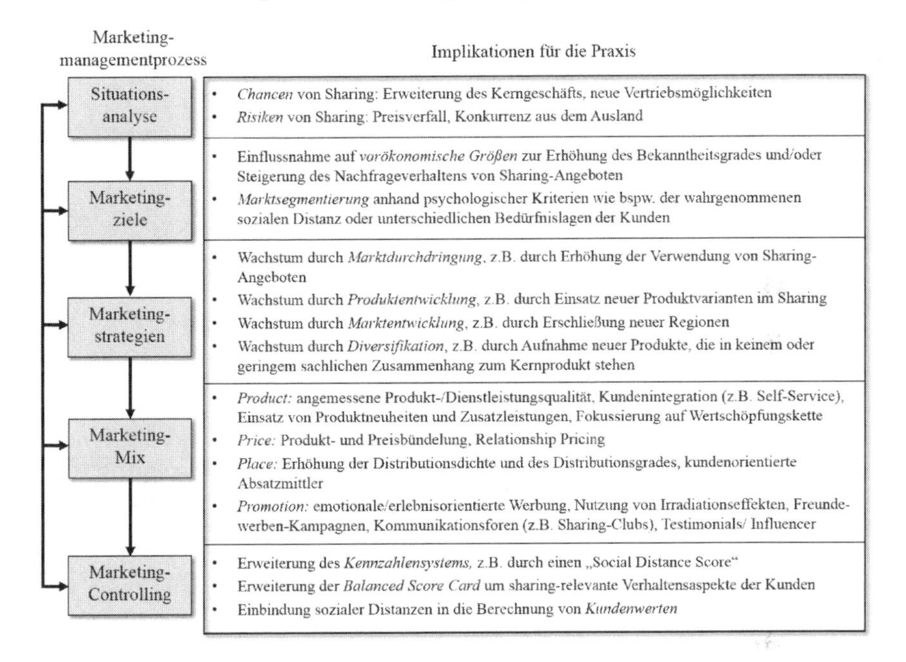

(Quelle: Eigene Darstellung in Anlehnung an Meffert, Burmann & Kirchgeorg (2012))

6.3 Kritische Würdigung und Ausblick auf weiteren Forschungsbedarf

Letztlich – und wie bei allen wissenschaftlichen Arbeiten – sind die gewonnen Erkenntnisse **Limitationen** unterworfen, die nachfolgend dargestellt werden. Zudem sollen anhand der aufgezeigten Grenzen weiterführende **Forschungspotentiale** aufgedeckt werden.

Zunächst ist in den Beiträgen ausschließlich die Intention zum Sharing als Proxy für das tatsächlich angenommene Verhalten verwendet worden. Trotz der Tatsache, dass frühere Studien – wie bereits in Kapitel 3.1 beschrieben – zeigen, dass die Intention in hohem Maße mit dem tatsächlich beobachteten Verhalten korrespondiert (Armitage & Conner, 2001a; Bagozzi, Baumgartner & Yi, 1989; Kautonen, Van Gelderen & Tornikoski, 2013; Kim & Hunter, 1993), so gilt diese Annahme als umstritten. Anderweitige Studien zeigen unter dem Begriff des **„Intention-Behavior-Gaps“**, dass eine einmal gefasste Intention nicht zwangsläufig zu tatsächlich, beobachtbarem Verhalten führt (Sheeran, 2002). Besonders deutlich ist dieser nicht vorhandene Zusammenhang im Bereich von nachhaltigem und/oder ethischem Konsum (Carrigan & Attalla, 2001; Carrington, Neville & Whitwell, 2010, 2014; Claudy, Peterson & O'Driscoll, 2013; Eckhardt, Belk & Devinney, 2010; Kumar, Manrai & Manrai, 2017; Zabkar & Hosta, 2013). Da Sharing – wie vorliegende Arbeit gezeigt hat – mit moralischem Handeln in Verbindung steht, ist es möglich, dass diese Form des Konsums unter bestimmten Umständen und situativen Kontexten ebenso von einem Intention-Behavior-Gap betroffen ist. Zukünftige Forschungsarbeiten sollten dies überprüfen, um weitere Informationen über das Potential von Sharing in Bezug auf die Förderung nachhaltigen Konsums zu generieren.

Wie zu Anfang dieses Kapitels erläutert, konnten innerhalb dieser Arbeit eine Vielzahl von Einflussfaktoren auf das Sharingverhalten nachweisen werden. Besonders im Rahmen der intervenierenden Variablen zeigt sich ein breites Bild verschieden gearteter Faktoren. Unklar bleibt allerdings, welche **Präferenzordnung** diese Faktoren aufweisen. Es ist z.B. davon auszugehen, dass mehrere Motive in einem Spannungsverhältnis stehen, das je nach situativen Kontext unterschiedlich ausgeprägt sein kann. So können bspw. zwischen ökologischen und ethischen Motiven Spannungen entstehen: Ein Teilnehmer der Befragung aus Beitrag 3 gab in einem offenen Antwortfeld an, dass er beim Foodsharing einen tiefen moralischen Konflikt bei der Abgabe von Alkohol an offensichtlich alkoholabhängige Personen spürt. Daher sollte die Forschung neben der Entdeckung weiterer Einflussfaktoren einen Schritt darüber hinausgehen, und ebenso prüfen, welche Präferenzordnung die Variablen in unterschiedlichen Kontexten aufweisen. In Beitrag

4 wurde dies durch den Vergleich von Sharing-Branchen versucht, dennoch sollte das Thema noch dezidierter untersucht werden.

Wie in Kapitel 2.2 erläutert, ist es analytisch sinnvoll, die Rolle des Sharing-Gebers und Sharing-Nehmers zu differenzieren, da davon auszugehen ist, dass sich die Entscheidung, als Geber im Sharingprozess aufzutreten, grundlegend von der Entscheidung, als Nehmer aufzutreten, unterscheidet. Die Aufsplittung der Teilnahmeintention in Geber- und Nehmerrolle wurde in den vorliegenden Beiträgen zum Teil realisiert: So wurde sich in Beitrag 1 auf die Situation des Sharing-Gebers fokussiert, während Beitrag 4 die Loyalität des Sharing-Nehmers untersuchte. In Beitrag 3 wurden hingegen beide Rollen in einem Modell betrachtet und es konnte gezeigt werden, dass Geber- und Nehmerperspektive eine unterschiedlich hohe Varianzaufklärung aufweisen. Dies lässt darauf schließen, dass auch andere Einflussfaktoren in ihrer Aussagekraft für das Sharingverhalten divergieren. Die **analytische Trennung in Geber- und Nehmerrolle** sollte demnach konsequenter verfolgt werden, um spezifisches Wissen über die Funktionsweise des Sharings zu erlangen. Eine Möglichkeit bestünde in der Entwicklung einer **Prozessperspektive**, welche die Gesamtheit aufeinander wirkender Vorgänge innerhalb eines Sharing-Vorgangs systematisch aufgreift. So könnte neben der Sharing-Geber und -Nehmerperspektive ebenso die Perspektive auf das Sharing-Objekt bzw. die -Dienstleistung, sowie die Perspektive auf den Plattformintermediär aufgegriffen werden. Weiterer Forschungsbedarf liegt daher in der Validierung des Zusammenwirkens von Einflussfaktoren mit dezidiertem Blick auf unterschiedliche Prozessphasen und Perspektiven. Erste anthropologische Studien wirken äußerst vielversprechend (Widlok, 2004; Widlok, 2013; Widlok, 2017), dennoch steht die empirische Forschung dazu weitestgehend am Anfang.

Schließlich hat Beitrag 1 gezeigt, dass Individuen bereit sind, mit fremden Personen auch auf hohen sozialen Distanzen zu teilen. Schreibt man diese Feststellung im globalen Kontext fort, dann stellt sich die Frage, welche **kulturellen Einflüsse** für eine Prognose auf das Sharingverhalten relevant sind. Der vorliegenden Arbeit ist es nicht möglich dies zu leisten, da es sich bei allen Stichproben um Teilnehmer aus dem deutschen Raum handelt und demnach um ein überwiegend kulturell homogenes Umfeld. Es liegt jedoch die Vermutung nahe, dass ein kulturell angelegter Vergleich bzgl. unterschiedlicher Einflussfaktoren auf das Sharing in besonderem Interesse einer hohen Varianzaufklärung wäre.[96] Solche kulturellen Vergleichsstudien wurden bisher v.a. im Bereich des immateriellen Sharing wie bspw.

96 Zur Messung der kulturellen Dimensionen von Konsumentenverhalten im Sharing kann z.B. auf den klassischen Ansatz der Kulturdimensionen nach Hofstede (Hofstede, 1983;

beim Teilen von Wissen (Huang, Davison & Gu, 2008; Michailova & Hutchings, 2006; Qiu, Lin & Leung, 2013) und in weitaus geringerem Maße für das Sharing von Gütern (Davidson, Habibi & Laroche, 2018) durchgeführt. Zukünftige Studien sollten den Aspekt der Kultur weiter aufgreifen, um auch diesbezüglichen Verschiedenheiten im Sharing gerecht zu werden.

Neben den kulturellen Einflüssen können weitere moderierende Einflüsse zur Erklärung von Sharing relevant sein. So werden in Beitrag 4 neben dem Hauptmodell zusätzliche **Moderatorvariablen** wie Einkommen und Alter eingefügt, um mehr Varianz in der Loyalität zu einem Sharing-Anbieter aufklären zu können. Der moderierende Einfluss von soziodemografischen Variablen kann dann von Interesse sein, wenn die praktische Ausgestaltung von Sharing-Angeboten im Vordergrund steht. So konnten frühere Studien schon im Ansatz zeigen, dass Frauen bspw. großzügiger agieren als Männer (Eckel & Grossman, 1998) und damit vermutlich zu einem stärker ausgeprägten Sharingverhalten neigen.[97] Dies könnte sich das Marketing zunutze machen, indem es z.B. im Rahmen der Kommunikationspolitik unterschiedliche Ansprachen für Männer und Frauen wählt. Andererseits ist der Effekt des Geschlechts im Sharing nicht in allen Studien durchgängig nachweisbar, sondern führt vielmehr zu differenzierten Ergebnissen (Bielefeldt, Poelzl & Herbst, 2016; Ert, Fleischer & Magen, 2016; Lee & Kim, 2018). Weitere Moderatoren könnten bspw. mit Blick auf die Persönlichkeitsstruktur der Sharing-Teilnehmer die sog. „Big Five“ der Persönlichkeitspsychologie sein (Barrick & Mount, 1991; O'Connor, 2002). Diesbezüglich lässt sich durch die Bedeutsamkeit der in Beitrag 4 benannten sozialen Motive vermuten, dass Individuen mit besonders hoher Ausprägung in den Konstrukten „Extraversion“ und „Verträglichkeit“ in besonderem Maße zum Sharing neigen. Umgekehrt können Menschen, die bspw. eine schwache Ausprägung im Faktor „Offenheit für Erfahrungen“ aufweisen, bei der klassischen Austauschform des Kaufes bleiben wollen. Insgesamt scheint für zukünftige Forschungsvorhaben die stärkere Einbindung der prädiktiven Kraft potentieller Moderatoren lohnenswert, um eine differenziertes Bild der mannigfaltigen Nutzergruppen der Sharing Economy zu zeichnen.

Hofstede & Bond, 1984) oder das von Schwartz (Sagiv & Schwartz, 2000; Schwartz & Sagiv, 1995) entwickelte Wertesystem zur Identifikation von Kulturunterschieden zurückgegriffen werden (siehe auch Kroeber-Riel & Gröppel-Klein (2013)).

97 Nichtsdestotrotz sei an dieser Stelle darauf hingewiesen, dass Studien bzgl. der Unterschiede zwischen Männern und Frauen im pro-sozialen und/oder großzügigem Verhalten zu unterschiedlichen Ergebnissen kommen und Frauen nicht immer als großzügiger beschrieben werden (Andreoni & Vesterlund, 2001; Cox & Deck, 2006; Croson & Gneezy, 2009).

Neue Herausforderungen ergeben sich zudem aus der dynamischen Veränderung der Rahmenbedingungen wie bpsw. der **fortschreitenden Digitalisierung**, wodurch neue Informations- und Kommunikationstechnologien in den Alltag der Konsumenten Einzug erhalten (Brynjolfsson & McAfee, 2014). Die vorliegenden Beiträge haben die Nutzung neuer Technologien nicht ins Blickfeld genommen, nichtsdestotrotz zeigen erste Studien, dass solche Aspekte einen Beitrag zur Aufklärung der Verhaltensvarianz leisten können (Lee et al., 2018). Die Herstellung sozialer Kontakte einander unbekannter Personen über eine Kommunikationstechnologie, sowie die Schaffung eines „virtuellen Marktplatzes" zum Austausch von Produkten und Dienstleistungen stellen Intermediationen dar, die ohne das technische Element nicht möglich wären. Durch die Ausgestaltung solcher Plattformen (über die Verwendung der Software, Matching-Algorithmen, Möglichkeiten der Kommunikation zwischen peers etc.) kann der Grad der Intermediation variieren, ebenso wie die Möglichkeiten zur sozialen Interaktion (Perren & Kozinets, 2018). Dies hat wiederum Auswirkungen auf das Induzieren von Vertrauen in die Plattform und die an der Transaktion beteiligten User. So können Plattformen durch einen hohen Grad an sozialer Interaktion zwischen den Konsumenten, Vertrauensprobleme ebendieser überwinden (Perren & Kozinets, 2018). Umgekehrt fällt es Plattformen mit einem geringen Grad an sozialer Interaktion und Intermediation ggf. schwerer, Vertrauen bei den Usern zu induzieren. Zukünftige Forschung könnte an diesem Punkt ansetzen und die **Interaktionseffekte** von Plattformcharakteristika und weiteren intervenierenden Variablen prüfen. So könnte z.B. untersucht werden, inwieweit sich der Grad der Intermediation auf die Wahrnehmung der sozialen Distanz des Gebers zum Nehmer auswirkt. Sollten hier starke Effekte bestehen, könnte ein Schlussfolgerung sein, dass die Beeinflussung des Nachfrageverhaltens im Sinne einer „Sharing Intensity by Design"[98] verstanden werden kann. Schlussfolgernd wäre die technische Gestaltung von

---

98 Diese Ausdruck wurde in Analogie zum Terminus „Privacy by design" entwickelt. Diese beschreibt die Möglichkeit datenschutzfreundlicher Voreinstellungen durch entsprechende Technikgestaltung und ist innerhalb der kürzlich in Kraft getretenen europäischen Datenschutzgrundverordnung (DSGVO) als fester Prinzip zum Schutz der Verbraucher verankert worden (Presseportal, 2018a). „Privacy by design" macht deutlich, dass Datenschutz am besten eingehalten werden kann, wenn dieser bei der technischen Verarbeitung bereits mitgedacht wird. Analog hierzu meint „Sharing Intensity by design", dass die Sharing-Intensität der Kunden durch eine entsprechende Plattformgestaltung beeinflusst werden kann. So könnte z.B. eine datenschutzfreundliche In-App-Bezahlfunktion zu einem Abbau sozialer Distanzen führen (weil bspw. Vertrauen in die Plattform aufgebaut wird), wodurch die Nutzungsintensität potentiell gesteigert werden könnte.

Plattformen als zentrales strategisches Element in das Marketingmanagement von Sharing-Anbietern zu integrieren.

Abschließend können vorliegende Erkenntnisse genutzt werden, um die Weiterentwicklung der theoretisch-konzeptionellen Ausrichtung der Marketingdisziplin sukzessiv voranzutreiben. Vor dem Hintergrund auftretender Spannungsfelder in der Mikro- und Makroumwelt von Kunden und Unternehmen, wird eine Weiterentwicklung des Marketings diskutiert, die sich weg vom klassischen entscheidungs- und planungsgerichteten Ansatz und hin zu einer „auf den ganzen Menschen ausgerichtete[n] neue[n] Dimension des Marketing“ bewegt (Meffert, Burmann & Kirchgeorg (2012, S. 905), zitiert nach Kotler, Kartajaya & Setiawan (2010)). Dieses sog. **„Marketing 3.0“** soll neben der ökonomischen Perspektive auf den Kunden ein wertorientiertes Marketing umfassen, welches den neuen Wünschen der Konsumenten nach Kooperation, Kultur und Spiritualität entspricht (Kotler, Kartajaya & Setiawan, 2010). Tabelle 14 zeigt die Bausteine für Marketing 3.0 auf und mit welchen Phänomen diese verbunden sind. Dahinter steht die Überlegung, dass Marketing nicht mehr ausschließlich über Zufriedenheit und den Aufbau der Kundenverbindung funktioniert (Marketing 2.0), sondern die Idee der Weltverbesserung neu hinzukommt (Meffert, Burmann & Kirchgeorg, 2012).

Das Ziel der Weltverbesserung lässt sich dann realisieren, wenn auf Unternehmensebene Werte konkretisiert werden können, die im Rahmen einer kooperativen, kulturellen und spirituellen Interaktion mit dem Kunden umgesetzt werden.

Tabelle 14: Die Bausteine für Marketing 3.0 (vereinfachte Darstellung nach Kotler, Kartajaya & Setiawan (2010))

Bausteine			**Warum?**
Was angeboten wird	Inhalt	Kooperatives Marketing	Zeitalter der Mitbestimmung
	Kontext	Kulturelles Marketing	Zeitalter des Globalisierungsparadox
Wie es angeboten wird		Spirituelles Marketing	Zeitalter der Kreativität

Vorliegende Arbeit hat im Ansatz zeigen können, dass Sharing mit allen drei Elementen in Verbindung gebracht werden kann. So kann Sharing durch seinen C2C-Charakter potenziell ein hohes Maß zwischenmenschlicher Kooperation und Mitbestimmung aufweisen (Beispiele hierfür wären Airbnb oder Foodsharing), wodurch Elemente eines kooperativen Marketings vorhanden sind. Ebenso hat Sharing durch Nutzung von Plattformen einen globalen Match-Making-Charakter, der Personen auf der ganzen Welt in direkte Interaktion treten lässt (wie bspw. bei Couchsurfing) und somit Elemente des kulturellen Marketings enthält. Zudem kann innerhalb von Sharing die Interaktion zwischen den beteiligten Personen selbstbestimmt gestaltet werden. Es ist demnach ein Kreativitätspotential vorhanden, welches zumindest die Ausgestaltung der letztlich angebotenen Dienstleistung betrifft. So können Sharing-Geber und -Nehmer im Rahmen einer Couchsurfing-Erfahrung selbst bestimmen, wie viel sie gemeinsam unternehmen wollen, welche Orte sie besuchen und welche Erfahrungen teilen möchten. Das implizite Versprechen von Couchsurfing „Live like a Local" kann demnach ein hohes Kreativitätspotential zugesprochen werden.

Schlussfolgend könnte für Unternehmen der Eintritt in ein wertbasiertes Marketing durch den Aufbau von Sharing-Geschäftsmodellen realisierbar sein. Sharing könnte insofern als ein Element eines noch zu definierenden „Werkezugkastens" an Maßnahmen zum Einsatz von Marketing 3.0 verstanden werden. Es bleibt vorerst jedoch empirisch zu überprüfen, inwieweit Sharing zu Ausgestaltung der drei genannten Elemente geeignet ist. Hierfür müsste der wahrnehmbare Grad an Kooperation, Kultur und Spiritualität für verschiedene Formen des Sharings untersucht werden. Auf Basis der Ausführungen von Belk (siehe Kapitel 2.2 bis 2.4) könnte die Hypothese aufgestellt werden, dass Formen des „Sharing-In" ein stärkeres Potential für Marketing 3.0 aufweisen als Formen des „Sharing-Out". Da Formen von Sharing-In oftmals nicht-kommerzieller Natur sind, würde durch die Geschäftstätigkeit kommerzieller Unternehmen ein Zielkonflikt entstehen. Schlussfolgernd könnten sich zukünftige Forschungsvorhaben mit der Frage befassen, welche Aspekte des Sharings auch in kommerziellen Geschäftstätigkeiten für ein wertbasiertes Marketing eingesetzt werden können.

7. Schlussbemerkung

Ökonomische Prozesse befinden sich in einer Welt des Umbruchs. Nicht zuletzt aufgrund technologischer und gesellschaftlicher Entwicklungen ist das Konsumentenverhalten einem stetigen Wandel unterworfen. Die effiziente Bewirtschaftung von Ressourcen zur Etablierung eines nachhaltigen Konsums stellt hierzu eine Idee dar. Vor diesem Hintergrund könnte Sharing eine zentrale Möglichkeit zur Gewinnung nachhaltiger Konsumalternativen sein. Angesichts dessen hat die Marketingdisziplin die Aufgabe, die Bedürfnisse der Kunden empirisch zu erfassen und – für eine erfolgreiche Unternehmensführung – die angebotene Leistung nach diesen Erkenntnissen auszurichten.

Die vorliegende Arbeit hat einen Beitrag zu Durchdringung des Phänomens Sharing geleistet, indem ausgewählte Einflussfaktoren auf das Sharingverhalten untersucht wurden. Es konnte u.a. gezeigt werden, dass die Bereitschaft zum Sharing mit zunehmender sozialer Distanz zum Austauschpartner abnimmt. Ferner wurde dargelegt, dass ökonomische Motive einen starken Einfluss auf die Loyalität gegenüber einem Sharing-Anbieter ausüben. Neben diesen selbstbezogenen Präferenzen konnte nachgewiesen werden, dass ebenso soziale und ethische Motivationen in den Bedürfnisstrukturen der Sharing-Geber und -Nehmer eine Rolle spielen. In der Gesamtbetrachtung zeigt sich, dass Sharing als ökonomische Austauschpraxis in einem Spannungsfeld zwischen individueller Nutzenorientierung und Gemeinwohlorientierung liegt. Ein Ergebnis, das konform geht mit den theoretischen Überlegungen von Belk und anderen Autoren, die unter Einbeziehung unterschiedlicher situativer Kontexte verschiedene Formen des Sharings (u.a. im Ausmaß an Prosozialität und sozialer Interaktion) annehmen.

Aufbauend auf diesen Erkenntnissen wurden im Rahmen des Konzepts der strategischen Marketingplanung Handlungsimplikationen für Sharing-Anbieter erarbeitet. So konnte bspw. unter Betrachtung der vier P's gezeigt werden, wie Sharing-Aktivitäten systematisch in das Marketing integriert werden und zu einer positiven Veränderung des Nachfrageverhaltens führen können. Dabei wurde deutlich, dass aufgezeigte Maßnahmen als andauernde Aufgabe systematisch geplant, umgesetzt und kontrolliert werden sollten. Sowohl Unternehmen als auch gesellschaftliche Akteure sollten sich zukünftig mit der Integration gewonnener Erkenntnisse in die Praxis beschäftigen – nur so können neben unternehmerischem Erfolg auch gesellschaftliche Herausforderungen im Kontext der Nachhaltigkeit gelöst werden.

Letztlich bleibt diese Arbeit mit ihren Erkenntnissen eine Zeitpunktbetrachtung, sodass es interessant zu sehen sein wird, wie sich die Erkenntnislage weiterentwickelt. Zukünftige Forschung kann und sollte neue Einflussfaktoren auf Grundlage ergänzender, theoretischer Überlegungen identifizieren, um dem spannenden Phänomen „Sharing“ weiterhin auf den Grund zu gehen.

Anhang

A. Präsentation der „Work-in-Progress“-Version des ersten Beitrags auf der „North American Conference of the Association for Consumer Research” 2016 in Berlin

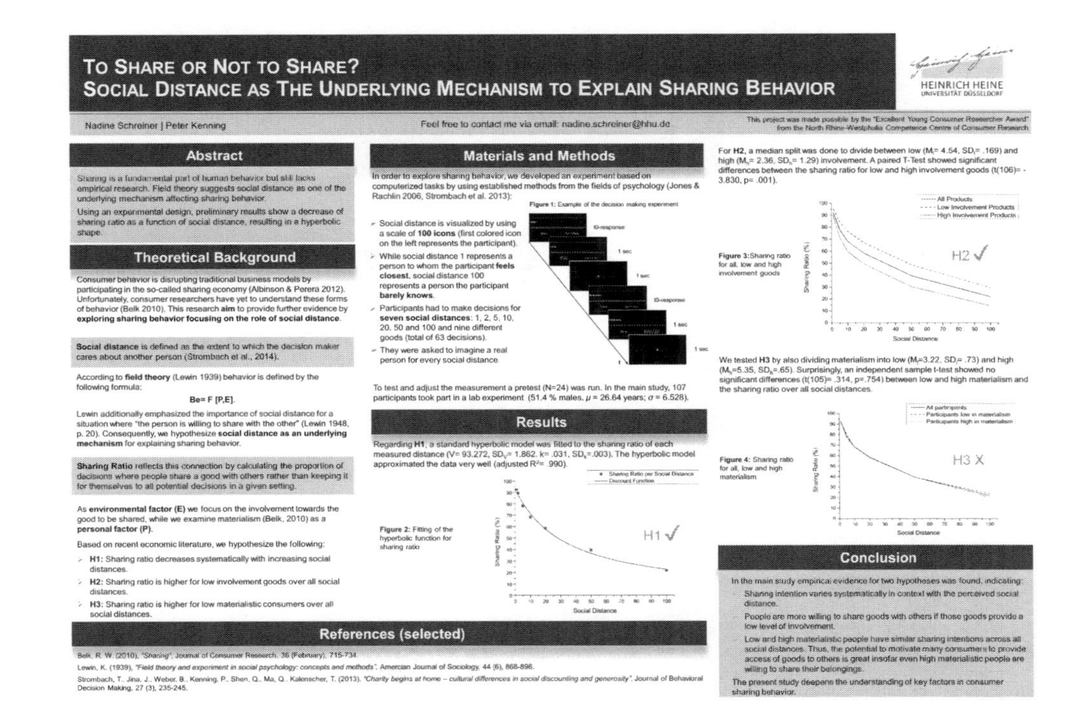

B. Präsentation des dritten Beitrags auf der „North American Conference of the Association for Consumer Research" 2017 in San Diego

"Doing Good and Having Fun"
The Role of Moral Obligation and Perceived Enjoyment for Explaining Foodsharing Intention

HEINRICH HEINE UNIVERSITÄT DÜSSELDORF

Nadine Schreiner | Sarah Blümle | Peter Kenning

Heinrich Heine University Düsseldorf, Germany

Abstract

This research focus on a combination of morality and hedonism to explain foodsharing behavior. A modified version of field theory was applied to differentiate the consumer's and provider's perspective. Results confirmed that foodsharing can be explained by moral obligation and perceived enjoyment, even though the latter is comparatively weak.

Theoretical Background

- We propose that the combination of moral and hedonic motives plays an important role in the process of foodsharing, which is said to be a form of **pro-social behavior** (Belk 2010).

MORALITY AND HEDONISM

- The meaning of **morality and hedonism** for pro-social behavior has been discussed several times, showing that acting moral is strongly connected with experiencing hedonistic pleasure (Schaefer et al. 2001, Szmigin and Carrigan 2005, Lindenberg 2001).
- This connection could already been shown in the context of internet-mediated sharing (Bucher et al. 2016): Moral and hedonic motives are significantly higher for people with a strong tendency for non-commercial sharing compared to one that lacks that tendency.

FIELD THEORY

According to field theory (Lewin 1939) behavior is defined by the following formula: **Be= F [P,E].**

- In this theory, behavior takes place in the so called **"field"**, whereas field means the totality of all coexisting facts at the time the behavior occurs.
- We argue that food-sharing behavior occurs between at least two persons - **provider and consumer** - and their corresponding fields.
- In order to apply Lewin's theory correctly, we investigate the provider's and consumer's perspective of the foodsharing context, by focusing on **moral obligation as one personal factor (P)** and **perceived enjoyment** in the foodsharing act as one **environmental factor (E).**

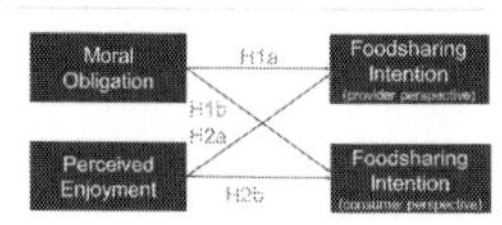

Figure 1: Research model

Based on recent economic literature (e.g. Gollnhofer et al. 2016), we hypothesize the following:

- **H1a:** Moral obligation positively influence the intention to participate in foodsharing as a provider.
- **H1b:** Moral obligation positively influence the intention to participate in foodsharing as a consumer.
- **H2a:** Perceived enjoyment positively influence the intention to participate in foodsharing as a provider.
- **H2b:** Perceived enjoyment positively influence the intention to participate in foodsharing as a consumer.

Materials and Methods

- To test our hypotheses we applied an empirical study. At first, a **pretest** (N=22) was run to test and adjust the measurements.
- In the main study, **928 respondents** took part in an online survey.
- After cleaning the data from implausible answers 587 questionnaires were used for data analysis (87,4% females, μ = 31.35 years; σ = 9.97 years).

Results

Assessment of the **measurement model**:

- To assess the **validity** and **reliability** of the measurement model, standard criteria such as **Cronbachs α** and the **average variance extracted (AVE)** were employed.

Construct	No. of Items	Source of the Scale	Construct Reliability α	Convergence Validity AVE
Moral Obligation (MO)	3	Beck and Ajzen 1991 (modified)	.69	63.9%
Perceived Enjoyment (PE)	4	Van der Heijden 2004 (modified)	.83	65.7%
Foodsharing Intention as provider (FIP)	3	Venkatesh 2003	95	90.2%
Foodsharing Intention as consumer (FIC)	3	Venkatesh 2003	.96	91.7%

Table 1: Assessment of the measurement model

- Using the **Fornell-Larcker-Criterion**, the discriminant validity of the used scales could be ensured:

	MO	PE	FIP	FIC
Moral Obligation (MO)	**.799**			
Perceived Enjoyment (PE)	.351	**.811**		
Foodsharing Intention as Provider (FIP)	.401	.295	**.945**	
Foodsharing Intention as Consumer (FIC)	.464	.370	.376	**.968**

Table 2: Factor correlation matrix with square root of the AVE on the diagonal

Assessment of the **structural model**:

- The **variance inflation factors (VIF)** gave no reason of concern for multicollinearity, being for each construct below the common used threshold of < 5.
- **The determination coefficient R^2** is used to asses the predictiveness of the hypothesized model.

Endogenous Constr.	R^2	Hypothesis	Direct Effects	VIF	Path-coefficients β	S.E.	C.R.	Level of Significance
FIP	.25	H1a	MO → FIP	1.14	.41	.096	7.094	****
		H2a	PE → FIP	1.14	.15	.081	2.733	***
FIC	.36	H1b	MO → FIC	1.14	.46	.099	8.130	****
		H2b	PE → FIC	1.14	.22	.082	4.339	****

*p< .10 **p< .50 ***p< .01 ****p< .001
Values are standardised estimates.

Table 3: Assessment of the structural model

- The results of the **AMOS-analysis** indicated that moral obligation (β = .46, p < .001) and perceived enjoyment (β = .22, p < .001) significantly predict foodsharing intention as a consumer and explain 36.3% of its variance.
- There were also **significant effects** of moral obligation (β = .41, p < .001) and enjoyment (β = .15, p < .001) for the provider side of foodsharing intention, explaining 25,2% of variance.
- To assess the overall fit of the theoretical model to the observed data, two **goodness-of-fit indices** were used: RMSEA = .052 and GFI= .962 indicate a rather satisfying overall model.
- All hypotheses can be **confirmed**.

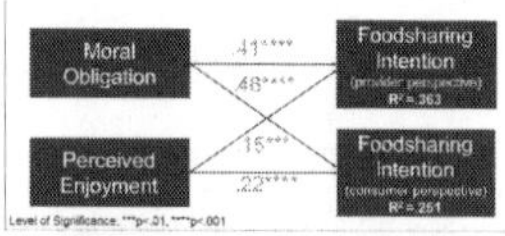

Figure 2: Conceptual model and path coefficients

Conclusion

- Empirical **evidence** for the hypotheses was found, indicating that...
  - foodsharing **can be explained** by moral obligation and perceived enjoyment.
  - These factors explain **more variance** in the behavior of consumers compared to those of providers.
- Foodsharing may seen as a fulfillment of **some higher purpose** and is combined with a **hedonistic journey** for consumers as well as providers of food. This is in line with previous observations, showing that "we may gain pleasure from responding to what we consider to be our moral obligations" (Szmigin and Carrigan 2005, p. 610).
- **Future research** should expand this concept of morality and hedonism with further factors, in order to **deepen the theoretical understanding of sharing practices** and to provide more insights into how pro-social sharing behavior can be promoted.

References (selected)

Belk, R. (2010): *"Sharing"*, Journal of Consumer Research, 36 (5), 715-734.

Bucher, E., Fieseler, C., & Lutz, C. (2016), *"What's mine is yours (for a nominal fee) – Exploring the spectrum of utilitarian to altruistic motives for Internet-mediated sharing"*, Computers in Human Behavior, Vol. 62, 316-326.

Gollnhofer, J. F., Hellwig, K., & Morhart, F. (2016), *„Fair is Good, but What is Fair? Negotiations of Distributive Justice in an Emerging Nonmonetary Sharing Model"*, Journal of the Association for Consumer Research, 1 (2), 226-245.

Lewin, K. (1939), *"Field theory and experiment in social psychology: concepts and methods"*, Amercian Journal of Sociology, 44 (6), 868-896.

Lindenberg, S. (2001), *"Intrinsic motivation in a new light"*, Kyklos, 54 (2/3), 317-342.

Szmigin, I. & Carrigan, M. (2005), *"Exploring the Dimensions of Ethical Consumption"*, in: European Advances in Consumer Research Volume 7, eds. K. M. Ekstrom and H. Brembeck, Goteborg, Sweden : Association for Consumer Research, Pages: 608-613.

If you want to learn more about my research feel free to contact me via e-mail: nadine.schreiner@hhu.de

Literaturverzeichnis

Abrams, L. C., Cross, R., Lesser, E. & Levin, D. Z. (2003). Nurturing interpersonal trust in knowledge-sharing networks. *The Academy of Management Executive, 17*(4), 64–77.

Akbar, P., Mai, R. & Hoffmann, S. (2016). When do materialistic consumers join commercial sharing systems. *Journal of Business Research, 69*(10), 4215–4224.

Akerlof, G. A. (1997). Social distance and social decisions. *Econometrica, 65*(5), 1005–1027.

Albinsson, P. A. & Perera, B. Y. (2009). From trash to treasure and beyond: the meaning of voluntary disposition. *Journal of Consumer Behaviour, 8*(6), 340–353.

Albinsson, P. A. & Perera, B. Y. (2012). Alternative marketplaces in the 21st century: Building community through sharing events. *Journal of Consumer Behaviour, 11*(4), 303–315.

Alderfer, C. P. (1969). An empirical test of a new theory of human needs. *Organizational Behavior and Human Performance, 4*(2), 142–175.

Ali, R. (2015). Airbnb's revenues will cross half billion mark in 2015, analysts estimate. URL: https://skift.com/2015/03/25/airbnbs-revenues-will-cross-half-billion-mark-in-2015-analysts-estimate/ (Abruf: 31.05.2018).

Allison, P. D. (1999). *Logistic regression using the SAS system: Theory and application*. Cary, NC: SAS Institute.

AMA. (2013). Definition of Marketing. URL: https://www.ama.org/AboutAMA/Pages/Definition-of-Marketing.aspx (Abruf: 04.06.2018).

Anderson, D. R., Sweeney, D. J. & Williams, T. A. (1996). *Statistics for business and economics*. St. Paul: West Publishing Company.

Anderson, J. C. & Gerbing, D. W. (1988). Structural equation modeling in practice: A review and recommended two-step approach. *Psychological Bulletin, 103*(3), 411–423.

Andreoni, J. & Vesterlund, L. (2001). Which is the fair sex? Gender differences in altruism. *The Quarterly Journal of Economics, 116*(1), 293–212.

Ansoff, H. I. (1966). *Management-Strategie*. München: Verlag Moderne Industrie.

Argyriou, E. & Melewar, T. (2011). Consumer attitudes revisited: A review of attitude theory in marketing research. *International Journal of Management Reviews, 13*(4), 431–451.

Armitage, C. J. & Conner, M. (2001a). Efficacy of the theory of planned behaviour: A meta-analytic review. *British Journal of Social Psychology, 40*(4), 471–499.

Armitage, C. J. & Conner, M. (2001b). Social cognitive determinants of blood donation. *Journal of Applied Social Psychology, 31*(7), 1431–1457.

Arnould, E. J. & Rose, A. S. (2016). Mutuality: Critique and substitute for Belk's "sharing". *Marketing Theory, 16*(1), 75–99.

Aron, A., Aron, E. N. & Smollan, D. (1992). Inclusion of other in the self scale and the structure of interpersonal closeness. *Journal of Personality and Social Psychology, 63*(4), 596–612.

Atkinson, J. W. & Birch, D. (1964). *An introduction to motivation* (Vol. 2. edition). New York: Van Nostrand.

Auh, S., Bell, S. J., McLeod, C. S. & Shih, E. (2007). Co-production and customer loyalty in financial services. *Journal of Retailing, 83*(3), 359–370.

Automotive Zeitgeist Studie 3.0. (2015). We-Mobility – Die Mobilität der Millennials. URL: https://www.zukunftsinstitut.de/fileadmin/user_upload/Publikationen/Auftragsstudien/Ford_Automotive_Zeitgeist_Studie_3.0.pdf (Abruf: 25.01.2017).

Avital, M., Carroll, J. M., Hjalmarsson, A., Levina, N., Malhotra, A. & Sundararajan, A. (2015). The Sharing Economy: Friend or Foe? *Proceedigs of the International Conference on Information Systems*, 1–8.

Axelova, E. & Belk, R. (2009). From saver society to consumer society: The case of the east european consumer. *Advances in Consumer Research, 36*, 824–824.

Axelrod, R. & Hamilton, W. D. (1981). The evolution of cooperation. *Science, 211*(4489), 1390–1396.

Backhaus, K. (2006). Vom Kundenvorteil über die Value Proposition zum KKV. *Marketing Review St. Gallen, 23*(3), 7–10.

Bagozzi, R. P., Baumgartner, J. & Yi, Y. (1989). An investigation into the role of intentions as mediators of the attitude-behavior relationship. *Journal of Economic Psychology, 10*(1), 35–62.

Baily, J. (2017). Sharing is caring: The benefits of the sharing economy. URL: https://www.banklesstimes.com/2017/10/25/sharing-is-caring-the-benefits-of-the-sharing-economy/ (Abruf: 07.04.2018).

Bala, C. & Schuldzinski, W. (2016). Einleitung: Neuer sozialer Konsum? Sharing Economy und Peer-Produktion. In C. Bala, W. Schuldzinski & Verbraucherzentrale NRW e.V. (Eds.), *Prosuming und Sharing - neuer sozialer Konsum: Aspekte kollaborativer Formen von Konsumtion und Produktion* (7–30). Düsseldorf: Verbraucherzentrale NRW.

Balderjahn, I. (1995). Bedürfnis, Bedarf, Nutzen. In B. Tietz, R. Köhler & J. Zentes (Eds.), *Handwörterbuch des Marketing* (179–190). Stuttgart: Schäffer-Poeschel.

Balderjahn, I., Buerke, A., Kirchgeorg, M., Peyer, M., Seegebarth, B. & Wiedmann, K.-P. (2013). Consciousness for sustainable consumption: Scale development and new insights in the economic dimension of consumers' sustainability. *AMS Review, 3*(4), 181–192.

Bardhi, F. & Eckhardt, G. M. (2012). Access-based consumption: The case of car sharing. *Journal of Consumer Research, 39*(4), 881–898.

Barnes, S. J. & Mattsson, J. (2016). Understanding current and future issues in collaborative consumption: A four-stage Delphi study. *Technological Forecasting and Social Change, 104*, 200–211.

Barrick, M. R. & Mount, M. K. (1991). The big five personality dimensions and job performance: A meta-analysis. *Personnel Psychology, 44*(1), 1–26.

Bartelmus, P. (2002). *Suffizienz und Nachhaltigkeit: Definition, Messung, Strategien*. Wuppertal: Wuppertal Papers.

Bäthge, S. (2017). Verändert der Faire Handel die Gesellschaft? Erkenntnisse aus einer Trend- und Wirkungsstudie. In P. Kenning & J. Lamla (Eds.), *Entgrenzungen des Konsums: Dokumentation der Jahreskonferenz des Netzwerks Verbraucherforschung* (67–83). Wiesbaden: Springer

Batson, C. (1991). *The Altruism Question: Toward a social-psychological answer*. Hillsdale, NJ: Lawerence Erlbaum.

Batson, C., Van Lange, P. A. M., Ahmad, N. & Lishner, D. A. (2003). Altruism and helping behavior. In M. A. Hogg & J. Cooper (Eds.), *Sage Handbook of Social Psychology* (279–295). London: Sage.

Bauer, H. H., Sauer, N. E. & Becker, C. (2006). Investigating the relationship between product involvement and consumer decision-making styles. *Journal of Consumer Behaviour, 5*(4), 342–354.

Beck, H. (2014). *Behavioral Economics: Eine Einführung.* Wiesbaden: Springer Fachmedien.

Beck, L. & Ajzen, I. (1991). Predicting dishonest actions using the theory of planned behavior. *Journal of Research in Personality, 25*(3), 285–301.

Behringer, S. (2018). *Konzerncontrolling.* Berlin/Heidelberg: Springer.

Beierlein, C., Kemper, C. J., Kovaleva, A. & Rammstedt, B. (2012). *Kurzskala zur Messung des zwischenmenschlichen Vertrauens (KUSIV3) [Short scale for assessing interpersonal trust: The short scale interpersonal trust (KUSIV3)].* Köln: GESIS Working Papers.

Belk, R. (1985). Materialism: Trait aspects of living in the material world. *Journal of Consumer Research, 12*(3), 265–280.

Belk, R. (1988). Possessions and the extended self. *Journal of Consumer Research, 15*(2), 139–168.

Belk, R. (2003). Shoes and self. *Advances in Consumer Research, 30*, 27–33.

Belk, R. (2007). Why not share rather than own? *The Annals of the American Academy of Political and Social Science, 611*(1), 126–140.

Belk, R. (2010). Sharing. *Journal of Consumer Research, 36*(5), 715–734.

Belk, R. (2014a). Sharing versus pseudo-sharing in web 2.0. *Anthropologist, 18*(1), 7–23.

Belk, R. (2014b). You are what you can access: Sharing and collaborative consumption online. *Journal of Business Research, 67*(8), 1595–1600.

Belk, R. (2016). Accept no substitutes: A reply to Arnould and Rose. *Marketing Theory, 16*(1), 143–149.

Belk, R. (2018). Foreword: The sharing economy. In P. A. Albinsson & B. Y. Perera (Eds.), *The rise of the sharing economy: Exploring the challenges and opportunities of collaborative consumption* (ix–xxi). Santa Barbara: ABC-CLIO.

Belk, R. & Llamas, R. (2012). The nature and effects of sharing in consumer behavior. In D. G. Mick, S. Pettigrew, C. Pecham & J. L. Ozanne (Eds.), *Transformative consumer research for personal and collective well-being* (625–646). New York: Routledge.

Bellotti, V., Ambard, A., Turner, D., Gossmann, C., Demkova, K. & Carroll, J. M. (2015). A muddle of models of motivation for using peer-to-peer economy systems. *Proceedings of the 33rd Annual ACM Conference on Human Factors in Computing Systems*, Seoul, South Korea.

Benenson, J. F., Pascoe, J. & Radmore, N. (2007). Children's altruistic behavior in the dictator game. *Evolution and Human Behavior, 28*(3), 168–175.

Benkler, Y. (2004). Sharing nicely: On shareable goods and the emergence of sharing as a modality of economic production. *The Yale Law Journal, 114*(2), 273–358.

Benkler, Y. (2011). *The penguin and the leviathan: How cooperation triumphs over self-interest.* New York: Crown Business.

Benoit, S., Baker, T. L., Bolton, R. N., Gruber, T. & Kandampully, J. (2017). A triadic framework for collaborative consumption (CC): Motives, activities and resources & capabilities of actors. *Journal of Business Research, 79*, 219–227.

Berkhout, P. H., Muskens, J. C. & Velthuijsen, J. W. (2000). Defining the rebound effect. *Energy Policy, 28*(6–7), 425–432.

Bester, H. & Güth, W. (1998). Is altruism evolutionarily stable? *Journal of Economic Behavior & Organization, 34*(2), 193–209.

Bickart, B. & Schindler, R. M. (2001). Internet forums as influential sources of consumer information. *Journal of Interactive Marketing, 15*(3), 31–40.

Bielefeldt, J., Poelzl, J. & Herbst, U. (2016). What's mine isn't yours – Barriers to participation in the sharing economy. *Die Unternehmung, 70*(1), 4–25.

Bierhoff, H.-W., Schülken, T. & Hoof, M. (2007). Skalen der Einstellungsstruktur ehrenamtlicher Helfer (SEEH). *Zeitschrift für Personalpsychologie, 6*(1), 12–27.

Bittner, P. (o. J.). Die Zukunft der Sharing Economy - Der Ökonom Birger Priddat über selbstfahrende Autos, atmende Unternehmen und die Rolle der Konzerne in der Sharing Economy. URL: https://enorm-magazin.de/die-zukunft-der-sharing-economy (Abruf: 15.03.2018).

Blättel-Mink, B. & Hellmann, K.-U. (2010). *Prosumer revisited: Zur Aktualität einer Debatte*. Wiesbaden: Springer.

Böcker, L. & Meelen, T. (2017). Sharing for people, planet or profit? Analysing motivations for intended sharing economy participation. *Environmental Innovation and Societal Transitions, 23*, 28–39.

Bohnet, I. & Frey, B. S. (1999). Social distance and other-regarding behavior in dictator games: Comment. *The American Economic Review, 89*(1), 335–339.

Booms, B. H. & Bitner, M. J. (1981). Marketing strategies and organizational structures for service firms. In J. Donnelly & W. R. George (Eds.), *Marketing of Services* (47–51). Chicago, USA: American Marketing Association.

Botsman, R. (2013). The sharing economy lacks a shared definition. URL: http://www.fastcoexist.com/3022028/the-sharing-economy-lacks-a-shared-definition#6 (Abruf: 25.01.2017).

Botsman, R. & Rogers, R. (2010). *What's mine is yours - The rise of collaborative consumption*. New York: Harper Collins.

Botsman, R. & Rogers, R. (2011). *What's mine is yours : How collaborative consumption is changing the way we live*. London: Harper Collins.

Bower, J. L. & Christensen, C. M. (1995). Disruptive technologies: Catching the wave. *Havard Business Review, 73*(1), 43–53.

Brandt, M. (2018). Statistik der Woche: Die Sharing Economy boomt weiter. URL: https://www.heise.de/tr/artikel/Statistik-der-Woche-Die-Sharing-Economy-boomt-weiter-3948357.html (Abruf: 15.03.2018).

Braun, B., Jablonka, P. & Nicolai, M. (2014). *Facetten des Konsumenten- und Käuferverhaltens in Theorie und Praxis*. Bremen: Europäischer Hochschulverlag.

Brauns, B. (2016). Lobbyismus mit der Crowd. URL: https://www.zeit.de/wirtschaft/unternehmen/2016-10/airbnb-gesetze-ferienwohnungen-sharing-economy (Abruf: 18.07.2018).

Braverman, J. (2008). Testimonials versus informational persuasive messages: The moderating effect of delivery mode and personal involvement. *Communication Research, 35*(5), 666–694.

Brookes, R. (1988). *The new marketing*. Aldershot: Gower Publishing Company.

Brühl, K. & Pollozek, S. (2015). *Die neue Wir-Kultur: Wie Gemeinschaft zum treibenden Faktor einer künftigen Wirtschaft wird*. Frankfurt am Main: Zukunftsinstitut.

Bruhn, M. (2016). *Relationship Marketing: Das Management von Kundenbeziehungen*. München: Vahlen.

Brühn, T. & Götz, G. (2014). Die Modelle Uber und Airbnb: Unlauterer Wettbewerb oder eine neue Form der Sharing Economy? *ifo Schnelldienst, 21*, 3–6.

Brynjolfsson, E. & McAfee, A. (2014). *The Second Machine Age: Wie die nächste digitale Revolution unser aller Leben verändern wird*. Kulmbach: Plassen Verlag.

Bucher, E., Fieseler, C. & Lutz, C. (2016). What's mine is yours (for a nominal fee) – Exploring the spectrum of utilitarian to altruistic motives for Internet-mediated sharing. *Computers in Human Behavior, 62*, 316–326.

Bundeskartellamt. (2015). *Digitale Ökonomie – Internetplattformen zwischen Wettbewerbsrecht, Privatsphäre und Verbraucherschutz*. Bonn: Arbeitskreises Kartellrecht, Bundeskartellamt.

Burnes, B. & Cooke, B. (2013). Kurt Lewin's field theory: A review and re-evaluation. *International Journal of Management Reviews, 15*(4), 408–425.

Camerer, C. F. & Fehr, E. (2006). When does "economic man" dominate social behavior? *Science, 311*(5757), 47–52.

Campbell, T. T., Nicholson, J. D. & Kitchen, P. J. (2006). The importance of social bonding and loyalty: An empirical investigation within UK private health clubs. *Journal of Hospitality & Leisure Marketing, 14*(1), 49–73.

Carrier, J. G. (1995). *Gifts and commodities: Exchange and western capitalism since 1700*. London: Routledge.

Carrigan, M. & Attalla, A. (2001). The myth of the ethical consumer – Do ethics matter in purchase behaviour? *Journal of Consumer Marketing, 18*(7), 560–578.

Carrington, M. J., Neville, B. A. & Whitwell, G. J. (2010). Why ethical consumers don't walk their talk: Towards a framework for understanding the gap between the ethical purchase intentions and actual buying behaviour of ethically minded consumers. *Journal of Business Ethics, 97*(1), 139–158.

Carrington, M. J., Neville, B. A. & Whitwell, G. J. (2014). Lost in translation: Exploring the ethical consumer intention–behavior gap. *Journal of Business Research, 67*(1), 2759–2767.

Charness, G. & Gneezy, U. (2008). What's in a name? Anonymity and social distance in dictator and ultimatum games. *Journal of Economic Behavior & Organization, 68*(1), 29–35.

Charness, G., Haruvy, E. & Sonsino, D. (2007). Social distance and reciprocity: An internet experiment. *Journal of Economic Behavior & Organization, 63*(1), 88–103.

Charness, G. & Rabin, M. (2002). Understanding social preferences with simple tests. *The Quarterly Journal of Economics, 117*(3), 817–869.

Chase, R. (2016, 15.02.2017). We need to expand the definition of disruptive innovation. URL: https://hbr.org/2016/01/we-need-to-expand-the-definition-of-disruptive-innovation (Abruf: 07.01.2016).

Cheng, M. (2016). Sharing economy: A review and agenda for future research. *International Journal of Hospitality Management, 57*, 60–70.

Christensen, C. M. (1997). *The innovator's dilemma: When new technologies cause great firms to fail*. Boston, MA: Harvard Business School Press.

Christensen, C. M. (2006). The ongoing process of building a theory of disruption. *Journal of Product Innovation Management, 23*(1), 39–55.

Christensen, C. M., Raynor, M. E. & McDonald, R. (2015). What is disruptive innovation? URL: https://hbr.org/2015/12/what-is-disruptive-innovation (Abruf: 15.02.2017).

Clarke, K. & Belk, R. (1979). The effects of product involvement and task definition on anticipated consumer effort. *Advances in Consumer Research, 6*(1), 313–318.

Clary, E. G., Snyder, M., Ridge, R. D., Copeland, J., Stukas, A. A., Haugen, J. & Miene, P. (1998). Understanding and assessing the motivations of volunteers: A functional approach. *Journal of Personality and Social Psychology, 74*(6), 1516–1530.

Claudy, M. C., Peterson, M. & O'Driscoll, A. (2013). Understanding the attitude-behavior gap for renewable energy systems using behavioral reasoning theory. *Journal of Macromarketing, 33*(4), 273–287.

Codagnone, C. & Martens, B. (2016). *Scoping the sharing economy: Origins, definitions, impact and regulatory issues*. Brüssel: Joint Research Centre of the European Commission.

Cohen, S. (2016). Urban sustainability and the sharing economy. URL: https://www.huffingtonpost.com/entry/urban-sustainability-and-the-sharing-economy_us_57fb83b6e4b090dec0e71831 (Abruf: 10.03.2018).

Coppik, J. & Haucap, J. (2015). *Die Behandlung von Preisschirmeffekten bei der Bestimmung von Kartellschäden und Mehrerlösen*. Düsseldorf: Düsseldorfer Institut für Wettbewerbsökonomie (DICE).

Couchsurfing. (2016). URL: http://www.couchsurfing.com/about/about-us/ (Abruf: 15.02.2016).

Cox, J. C. & Deck, C. A. (2006). When are women more generous than men? *Economic Inquiry, 44*(4), 587–598.

Croson, R. & Gneezy, U. (2009). Gender differences in preferences. *Journal of Economic Literature, 47*(2), 448–474.

Cusumano, M. A. (2015). How traditional firms must compete in the sharing economy. *Communications of the ACM, 58*(1), 32–34.

Dacko, S. (2008). *The advanced dictionary of marketing: Putting theory to use*. New York: Oxford University Press.

Dardis, F. E. & Shen, F. (2008). The influence of evidence type and product involvement on message-framing effects in advertising. *Journal of Consumer Behaviour, 7*(3), 222–238.

Darwin, C. R. (1872). *Der Ausdruck der Gemüthsbewegungen bei dem Menschen und den Thieren*. Stuttgart: E. Schweizerbart'sche Verlagshandlung.

Davidson, A., Habibi, M. R. & Laroche, M. (2018). Materialism and the sharing economy: A cross-cultural study of American and Indian consumers. *Journal of Business Research, 82*, 364–372.

Davies, A. R., Edwards, F., Marovelli, B., Morrow, O., Rut, M. & Weymes, M. (2017). Creative construction: Crafting, negotiating and performing urban food sharing landscapes. *Area, 49*(4), 510–518.

Davies, A. R. & Legg, R. (2018). Fare sharing: Interrogating the nexus of ICT, urban food sharing, and sustainability. *Food, Culture & Society, 21*(2), 233–254.

Deci, E. L. & Ryan, R. M. (2012). Self-determination theory. In P. A. M. Van Lange, A. W. Kruglanski & E. T. Higgins (Eds.), *Handbook of Theories of Social Psychology* (416–437). Thousand Oaks, CA: Sage.

Decrop, A., Del Chiappa, G., Mallargé, J. & Zidda, P. (2018). "Couchsurfing has made me a better person and the world a better place": The transformative power of collaborative tourism experiences. *Journal of Travel & Tourism Marketing, 35*(1), 57–72.

Demary, V. (2014). *Competition in the sharing economy*. Köln: Institut der deutschen Wirtschaft Köln.

Demary, V. (2015). Mehr als das Teilen unter Freunden – Was die Sharing Economy ausmacht. *Wirtschaftsdienst, 95*(2), 95–98.

Dermody, J., Koenig-Lewis, N., Zhao, A. L. & Hanmer-Lloyd, S. (2018). Appraising the influence of pro-environmental self-identity on sustainable consumption buying and curtailment in emerging markets: Evidence from China and Poland. *Journal of Business Research, 86*, 333–343.

Derrida, J. (1992). *Given time: I, counterfeit money*. Chicago: University of Chicago Press.

Destatis. (2016). Preise rund ums Auto seit 2000 um 27% gestiegen. URL: https://www.destatis.de/DE/PresseService/Presse/Pressemitteilungen/zdw/2016/PD16_37_p002.html (Abruf: 27.01.2017).

Dichter, E. (1966). How word-of-mouth advertising works. *Harvard Business Review, 44*(6), 147–160.

Die Zeit. (2016). Wohnungsportal Wimdu lässt Vermieter mit Schäden alleine. URL: https://www.zeit.de/wirtschaft/unternehmen/2016-01/ferienwohnung-wimdu-weigerung-schadensersatz-zerstoerung (Abruf: 18.07.2018).

Doney, P. M. & Cannon, J. P. (1997). An examination of the nature of trust in buyer-seller relationships. *Journal of Marketing, 61*(2), 35–51.

Doran, C. J. (2010). Fair trade consumption: In support of the out-group. *Journal of Business Ethics, 95*(4), 527–541.

Dörr, J. & Goldschmidt, N. (2016). Vom Wert des Teilens. URL: http://www.faz.net/aktuell/wirtschaft/share-economy-vom-wert-des-teilens-13990987.html (Abruf: 10.03.2018).

Douglas, M. (1990). Foreword: No free gifts. In M. Mauss (Ed.), *The gift: The form and reason for exchange in archaic societies* (9–23). London/New York: Routledge.

Drakulić, S. (1991). *How we survived communism and even laughed*. New York: W. W. Norton.

Dredge, D. & Gyimóthy, S. (2015). The collaborative economy and tourism: Critical perspectives, questionable claims and silenced voices. *Tourism Recreation Research, 40*(3), 286–302.

Dubois, D., Bonezzi, A. & De Angelis, M. (2016). Sharing with friends versus strangers: How interpersonal closeness influences word-of-mouth valence. *Journal of Marketing Research, 53*(5), 712–727.

Eckel, C. C. & Grossman, P. J. (1996). Altruism in anonymous dictator games. *Games and Economic Behavior, 16*, 181–191.

Eckel, C. C. & Grossman, P. J. (1998). Are women less selfish than men? Evidence from dictator experiments. *The Economic Journal, 108*(448), 726–735.

Eckhardt, G. M., Belk, R. & Devinney, T. M. (2010). Why don't consumers consume ethically? *Journal of Consumer Behaviour, 9*(6), 426–436.

Economist, T. (2013). The rise of the sharing economy. URL: http://www.economist.com/news/leaders/21573104-internet-everything-hire-rise-sharing-economy (Abruf: 25.01.2017).

Edvardsson, B. & Strandvik, T. (2000). Is a critical incident critical for a customer relationship? *Managing Service Quality: An International Journal, 10*(2), 82–91.

Eisingerich, A. B. & Bell, S. J. (2006). Relationship marketing in the financial services industry: The importance of customer education, participation and problem management for customer loyalty. *Journal of Financial Services Marketing, 10*(4), 86–97.

Ekman, P. (1999). Basic emotions. In T. Dalgleish & M. Power (Eds.), *Handbook of cognition and emotion* (45–60). Chichester, UK: Wiley.

Elkington, J. (1994). Towards the sustainable corporation: Win-win-win business strategies for sustainable development. *California Management Review, 36*(2), 90–100.

Engel, J. F., Kollat, D. & Blackwell, R. (1968). *Consumer behavior*. New York: Holt, Rinehart and Winston.

Ert, E., Fleischer, A. & Magen, N. (2016). Trust and reputation in the sharing economy: The role of personal photos in Airbnb. *Tourism Management, 55*, 62–73.

Farber, M. (2016). Here's how much New York City Airbnb hosts earn in a year. URL: http://fortune.com/2016/07/08/how-much-money-airbnb-hosts-make-new-york-city/ (Abruf: 06.02.2017).

Felson, M. & Spaeth, J. L. (1978). Community structure and collaborative consumption: A routine activity approach. *American Behavioral Scientist, 21*(4), 614–624.

Field, J. M., Victorino, L., Buell, R. W., Dixon, M. J., Meyer Goldstein, S., Menor, L. J., . . . Zhang, J. J. (2018). Service operations: What's next? *Journal of Service Management, 29*(1), 55–97.

Findlay, I. M. (2018). Precursors to the sharing economy: Cooperatives. In P. A. Albinsson & B. Y. Perera (Eds.), *The rise of the sharing economy: Exploring the challenges and opportunities of collaborative consumption* (9–28). Santa Barabra: ABC-CLIO.

Fishbein, M. & Ajzen, I. (1975). *Belief, attitude, intention, and behavior: An introduction to theory and research*. Reading, MA: Addison-Wesley.

Fiske, A. P. (1991). *Structures of social life: The four elementary forms of human relations: Communal sharing, authority ranking, equality matching, market pricing*. New York: Free Press.

Foodsharing. (2016). Gesamtstatistik. URL: https://foodsharing.de/statistik (Abruf: 16.12.2016).

Fornell, C. & Larcker, D. F. (1981). Evaluating structural equation models with unobservable variables and measurement error. *Journal of Marketing Research, 18*(1), 39–50.

Foscht, T. & Swoboda, B. (2007). *Käuferverhalten - Grundlagen, Perspektiven, Anwendungen.* Wiesbaden: Gabler.

Frenken, K. (2017). Political economies and environmental futures for the sharing economy. *Philosophical Transactions A, 375*, 20160367.

Frenken, K., Meelen, T., Arets, M. & Van de Glind, P. (2015). Smarter regulation for the sharing economy. URL: https://www.theguardian.com/science/political-science/2015/may/20/smarter-regulation-for-the-sharing-economy (Abruf: 25.01.2017).

Frenken, K. & Schor, J. (2017). Putting the sharing economy into perspective. *Environmental Innovation and Societal Transitions, 23*, 3–10.

Frick, K., Hauser, M. & Gürtler, D. (2013). *Sharity – Die Zukunft des Teilens.* Zürich: Gottlieb Duttweiler Institute.

Fröhlich, W. D. (2011). *Wörterbuch Psychologie.* München: Deutscher Taschenbuch Verlag.

Galbreth, M. R., Ghosh, B. & Shor, M. (2012). Social sharing of information goods: Implications for pricing and profits. *Marketing Science, 31*(4), 603–620.

Ganapati, S. & Reddick, C. G. (2018). Prospects and challenges of sharing economy for the public sector. *Government Information Quarterly, 35*, 77–87.

Ganglbauer, E., Fitzpatrick, G., Subasi, Ö. & Güldenpfennig, F. (2014). Think globally, act locally: A case study of a free food sharing community and social networking. *Proceedings of the 17th ACM Conference on Computer Supported Cooperative Work and Social Computing*, New York, USA.

Gansky, L. (2010). *The mesh: Why the future of business is sharing.* New York: Penguin.

Geiger, A., Horbel, C. & Germelmann, C. C. (2018). "Give and take": How notions of sharing and context determine free peer-to-peer accommodation decisions. *Journal of Travel & Tourism Marketing, 35*(1), 5–15.

Geron, T. (2013). Airbnb and the unstoppable rise of the share economy. URL: http://www.forbes.com/sites/tomiogeron/2013/01/23/airbnb-and-the-unstoppable-rise-of-the-share-economy/#4d36b8496790 (Abruf: 02.02.2017).

Gerrard, G. (1989). Everyone will be jealous for that mutika. *The Australian Journal of Anthropology, 19*(2), 95-111.

Glöckler, P. (2015). We failed – Warum die Verleih App WHY own it nicht funktioniert hat. URL: http://whyownit.com/blog/we-failed-warum-dieverleih-app-why-own-it-nicht-funktioniert-hat (Abruf: 04.03.2016).

Gobble, M. M. (2016). Defining disruptive innovation. *Research-Technology Management, 59*(4), 66–71.

Godelier, M. & Scott, N. (2012). *The metamorphoses of kinship.* London/New York: Verso Books.

Goeree, J. K., McConnell, M. A., Mitchell, T., Tromp, T. & Yariv, L. (2010). The 1/d law of giving. *American Economic Journal: Microeconomics, 2*(1), 183–203.

GoKid. (2018). The Free App for Kids Carpooling. URL: https://www.gokid.mobi (Abruf: 23.08.2018).

Goldsmith, R. E., d'Hauteville, F. & Flynn, L. R. (1998). Theory and measurement of consumer innovativeness: A transnational evaluation. *European Journal of Marketing, 32*(3/4), 340–353.

Gollnhofer, J. F., Hellwig, K. & Morhart, F. (2016). Fair is good, but what is fair? Negotiations of distributive justice in an emerging nonmonetary sharing model. *Journal of the Association for Consumer Research, 1*(2), 226–245.

Goodwin, T. (2015). The battle is for the customer interface. URL: https://techcrunch.com/2015/03/03/in-the-age-of-disintermediation-the-battle-is-all-for-the-customer-interface/ (Abruf: 20.02.2017).

Gould, R. A. (1982). To have and have not: The ecology of sharing among hunter-gatherers. In M. N. Williams & E. S. Hunn (Eds.), *Resource managers: North American and Australian hunter-gatherers* (69–91). Colorado, USA: Westview Press Boulder.

Grassmuck, V. (2012). The Sharing Turn: Why we are generally nice and have a good chance to cooperate our way out of the mess we have gotten ourselves into. In F. Sützl, R. Stalder & T. H. Maier (Eds.), *Media, knowledge and education: Cultures and ethics of sharing* (17–37). Innsbruck: Innsbruck University Press.

Griese, K. M. & Bröring, S. (2011). *Marketing-Grundlagen: Eine fallstudienbasierte Einführung.* Wiesbaden: Gabler Verlag.

Grigoras, O. A. (2017). How is the sharing economy disrupting marketing? URL: https://deemly.co/blog/sharing-economy-marketing/ (Abruf: 29.03.2018).

Gröppel, A. (1991). *Erlebnisstrategien im Einzelhandel: Analyse der Zielgruppen, der Ladengestaltung und der Warenpräsentation zur Vermittlung von Einkaufserlebnissen.* Heidelberg: Physica-Verlag.

Guttentag, D. (2015). Airbnb: Disruptive innovation and the rise of an informal tourism accommodation sector. *Current Issues in Tourism, 18*(12), 1192–1217.

Haase, M. & Pick, D. (2016). Teilen, Sharing 1 und Sharing 2: Die Sharing Economy im Licht theoretischer Zugänge. *Vierteljahrshefte zur Wirtschaftsforschung, 85*(2), 13–33.

Habibi, M. R., Davidson, A. & Laroche, M. (2017). What managers should know about the sharing economy. *Business Horizons, 60*(1), 113–121.

Habibi, M. R., Kim, A. & Laroche, M. (2016). From sharing to exchange: An extended framework of dual modes of collaborative nonownership consumption. *Journal of the Association for Consumer Research, 1*(2), 277–294.

Hagen, K. & Rückert-John, J. (2016). Teilen, tauschen, leihen - Tragfähige Modelle zukünftigen Wirtschaftens? *Vierteljahrshefte zur Wirtschaftsforschung, 2016*(2), 5–12.

Hair, J., Black, B., Babin, B., Anderson, R. & Tatham, R. (2010). *Multivariate data analysis: A global perspective.* Upper Saddle River, NJ: Pearson Education.

Hair, J. F., Ringle, C. M. & Sarstedt, M. (2013). Partial least squares structural equation modeling: Rigorous applications, better results and higher acceptance. *Long Range Planning, 46*(1–2), 1–12.

Hamari, J., Sjöklint, M. & Ukkonen, A. (2016). The sharing economy: Why people participate in collaborative consumption. *Journal of the Association for Information Science and Technology, 67*(9), 2047–2059.

Handelsblatt. (2015). Uber in ganz Deutschland verboten. URL: http://www.handelsblatt.com/impressum/nutzungshinweise/blocker/?callback=%2Funternehmen%2Fdienstleister%2Fumstrittener-fahrdienst-uber-in-ganz-deutschland-verboten%2F11522380.html (Abruf: 20.02.2017).

Harbaugh, W. T. & Krause, K. (2000). Children's altruism in public good and dictator experiments. *Economic Inquiry, 38*(1), 95–109.

Hardin, G. (1968). The tragedy of the commons. *Science, 162*, 1243–1248.

Harland, P., Staats, H. & Wilke, H. A. M. (1999). Explaining proenvironmental intention and behavior by personal norms and the theory of planned behavior. *Journal of Applied Social Psychology, 29*(12), 2505–2528.

Haucap, J. (2015). Die Chancen der Sharing Economy und ihre möglichen Risiken und Nebenwirkungen. *Wirtschaftsdienst, 95*(2), 91–95.

Haucap, J. & Kehder, C. (2018). *Welchen Ordnungsrahmen braucht die Sharing Economy?* (3863046943). Düsseldorf: Düsseldorfer Institut für Wettbewerbsökonomie (DICE).

Hawlitschek, F., Teubner, T. & Gimpel, H. (2016). Understanding the sharing economy - Drivers and impediments for participation in peer-to-peer rental. *Proceedings of the 49th Hawaii International Conference on System Sciences*, Hawaii, USA.

Hawlitschek, F., Teubner, T. & Weinhardt, C. (2016). Trust in the sharing economy. *Die Unternehmung, 70*(1), 26–44.

Heinrichs, H. (2013). Sharing economy: A potential new pathway to sustainability. *GAIA - Ecological Perspectives for Science and Society, 22*(4), 228–231.

Hellmann, K.-U. (2010). Prosumer Revisited: Zur Aktualität einer Debatte. In B. Blättel-Mink & K.-U. Hellmann (Eds.), *Prosumer Revisited* (13–48). Wiesbaden: Springer Gabler.

Hellmann, K.-U. (2017). Die akademische Konsumforschung aus soziologischer Perspektive. In P. Kenning, A. Oehler, L. A. Reisch & C. Grugel (Eds.), *Verbraucherwissenschaften – Rahmenbedingungen, Forschungsfelder und Institutionen* (141–166). Wiesbaden: Springer Gabler.

Hellwig, K., Morhart, F., Girardin, F. & Hauser, M. (2015). Exploring different types of sharing: A proposed segmentation of the market for "sharing" businesses. *Psychology & Marketing, 32*(9), 891–906.

Hellwig, K., Sahakian, M. & Morhart, F. (2018). Societal Factors and the emergence of the sharing economy. In P. A. Albinsson & B. Y. Perera (Eds.), *The rise of the sharing economy: Exploring the challenges and opportunities of collaborative consumption* (51–74). Santa Barbara, California: Praeger.

Helm, S. (2013). *Kundenempfehlungen als Marketinginstrument*. Wiesbaden: Deutscher Universitätsverlag.

Henrichs, E. (2011). *Englische Grammatik: Die Zeiten, Aktiv und Passiv, Hilfsverben, Indirekte Rede, Infinitiv und Gerundium, Partizip, If-Sätze, Nomen (Plural, Genitiv), Artikel, Adjektiv und Adverb, Pronomen, Präpositionen, Konjunktionen, Die Wortstellung*. München: Bassermann Verlag.

Henseler, J., Ringle, C. M. & Sinkovics, R. R. (2009). The use of partial least squares path modeling in international marketing. *Advances in International Marketing, 20*(1), 277–319.

Herzberg, F., Mausner, B. & Snyderman, B. B. (1959). *The motivation to work*. New York: John Wiley & Sons.

Hoefle, M., Marquart, H. & Schnopp, R. (2008). ZP-Praxis: Fehlentwicklungen und Therapien bei Planung und Budgetierung. *Zeitschrift für Planung & Unternehmenssteuerung, 19*(2), 233–247.

Hofstede, G. (1983). National cultures in four dimensions: A research-based theory of cultural differences among nations. *International Studies of Management & Organization, 13*(1-2), 46–74.

Hofstede, G. & Bond, M. H. (1984). Hofstede's culture dimensions: An independent validation using Rokeach's value survey. *Journal of Cross-Cultural Psychology, 15*(4), 417–433.

Höltschi, R. (2016). Teilen als Chance. URL: https://www.nzz.ch/wirtschaft/wirtschaftspolitik/sharing-economy-wi-bildlegende-ld.86383 (Abruf: 20.02.2017).

Homburg, C. (2016). *Marketingmanagement: Strategie - Instrumente - Umsetzung - Unternehmensführung*. Wiesbaden: Springer Fachmedien.

Hooper, D., Coughlan, J. & Mullen, M. (2008). Structural equation modelling: Guidelines for determining model fit. *Electronic Journal of Business Research Methods, 6*(1), 53–60.

Houston, M. B., Bettencourt, L. A. & Wenger, S. (1998). The relationship between waiting in a service queue and evaluations of service quality: A field theory perspective. *Psychology & Marketing, 15*(8), 735–753.

Howard, J. A. & Sheth, J. N. (1969). *The theory of buyer behavior*. New York: Wiley.

Hu, L. t. & Bentler, P. M. (1999). Cutoff criteria for fit indexes in covariance structure analysis: Conventional criteria versus new alternatives. *Structural Equation Modeling, 6*(1), 1–55.

Huang, Q., Davison, R. M. & Gu, J. (2008). Impact of personal and cultural factors on knowledge sharing in China. *Asia Pacific Journal of Management, 25*(3), 451–471.

Huber, J. (1994). *Nachhaltige Entwicklung durch Suffizienz, Effizienz und Konsistenz*. Halle: Institut für Soziologie, Universität Halle.

Hulland, J. (1999). Use of partial least squares (PLS) in strategic management research: A review of four recent studies. *Strategic Management Journal, 20*(2), 195–204.

Hüttel, A., Ziesemer, F., Peyer, M. & Balderjahn, I. (2018). To purchase or not? Why consumers make economically (non-) sustainable consumption choices. *Journal of Cleaner Production, 174*, 827–836.

Iacobucci, D., Posavac, S. S., Kardes, F. R., Schneider, M. & Popovich, D. L. (2015a). The median split: Robust, refined, and revived. *Journal of Consumer Psychology, 25*(4), 690–704.

Iacobucci, D., Posavac, S. S., Kardes, F. R., Schneider, M. & Popovich, D. L. (2015b). Toward a more nuanced understanding of the statistical properties of a median split. *Journal of Consumer Psychology, 25*(4), 662–665.

IÖW, P. (2017). Das große Teilen: Wie nachhaltig ist die Sharing Economy wirklich? URL: https://utopia.de/ist-die-sharing-economy-nachhaltig-73661/ (Abruf: 10.03.2018).

Izard, C. E. (1991). *The Psychology of Emotions*. New York: Plenum Press.

Izard, C. E. (1999). *Die Emotionen des Menschen: Eine Einführung in die Grundlagen der Emotionspsychologie*. Beltz: Psychologie-Verlag-Union.

Johannesson, M. & Persson, B. (2000). Non-reciprocal altruism in dictator games. *Economics Letters, 69*(2), 137–142.

John, N. A. (2013). The social logics of sharing. *The Communication Review, 16*(3), 113–131.

Jones, B. (2007). *Social discounting: Social distance and altruistic choice*. Ann Arbor: Stony Brook University.

Jones, B. & Rachlin, H. (2006). Social discounting. *Psychological Science, 17*(4), 283–286.

Joyce, R. (2007). *The evolution of morality*. Cambridge, USA: MIT press.

Kaiser, H. F. (1970). A second generation little jiffy. *Psychometrika, 35*(4), 401–415.

Kalat, J. W. (1981). *Biological psychology*. Belmont: Wadsworth.

Kankanhalli, A., Tan, B. C. & Wei, K.-K. (2005). Contributing knowledge to electronic knowledge repositories: An empirical investigation. *MIS Quarterly, 29*(1), 113–143.

Kathan, W., Matzler, K. & Veider, V. (2016). The sharing economy: Your business model's friend or foe? *Business Horizons, 59*(6), 663–672.

Katz, V. (2015). Regulating the sharing economy. *Berkeley Technology Law Journal, 30*(4), 1067–1126.

Kautonen, T., Van Gelderen, M. & Tornikoski, E. T. (2013). Predicting entrepreneurial behaviour: A test of the theory of planned behaviour. *Applied Economics, 45*(6), 697–707.

Kenning, P. (2002). *Customer Trust Management: Ein Beitrag zum Vertrauensmanagement im Lebensmitteleinzelhandel*. Wiesbaden: Deutscher Universitäts-Verlag.

Kenning, P. (2008). The influence of general trust and specific trust on buying behaviour. *International Journal of Retail & Distribution Management, 36*(6), 461–476.

Kenning, P. (2014). *Consumer Neuroscience: Ein transdisziplinäres Lehrbuch*. Stuttgart: Kohlhammer Verlag.

Kenning, P. & Lamla, J. (2017). *Entgrenzungen des Konsums: Dokumentation der Jahreskonferenz des Netzwerks Verbraucherforschung*. Wiesbaden: Springer Fachmedien.

Kenning, P. & Meißner, L. (2015). Corporate Political Marketing. *Das Wirtschaftsstudium (WISU), 10*, 1107–1112.

Kerlinger, F. & Lee, H. (2000). *Foundations of behavioral research* (4 ed.). Wadsworth: Thomson Learning.

Kerner, S. (2013). *Analytisches Customer Relationship Management in Kreditinstituten: Data Warehouse und Data Mining als Instrumente zur Kundenbindung im Privatkundengeschäft*. Wiesbaden: Deutscher Universitätsverlag.

Kim, M.-S. & Hunter, J. E. (1993). Relationships among attitudes, behavioral intentions, and behavior: A meta-analysis of past research, part 2. *Communication Research, 20*(3), 331–364.

Kleinginna, P. R. & Kleinginna, A. M. (1981a). A categorized list of emotion definitions, with suggestions for a consensual definition. *Motivation and Emotion, 5*(4), 345–379.

Kleinginna, P. R. & Kleinginna, A. M. (1981b). A categorized list of motivation definitions, with a suggestion for a consensual definition. *Motivation and Emotion, 5*(3), 263–291.

Kornmeier, M. (2007). *Wissenschaftstheorie und wissenschaftliches Arbeiten: Eine Einführung für Wirtschaftswissenschaftler*. Heidelberg: Physica-Verlag.

Kornwachs, K. (1996). Kleine Philosophie des Teilens. In K. Giel & R. Breuniger (Eds.), *Bausteine der Philosophie* (71–120). Ulm: Humboldt-Studienzentrum der Universität Ulm.

Kotler, P. (1986a). Megamarketing. *Harvard Business Review, 64*, 117–124.

Kotler, P. (1986b). The prosumer movement: A new challenge for marketers. *Advances in Consumer Research, 13*, 510–513.

Kotler, P., Kartajaya, H. & Setiawan, I. (2010). *Die neue Dimension des Marketings: Vom Kunden zum Menschen*. Frankfurt/New York: Campus Verlag.

Kraus, S. & Giselbrecht, C. (2015). Shareconomy: Das disruptive Geschäftsmodell des Teilens. *Zeitschrift für KMU und Entrepreneurship (ZfKE), 63*(1), 77–93.

Krebs, D. L. (2008). Morality: An evolutionary account. *Perspectives on Psychological Science, 3*(3), 149–172.

Kreis, H. & Wieser, D. (2015). Die Rolle von C2C-Interaktionen bei der Wertschöpfung in Nutzungsprozessen. In S. Fließ, M. Haase, F. Jacob & M. Ehret (Eds.), *Kundenintegration und Leistungslehre: Integrative Wertschöpfung in Dienstleistungen, Solutions und Entrepreneurship* (69–85). Wiesbaden: Springer Fachmedien.

Kroeber-Riel, W. & Gröppel-Klein, A. (2013). *Konsumentenverhalten*. München: Franz Vahlen.

Kroeber-Riel, W. & Weinberg, P. (2003). *Konsumentenverhalten*. München: Franz Vahlen.

Kugoth, J. (2018). Großes Rennen in der digitalen Spitzengruppe. URL: https://www.welt.de/sonderthemen/noahberlin/article176964632/Bike-Sharing-Rennen-zwischen-Mobike-Obike-Nextbike-Limebike-Co.html (Abruf: 04.07.2018).

Kumar, B., Manrai, A. K. & Manrai, L. A. (2017). Purchasing behaviour for environmentally sustainable products: A conceptual framework and empirical study. *Journal of Retailing and Consumer Services, 34*, 1–9.

Kyriasoglou, C. (2016). Führt Wimdu seine Kunden in die Irre? URL: https://www.gruenderszene.de/allgemein/wimdu-versicherung-sachschaeden (Abruf: 18.07.2018).

Laghate, G. (2018). Airbnb has had incredible growth among Indian guests and hosts: Nathan Blecharczyk URL: https://economictimes.indiatimes.com/industry/services/hotels-/-restaurants/airbnb-has-had-incredible-growth-among-indian-guests-and-hosts-nathan-blecharczyk/articleshow/63088869.cms (Abruf: 07.04.2018).

Lamberton, C. (2015). Consumer sharing. In M. Norton, D. Rucker & C. Lamberton (Eds.), *The Cambridge Handbook of Consumer Psychology* (693–720). Cambridge: University Press.

Lamberton, C. P. & Rose, R. L. (2012). When is ours better than mine? A framework for understanding and altering participation in commercial sharing systems. *Journal of Marketing, 76*(4), 109–125.

Lammers, J., Galinsky, A. D., Gordijn, E. H. & Otten, S. (2012). Power increases social distance. *Social Psychological and Personality Science, 3*(3), 282–290.

Lammers, J., Stapel, D. A. & Galinsky, A. D. (2010). Power increases hypocrisy: Moralizing in reasoning, immorality in behavior. *Psychological Science, 21*(5), 737–744.

Lawson, S. (2010). Transumers: Motivations of non-ownership consumption. *Advances in Consumer Research, 37*, 842–853.

Lawson, S. J., Gleim, M. R., Perren, R. & Hwang, J. (2016). Freedom from ownership: An exploration of access-based consumption. *Journal of Business Research, 69*(8), 2615–2623.

Leckie, C., Nyadzayo, M. W. & Johnson, L. W. (2016). Antecedents of consumer brand engagement and brand loyalty. *Journal of Marketing Management, 32*(5-6), 558–578.

Lee, S. & Kim, D.-Y. (2018). Brand personality of Airbnb: Application of user involvement and gender differences. *Journal of Travel & Tourism Marketing, 35*(1), 32–45.

Lee, Z. W., Chan, T. K., Balaji, M. & Chong, A. Y.-L. (2018). Why people participate in the sharing economy: An empirical investigation of Uber. *Internet Research, 28*(3), 829–850.

Leider, S., Möbius, M. M., Rosenblat, T. & Do, Q.-A. (2009). Directed altruism and enforced reciprocity in social networks. *The Quarterly Journal of Economics, 124*(4), 1815–1851.

Lennartz, W. (2016). *Kundenwert im wertorientierten Management: Messung und praktische Anwendung*. Wiesbaden: Springer Fachmedien.

Lerner, J. S. & Tiedens, L. Z. (2006). Portrait of the angry decision maker: How appraisal tendencies shape anger's influence on cognition. *Journal of Behavioral Decision Making, 19*(2), 115–137.

Lewin, K. (1936). Some social-psychological differences between the United States and Germany. *Journal of Personality, 4*(4), 265–293.

Lewin, K. (1939). Field theory and experiment in social psychology: Concepts and methods. *American Journal of Sociology, 44*, 868–896.

Liang, L. J., Choi, H. C. & Joppe, M. (2017). Understanding repurchase intention of Airbnb consumers: Perceived authenticity, electronic word-of-mouth, and price sensitivity. *Journal of Travel & Tourism Marketing, 35*(1), 73–89.

Lieber, R. (2011). Airbnb's lodging gets tested, yielding a mixed bag. URL: http://www.nytimes.com/2011/11/12/your-money/airbnb-gets-five-night-test-in-new-york-city.html (Abruf: 20.02.2017).

Lin, H.-F. (2007). Effects of extrinsic and intrinsic motivation on employee knowledge sharing intentions. *Journal of Information Science, 33*(2), 135–149.

Lindenberg, S. (2001). Intrinsic motivation in a new light. *Kyklos, 54*(2–3), 317–342.

Littman, R. A. (1958). Motives: History and causes. *Proceedings of the Nebraska Symposium of Motivation*, Lincoln, USA.

Lockshin, L. S., Spawton, A. L. & Macintosh, G. (1997). Using product, brand and purchasing involvement for retail segmentation. *Journal of Retailing and Consumer Services, 4*(3), 171–183.

Loske, R. (2015). Sharing Economy: Gutes Teilen, schlechtes Teilen? *Blätter für deutsche und internationale Politik, 2015*(11), 89–98.

Luccasen, A. & Grossman, P. J. (2016). Warm-glow giving: Earned money and the option to take. *Economic Inquiry, 55*(2), 996–1006.

MacMillan, D., Schechner, S. & Fleisher, L. (2014). Uber snags $41 billion valuation. URL: https://www.wsj.com/articles/ubers-new-funding-values-it-at-over-41-billion-1417715938 (Abruf: 31.05.2018).

Mair, J. (2016). Es fehlt das Verständnis für die Vielfalt der Sharing Economy. URL: http://www.sueddeutsche.de/wirtschaft/sharing-economy-gebt-dem-systematischen-teilen-eine-chance-1.3057613 (Abruf: 23.03.2018).

Malhotra, N. K., Kim, S. S. & Patil, A. (2006). Common method variance in IS research: A comparison of alternative approaches and a reanalysis of past research. *Management Science, 52*(12), 1865–1883.

Margittai, Z., Strombach, T., Van Wingerden, M., Joels, M., Schwabe, L. & Kalenscher, T. (2015). A friend in need: Time-dependent effects of stress on social discounting in men. *Hormones and Behavior, 73*, 75–82.

Martin, C. J. (2016). The sharing economy: A pathway to sustainability or a nightmarish form of neoliberal capitalism? *Ecological Economics, 121*(January), 149–159.

Martin, E. & Shaheen, S. (2011). The impact of carsharing on public transit and non-motorized travel: An exploration of North American carsharing survey data. *Energies, 4*(11), 2094–2114.

Mauss, M. (1990). *The gift: The form and reason for exchange in archaic societies*. London/New York: Routledge.

Mazur, J. E. (1987). An adjusting procedure for studying delayed reinforcement. In M. L. Commons, J. E. Mazur, J. A. Nevin & H. Rachlin (Eds.), *The effect of delay and intervening events on reinforcement value* (55–73). Hillsdale: Lawrence Erlbaum Associates.

McAlexander, J. H., Schouten, J. W. & Koenig, H. F. (2002). Building brand community. *Journal of Marketing, 66*(1), 38–54.

Meelen, T. & Frenken, K. (2015). Stop saying Uber is part of the sharing economy. URL: https://www.fastcompany.com/3040863/stop-saying-uber-is-part-of-the-sharing-economy (Abruf: 07.04.2018).

Meffert, H. (2013). *Marketingforschung und Käuferverhalten*. Wiesbaden: Springer Gabler.

Meffert, H., Burmann, C. & Kirchgeorg, M. (2012). *Marketing: Grundlagen marktorientierter Unternehmensführung*. Wiesbaden: Springer Gabler.

Meffert, H., Burmann, C. & Kirchgeorg, M. (2015). *Marketing: Grundlagen marktorientierter Unternehmensführung. Konzepte - Instrumente - Praxisbeispiele*. Wiesbaden: Springer Gabler.

Meffert, H. & Holzberg, M. (2009). Cause-related Marketing: Ein scheinheiliges Kooperationskonzept? *Marketing Review St. Gallen, 26*(2), 47–53.

Mehra, V. (2017). 4 ways the sharing economy helps the environment. URL: https://www.parqex.com/4-ways-the-sharing-economy-helps-the-environment/ (Abruf: 28.11.2017).

Mehrabian, A. & Russell, J. A. (1974). *An approach to environmental psychology*. Cambridge, USA: MIT Press.

Meik, J. (2016). *Kundenintegration und Kundenbeziehungen: Konzeption, Wirkungsmechanismen und Managementimplikationen*. Wiesbaden: Springer Fachmedien

Meißner, L., Eckstein, H., Hellbach, L., Ontrup, A. & Schlosser, H. (2015). The museum and its (non-) visitors - An empirical enquiry of socio-institutional distance (SID). *Proceedings of the International Conference on Understanding Museums: Methods*, Tübingen, Germany.

Michaelidou, N. & Dibb, S. (2006). Product involvement: An application in clothing. *Journal of Consumer Behaviour, 5*(5), 442–453.

Michailova, S. & Hutchings, K. (2006). National cultural influences on knowledge sharing: A comparison of China and Russia. *Journal of Management Studies, 43*(3), 383–405.

Milanova, V. & Maas, P. (2017). Sharing intangibles: Uncovering individual motives for engagement in a sharing service setting. *Journal of Business Research, 75*, 159–171.

Mittal, B. (1995). A comparative analysis of four scales of consumer involvement. *Psychology & Marketing, 12*(7), 663–682.

Möhlmann, M. (2015). Collaborative consumption: Determinants of satisfaction and the likelihood of using a sharing economy option again. *Journal of Consumer Behaviour, 14*(3), 193–207.

Mont, O. (2004). Institutionalisation of sustainable consumption patterns based on shared use. *Ecological Economics, 50*(1), 135–153.

Morrow, J. L., Jr., Hansen, M. H. & Pearson, A. W. (2004). The cognitive and affective antecedents of general trust within cooperative organizations. *Journal of Managerial Issues*, 48–64.

Mossholder, K. W., Bennett, N., Kemery, E. R. & Wesolowski, M. A. (1998). Relationships between bases of power and work reactions: The mediational role of procedural justice. *Journal of Management, 24*(4), 533–552.

Mühlbacher, H. (1982). *Selektive Werbung*. Linz, Austria: Trauner.

Müller, S. C. & Welpe, I. M. (2017). Digitale Welt. In P. Kenning, A. Oehler, L. A. Reisch & C. Grugel (Eds.), *Verbraucherwissenschaften - Rahmenbedingungen, Forschungsfelder und Institutionen* (261–278). Wiesbaden: Springer Gabler.

Muniz, A. M. & O'Guinn, T. C. (2001). Brand community. *Journal of Consumer Research, 27*(4), 412–432.

Munoz, P. & Cohen, B. (2017). Mapping out the sharing economy: A configurational approach to sharing business modeling. *Technological Forecasting and Social Change, 125*, 21–37.

Narasimhan, C., Papatla, P., Jiang, B., Kopalle, P. K., Messinger, P. R., Moorthy, S., . . . Zhu, T. (2018). Sharing economy: Review of current research and future directions. *Customer Needs and Solutions, 5*(1), 93–106.

Nieschlag, R. (1954). *Die Dynamik der Betriebsformen im Handel* (Vol. Band 7). Essen: Rheinisch-Wesfälisches Institut für Wirtschaftsforschung.

Nießing, D. (2007). *Kunden-werben-Kunden-Kampagnen: Eine empirische Analyse von Sender-Empfänger-Dyaden zur Gestaltung des Weiterempfehlungsmanagements*. Wiesbaden: Deutscher Universitätsverlag.

Nov, O. (2007). What motivates Wikipedians? *Communications of the ACM, 50*(11), 60–64.

Nunnally, J. C. (1967). *Psychometric theory*. New York: McGraw-Hill.

Nutzinger, H. G. (2010). Nobelpreis in Wirtschaftswissenschaften für Elinor Ostrom: Ein Überblick über ihr ökonomisches Hauptwerk. *Joint Discussion Paper Series in Economics*, No. 24-2010.

O'Connor, B. P. (2002). A quantitative review of the comprehensiveness of the five-factor model in relation to popular personality inventories. *Assessment, 9*(2), 188–203.

Oberhuber, N. (2016). Gutes Teilen, schlechtes Teilen. URL: http://www.zeit.de/wirtschaft/2016-07/sharing-economy-teilen-tauschen-airbnb-uber-trend (Abruf: 23.03.2018).

Oliver, R. L. (1999). Whence consumer loyalty? *The Journal of Marketing, 63*, 33–44.

Olson, M. (1965). *The logic of collective action*. Cambridge, USA: Havard University Press.

Oppermann, A. (2012). Ein nicht ganz ungefährlicher Trend. URL: http://www.handelsblatt.com/unternehmen/it-medien/shareconomy-ein-nicht-ganz-ungefaehrlicher-trend/7533064-all.html (Abruf: 15.03.2018).

Østergaard, P., Belk, R. W. & Groves, R. (2000). Aboriginal consumer culture. *Research in Consumer Behavior, 9*(1), 1-45.

Ostrom, E. (1990). *Governing the commons: The evolution of institutions for collective action*. Cambridge, USA: Cambridge University Press.

Ostrom, E. (1999). *Die Verfassung der Allmende: Jenseits von Staat und Markt (deutsche Übersetzung)*. Tübingen: Mohr Siebeck.

Ostrom, E. (2000). Collective action and the evolution of social norms. *Journal of Economic Perspectives, 14*(3), 137–158.

Ostrom, E. (2003). How types of goods and property rights jointly affect collective action. *Journal of Theoretical Politics, 15*(3), 239–270.

Ostrom, E., Burger, J., Field, C. B., Norgaard, R. B. & Policansky, D. (1999). Revisiting the commons: Local lessons, global challenges. *Science, 284*(5412), 278–282.

Ott, K. & Voget, L. (2007). *Suffizienz: Umweltethik und Lebensstilfragen*. Berlin: Heinrich-Böll-Stiftung.

Ozanne, L. K. & Ballantine, P. W. (2010). Sharing as a form of anti-consumption? An examination of toy library users. *Journal of Consumer Behaviour, 9*(6), 485–498.

Ozanne, L. K. & Ozanne, J. L. (2011). A child's right to play: The social construction of civic virtues in toy libraries. *Journal of Public Policy & Marketing, 30*(2), 264–278.

Ozanne, L. K. & Ozanne, J. L. (2016). How alternative consumer markets can build community resiliency. *European Journal of Marketing, 50*(3/4), 330–357.

Paech, N. (2015). Die Sharing Economy - Ein Konzept zur Überwindung von Wachstumsgrenzen? *Wirtschaftsdienst, 95*(2), 102–105.

Parguel, B., Lunardo, R. & Benoit-Moreau, F. (2017). Sustainability of the sharing economy in question: When second-hand peer-to-peer platforms stimulate indulgent consumption. *Technological Forecasting and Social Change, 125*, 48–57.

PeerSharing. (2016). Sharing Economy zwischen Gemeinwohl und Gewinn - Zusammenfassung der Fachkonferenz des Projekts PeerSharing vom 15. Juni 2016 in Berlin. URL: https://www.peer-sharing.de/veranstaltungen/sharing-economy-zwischen-gemeinwohl-und-gewinn.html (Abruf: 22.07.2018).

Pelzer, K. E. (1980). Irradiation. In W. Arnold, H. Eysenck & R. Meili (Eds.), *Lexikon der Psychologie* (232–232). Erftstadt: Herder Verlag.

Perren, R. & Kozinets, R. V. (2018). Lateral exchange markets: How social platforms operate in a networked economy. *Journal of Marketing, 82*(1), 20–36.

Pesonen, J. & Tussyadiah, I. (2017). Peer-to-peer accommodation: Drivers and user profiles. In D. Dredge & S. Gyimóthy (Eds.), *Collaborative Economy and Tourism: Perspectives, Politics, Policies and Prospects* (285–303). Cham, Switzerland: Springer International Publishing.

Pfeiffer, G. (2017). The sharing economy is helping our wallets and the environment. URL: https://www.huffingtonpost.com/gabrielle-pfeiffer/the-sharing-economy-is-he_b_10615774.html (Abruf: 10.11.2017).

Philip, H. E., Ozanne, L. K. & Ballantine, P. W. (2015). Examining temporary disposition and acquisition in peer-to-peer renting. *Journal of Marketing Management, 31*(11–12), 1310–1332.

Pick, D. & Schreiner, N. (2018). Economic, social and environmental values - Drivers of loyalty of users of apartment sharing. *Proceedings of the 25th eTourism Conference (ENTER'18), 24-26 January*, Jönköping, Sweden.

Piotrowicz, A. (2015). Ein Fremder weniger. URL: http://www.marketer-magazin.de/ein-fremder-weniger/ (Abruf: 08.03.2018).

Piscicelli, L., Ludden, G. D. & Cooper, T. (2018). What makes a sustainable business model successful? An empirical comparison of two peer-to-peer goods-sharing platforms. *Journal of Cleaner Production, 172*, 4580–4591.

Plutchik, R. (1980). *Emotion: A psychoevolutionary synthesis*. New York: Harper and Row.

Polanyi, K., Arensberg, C. M. P., Harry, W., Conrad, M. A. & Harry, W. P. (1957). *Trade and market in the early empires*. New York: Free Press.

Popper, K. R. (1935). *Logik der Forschung: Zur Erkenntnistheorie der modernen Naturwissenschaft*. Wien: J. Springer.

Prengel, H. (2018). Bahn investiert in Carsharing für Schulkinder. URL: http://www.spiegel.de/auto/aktuell/deutsche-bahn-investiert-in-gokid-einem-carsharing-dienst-fuer-schulkinder-a-1216728.html (Abruf: 23.08.2018).

Presseportal. (2018a). DSGVO: Whitepaper gibt Handlungsempfehlungen zu Privacy by Design & by Default. URL: https://www.presseportal.de/pm/61233/3913149 (Abruf: 24.07.2018).

Presseportal. (2018b). PwC Studie: Share Economy in Deutschland wächst weiter. URL: https://www.presseportal.de/pm/8664/3872807 (Abruf: 28.08.2018).

Price, J. A. (1975). Sharing: The integration of intimate economies. *Anthropologica, 17*(1), 3–27.

Price, L. L., Feick, L. F. & Guskey, A. (1995). Everyday market helping behavior. *Journal of Public Policy & Marketing, 14*(2), 255–266.

Princen, T. (2005). *The logic of sufficiency*. Cambridge, USA: MIT Press.

Pumpipumpe. (2016). URL: http://www.pumpipumpe.ch/der-verein/ (Abruf: 07.07.2016).

PwC. (2014). Five key sharing economy sectors could generate £9 billion of UK revenues by 2025. URL: http://pwc.blogs.com/press_room/2014/08/five-key-sharing-economy-sectors-could-generate-9-billion-of-uk-revenues-by-2025.html (Abruf: 14.03.2018).

PwC. (2015). *The sharing economy*. London, UK: PricewaterhouseCoopers.

PwC. (2016). Shared benefits: How the sharing economy is reshaping business across Europe. URL: https://www.pwc.co.uk/issues/megatrends/collisions/sharingeconomy/future-of-the-sharing-economy-in-europe-2016.html (Abruf: 14.03.2018).

Qiu, L., Lin, H. & Leung, A. K.-y. (2013). Cultural differences and switching of in-group sharing behavior between an American (Facebook) and a Chinese (Renren) social networking site. *Journal of Cross-Cultural Psychology, 44*(1), 106–121.

Rachlin, H. & Jones, B. A. (2008). Altruism among relatives and non-relatives. *Behavioural Processes, 79*(2), 120–123.

Raffée, H. (1974). *Grundprobleme der Betriebswirtschaftslehre*. Göttingen: Vandenhoeck & Ruprecht.

Raffeé, H. & Wiedmann, K. P. (1988). Gesellschaftliche Megatrends als Basis einer Neuorientierung von Marketing-Praxis und Marketing-Wissenschaft. In C. Schwarz, F. Sturm & W. Klose (Eds.), *Marketing 2000 - Perspektiven zwischen Theorie und Praxis* (185–209). Wiesbaden: Gabler.

Rainie, L. & Wellman, B. (2012). *Networked: The new social operating system*. Cambridge/ London: MIT Press.

Rapoport, A. & Chammah, A. M. (1965). *Prisoner's dilemma*. Ann Arbor, USA: University of Michigan Press.

Richins, M. L. (2004). The material values scale: Measurement properties and development of a short form. *Journal of Consumer Research, 31*(1), 209–219.

Richins, M. L. & Dawson, S. (1992). A consumer values orientation for materialism and its measurement: Scale development and validation. *Journal of Consumer Research, 19*(3), 303–316.

Richter, C., Kraus, S. & Syrjä, P. (2015). The shareconomy as a precursor for digital entrepreneurship business models. *International Journal of Entrepreneurship and Small Business, 25*(1), 18–35.

Rifkin, J. (2000). *The age of access: The new culture of hypercapitalism where all of life is a paid-for experience*. New York: Putnam Publishing Group.

Rifkin, J. (2014). *The zero marginal cost society: The internet of things, the collaborative commons, and the eclipse of capitalism*. New York: Palgrave Macmillan.

Ritzer, G., Dean, P. & Jurgenson, N. (2012). The coming of age of the prosumer. *American Behavioral Scientist, 56*(4), 379–398.

Ritzer, G. & Jurgenson, N. (2010). Production, consumption, prosumption: The nature of capitalism in the age of the digital 'prosumer.' *Journal of Consumer Culture, 10*(1), 13–36.

Rockström, J., Steffen, W., Noone, K., Persson, Å., Chapin III, F. S., Lambin, E. F., . . . Schellnhuber, H. J. (2009). A safe operating space for humanity. *Nature, 461*(7263), 472–475.

Roets, A., Van Hiel, A. & Cornelis, I. (2006). Does materialism predict racism? Materialism as a distinctive social attitude and a predictor of prejudice. *European Journal of Personality, 20*(2), 155–168.

Rombach, M. & Bitsch, V. (2015). Food movements in Germany: Slow food, food sharing, and dumpster diving. *International Food and Agribusiness Management Review, 18*(3), 1–24.

Römhild, J. (2016). *Kundenstolz im B2C-Bereich. Eine empirische Analyse der Ursachen und Konsequenzen*. Wiesbaden: Springer Gabler.

Rong, K., Hu, J., Ma, Y., Lim, M. K., Liu, Y. & Lu, C. (2018). The sharing economy and its implications for sustainable value chains. *Resources, Conservation and Recycling, 130*, 188–189.

Roos, D. & Hahn, R. (2017). Does shared consumption affect consumers' values, attitudes, and norms? A panel study. *Journal of Business Research, 77*, 113–123.

Rotter, J. B. (1971). Generalized expectancies for interpersonal trust. *American Psychologist, 26*(5), 443–452.

Rudmin, F. (2016). The consumer science of sharing: A discussant's observations. *Journal of the Association for Consumer Research, 1*(2), 198–209.

Rudolf-Sipötz, E. (2001). *Kundenwert: Konzeption - Determinanten - Management*. St. Gallen: Verlag Thexis.

Ryan, R. M. & Deci, E. L. (2000a). Intrinsic and extrinsic motivations: Classic definitions and new directions. *Contemporary Educational Psychology, 25*(1), 54–67.

Ryan, R. M. & Deci, E. L. (2000b). Self-determination theory and the facilitation of intrinsic motivation, social development, and well-being. *American Psychologist, 55*(1), 68–78.

Sagiv, L. & Schwartz, S. H. (2000). Value priorities and subjective well-being: Direct relations and congruity effects. *European Journal of Social Psychology, 30*(2), 177–198.

Saitto, S. (2015). Airbnb said to be raising funding at $20 billion valuation. URL: https://www.bloomberg.com/news/articles/2015-03-01/airbnb-said-to-be-raising-funding-at-20-billion-valuation (Abruf: 31.05.2018).

Schaefer, A. & Crane, A. (2001). Rethinking green consumption. *Proceedings of 26th Annual Macromarketing Conference* Williamsburg, USA.

Schaefers, T., Lawson, S. J. & Kukar-Kinney, M. (2015). How the burdens of ownership promote consumer usage of access-based services. *Marketing Letters, 27*(3), 569–577.

Scherff, V. (2017). In vielen Städten gibt es jetzt „Bibliotheken der Dinge". URL: https://utopia.de/bibliotheken-der-dinge-43970/ (Abruf: 07.04.2018).

Scholl, G., Behrendt, S., Flick, C., Gossen, M., Henseling, C. & Richter, L. (2015). *Peer-to-Peer Sharing - Definition und Bestandsaufnahme*. Berlin: Institut für ökologische Wirtschaftsforschung (IÖW).

Scholl, G., Gossen, M., Grubbe, M. & Brumbauer, T. (2013). *Vertiefungsanalyse 1: Alternative Nutzungskonzepte – Sharing, Leasing und Wiederverwendung*. Berlin: Institution für ökologische Wirtschaftsforschung (IÖW).

Schreiner, N., Blümle, S. & Kenning, P. (2017). "Doing good and having fun" - The role of moral obligation and perceived enjoyment for exlpaining foodsharing intention. *Advances in Consumer Research, 45*, 1058.

Schreiner, N. & Kenning, P. (2016). To share or not to share? Social distance as the underlying mechanism to explain sharing behavior. *Advances in Consumer Research, 44*, 758.

Schreiner, N. & Kenning, P. (2018). Teilen statt Besitzen: Disruption im Rahmen der Sharing Economy. In F. Keuper, M. Schomann, L. I. Sikora & R. Wassef (Eds.), *Disruption und Transformation Management: Digital Leadership – Digitales Mindset – Digitale Strategie* (355–380). Wiesbaden: Springer.

Schreiner, N. & Pick, D. (2018). Customer loyalty in different sharing sectors - The role of economic, social and environmental benefits. *Proceedings of the EMAC Conference 2018, 29 May-1 June*, Glasgow, Great Britian.

Schreiner, N., Pick, D. & Kenning, P. (2018). To share or not to share? Explaining willingness to share in the context of social distance. *Journal of Consumer Behaviour*, 366–378.

Schreiner, N., Zibert, O. & Kenning, P. (2017). Free lunch, anyone? Different motivational factors for explaining foodsharing intention. *Proceedings of the EMAC Conference 2017, 23-26 May*, Groningen, Netherlands.

Schröder, H. (2008). Käuferverhalten - Die Käuferverhaltensforschung im System des Marketings. URL: https://www.pim.wiwi.uni-due.de/fileadmin/fileupload/BWL-MARKETING/Lehre/Skripte/KV08/1_KV_Kaeuferverhaltensforschung_im_System_des_Marketings.pdf (Abruf: 04.06.2018).

Schuckert, M., Peters, M. & Pilz, G. (2017). The co-creation of host–guest relationships via couchsurfing: A qualitative study. *Tourism Recreation Research, 35*(1), 1–15.

Schultz, S. (2014). Ethik der Share Economy - Anleitung für den Uber-Menschen. URL: http://www.spiegel.de/wirtschaft/soziales/uber-und-airbnb-ethik-der-share-economy-a-988612.html (Abruf: 10.03.2018).

Schumich, S. (2016). Sharing Economy: Immense Marktbewertungen. URL: https://awblog.at/sharing-economy-marktbewertungen-2/ (Abruf: 31.05.2018).

Schwartz, S. H. (1977). Normative influences on altruism. *Advances in Experimental Social Psychology, 10*, 221–279.

Schwartz, S. H. & Sagiv, L. (1995). Identifying culture-specifics in the content and structure of values. *Journal of Cross-Cultural Psychology, 26*(1), 92–116.

Selnes, F. & Hansen, H. (2001). The potential hazard of self-service in developing customer loyalty. *Journal of Service Research, 4*(2), 79–90.

Shaheen, S. A., Mallery, M. A. & Kingsley, K. J. (2012). Personal vehicle sharing services in North America. *Research in Transportation Business & Management, 3*, 71–81.

Sheeran, P. (2002). Intention-behavior relations: A conceptual and empirical review. *European Review of Social Psychology, 12*(1), 1–36.

Shen, J. & Saijo, T. (2008). Reexamining the relations between socio-demographic characteristics and individual environmental concern: Evidence from Shanghai data. *Journal of Environmental Psychology, 28*(1), 42–50.

Slaper, T. F. & Hall, T. J. (2011). The triple bottom line: What is it and how does it work? *Indiana Business Review, 86*(1), 4–8.

Small, D. A. & Loewenstein, G. (2003). Helping a victim or helping the victim: Altruism and identifiability. *Journal of Risk and Uncertainty, 26*(1), 5–16.

Smith, N. C. & McCormick, E. (2018). Uber and the ethics of sharing: Exploring the societal promises and responsibilities of the sharing economy. In G. G. Lenssen & N. C. Smith (Eds.), *Managing sustainable business* (579–611). Dordrecht, Netherlands: Springer.

Southwell, B. G. & Yzer, M. C. (2007). The roles of interpersonal communication in mass media campaigns. *Annals of the International Communication Association, 31*(1), 420–462.

Spiegel Online. (2002). Nobelpreis für Wirtschaft: Der Anlegerversteher und der Windkanaltester. URL: http://www.spiegel.de/wirtschaft/nobelpreis-fuer-wirtschaft-der-anlegerversteher-und-der-windkanaltester-a-217525.html (Abruf: 02.06.2018).

Spiegel Online. (2014). "Gelber Engel" schon seit Jahren manipuliert. URL: http://www.spiegel.de/auto/aktuell/adac-skandal-gelber-engel-schon-seit-jahren-manipuliert-a-953944.html (Abruf: 06.07.2018).

Stampfl, N. S. (2011). *Wir-Ökonomie: Die Macht des Teilens*. Berlin: Büro für Zukunftsfragen.

Stampfl, N. S. (2015). Homo collaborans - Neue Konsummuster in der Sharing Economy. *Marketing Review St. Gallen, 32*(4), 16–23.

Steiger, J. H. (2007). Understanding the limitations of global fit assessment in structural equation modeling. *Personality and Individual Differences, 42*(5), 893–898.

Stengel, O. (2011). *Suffizienz - Die Konsumgesellschaft in der ökologischen Krise*. München: Oekom Verlag.

Stephany, A. (2015). *The business of sharing: Making it in the new sharing economy*. Wiesbaden: Springer Gabler.

Strombach, T., Jin, J., Weber, B., Kenning, P., Shen, Q., Ma, Q. & Kalenscher, T. (2013). Charity begins at home: Cultural differences in social discounting and generosity. *Journal of Behavioral Decision Making, 27*(3), 235–245.

Strombach, T., Strang, S., Park, S. & Kenning, P. (2016). Common and distinctive approaches to motivation in different disciplines. *Progress in Brain Research, 229*, 3–23.

Strombach, T., Weber, B., Hangebrauk, Z., Kenning, P., Karipidis, I. I., Tobler, P. N. & Kalenscher, T. (2015). Social discounting involves modulation of neural value signals by temporoparietal junction. *Proceedings of the National Academy of Sciences (PNAS), 112*(5), 1619–1624.

Suh, B. & Han, I. (2002). Effect of trust on customer acceptance of internet banking. *Electronic Commerce Research and Applications, 1*(3–4), 247–263.

Sundaram, D. S., Mitra, K. & Webster, C. (1998). Word-of-mouth communications: A motivational analysis. *Advances in Consumer Research, 25*, 527–531.

Sundararajan, A. (2016). *The sharing economy: The end of employment and the rise of crowd-based capitalism*. Cambridge, USA: The MIT Press.

Szmigin, I. & Carrigan, M. (2005). Exploring the dimensions of ethical consumption. *European Advances in Consumer Research, 7*, 608–613.

Tabachnick, B. G. & Fidell, L. S. (2007). *Using multivariate statistics* (5th edition ed.). New York: Allyn & Bacon.

Tagesschau Online. (2018). Wasserkrise ist nationale Katastrophe. URL: https://www.tagesschau.de/ausland/kapstadt-wasserkrise-101.html (Abruf: 07.04.2018).

Tan, J.-E. (2010). The leap of faith from online to offline: An exploratory study of Couchsurfing.org. *Proceedings of the International Conference on Trust and Trustworthy Computing*, Berlin, Germany.

Taz. (2016, 20.02.2017). Ein Verbot, viele Schlupflöcher. URL: http://www.taz.de/!5362240/ (Abruf: 20.02.2017).

Teece, D. J. (2010). Business models, business strategy and innovation. *Long Range Planning, 43*(2), 172–194.

Testart, A. (1987). Game sharing systems and kinship systems among hunter-gatherers. *Man, 22*(2), 287-304.

Teubner, T., Hawlitschek, F. & Gimpel, H. (2016). Motives in the sharing economy: An empirical investigation of drivers and impediments of peer-to-peer sharing. *Working Paper*.

Theobald, T. (2017). So feiert Scholz & Friends für Car2Go die Sharing-Kultur. URL: http://www.horizont.net/agenturen/nachrichten/Globale-Kampagne-So-feiert-Scholz--Friends-fuer-Car2Go-die-Sharing-Kultur-160785 (Abruf: 08.03.2018).

Theurl, T. (2015). Ökonomie des Teilens: Governance konsequent zu Ende gedacht. *Wirtschaftsdienst, 95*(2), 87–91.

Thompson, D. & Weissmann, J. (2012). The cheapest generation. URL: https://www.theatlantic.com/please-support-us/?next=https%3A%2F%2Fwww.theatlantic.com%2Fmagazine%2Farchive%2F2012%2F09%2Fthe-cheapest-generation%2F309060%2F#seen (Abruf: 25.01.2017).

Toffler, A. (1980). *The third wave*. New York: Bantam Books.

Tomkins, S. S. (1987). Shame. In D. L. Nathanson (Ed.), *The many faces of shame* (133–161). New York: Guilford Press.

Tontini, G., dos Santos Bento, G., Milbratz, T. C., Volles, B. K. & Ferrari, D. (2017). Exploring the nonlinear impact of critical incidents on customers' general evaluation of hospitality services. *International Journal of Hospitality Management, 66*, 106–116.

Torlak, O. & Koc, U. (2007). Materialistic attitude as an antecedent of organizational citizenship behavior. *Management Research News, 30*(8), 581–596.

Trommsdorff, V. (2004). *Konsumentenverhalten* (Vol. 6. Auflage). Stuttgart: Kohlhammer.

Trommsdorff, V. (2008). *Konsumentenverhalten* (Vol. 7. Auflage). Stuttgart: Kohlhammer.

Trommsdorff, V. & Teichert, T. (2011). *Konsumentenverhalten* (Vol. 8. Auflage). Stuttgart: Kohlhammer.

Turiel, E. (2002). *The culture of morality: Social development, context, and conflict*. Cambridge, UK: Cambridge University Press.

Tussyadiah, I. P. (2015). An exploratory study on drivers and deterrents of collaborative consumption in travel. In T. I. & I. A. (Eds.), *Information and Communication Technologies in Tourism 2015* (817–830). Cham, Switzerland: Springer International Publishing.

Tussyadiah, I. P. (2016). Factors of satisfaction and intention to use peer-to-peer accommodation. *International Journal of Hospitality Management, 55*, 70–80.

Tussyadiah, I. P. & Park, S. (2018). When guests trust hosts for their words: Host description and trust in sharing economy. *Tourism Management, 67*, 261–272.

Tussyadiah, I. P. & Pesonen, J. (2016). Impacts of peer-to-peer accommodation use on travel patterns. *Journal of Travel Research, 55*(8), 1022–1040.

Tussyadiah, I. P. & Sigala, M. (2018). Shareable tourism: Tourism marketing in the sharing economy. *Journal of Travel & Tourism Marketing 35*, 1–4.

Tversky, A. & Kahneman, D. (1974). Judgment under uncertainty: Heuristics and biases. *Science, 185*(4157), 1124–1131.

Uber. (2016). What is UberSELECT? URL: http://www.idrivewithuber.com/service/uberselect/ (Abruf: 15.02.2017).

Urien, B. & Kilbourne, W. (2011). Generativity and self-enhancement values in eco-friendly behavioral intentions and environmentally responsible consumption behavior. *Psychology & Marketing, 28*(1), 69–90.

Van de Glind, P. (2013). *The consumer potential of collaborative consumption*. Utrecht, Netherlands: University of Utrecht.

Van der Heijden, H. (2004). User acceptance of hedonic information systems. *MIS Quarterly, 28*(4), 695–704.

Van der Linden, S. (2011). Charitable intent: A moral or social construct? A revised theory of planned behavior model. *Current Psychology, 30*(4), 355–374.

Varadarajan, P. R. & Menon, A. (1988). Cause-related marketing: A coalignment of marketing strategy and corporate philanthropy. *The Journal of Marketing, 52*(3), 58–74.

Varul, M. Z. (2009). Ethical consumption: The case of fair trade. In J. Beckert (Ed.), *Wirtschaftssoziologie* (344–365). Wiesbaden: Verlag für Sozialwissenschaften.

Vaughan, R. & Daverio, R. (2016). *Assessing the size and presence of the collaborative economy in Europe*. London, UK: PricewaterhouseCoopers.

Venkatesh, V., Morris, M. G., Davis, G. B. & Davis, F. D. (2003). User acceptance of information technology: Toward a unified view. *MIS Quarterly, 27*(3), 425–478.

Verbraucherzentrale. (2015). Sharing Economy - Die Sicht der Verbraucherinnen und Verbraucher in Deutschland. URL: http://www.vzbv.de/sites/default/files/downloads/sharing_economy-umfrage-bericht-emnid-2015-06-29.pdf (Abruf: 01.10.2016).

Vettel, P. (2016, 20.02.2017). Uber zieht in den entscheidenden juristischen Kampf. URL: http://www.gruenderszene.de/allgemein/uber-eugh-proteste (Abruf: 29.11.2016).

Vohs, K. D., Mead, N. L. & Goode, M. R. (2006). The psychological consequences of money. *Science, 314*(5802), 1154–1156.

von Stokar, T., Peter, M., Zandonella, R., Angst, V., Pärli, K., Hildesheimer, G., . . . Schmid, W. (2018). *Sharing Economy - teilen statt besitzen*. Zürich: vdf Hochschulverlag AG

VZBV. (2015). Sharing economy. URL: http://www.vzbv.de/sites/default/files/downloads/infografik_sharing-economy_vzbv_groß_CMYK.pdf (Abruf: 27.01.2017).

Wallenstein, J. & Shelat, U. (2017). What's next for the Sharing Economy? URL: https://www.bcg.com/publications/2017/strategy-technology-digital-whats-next-for-sharing-economy.aspx (Abruf: 13.03.2018).

Walsh, B. (2011). 10 ideas that will change the world. URL: http://content.time.com/time/specials/packages/article/0,28804,2059521_2059717_2059710,00.html (Abruf: 02.02.2017).

Wasko, M. M. & Faraj, S. (2005). Why should I share? Examining social capital and knowledge contribution in electronic networks of practice. *MIS Quarterly, 29*(1), 35–57.

Weiber, R. (1996). *Was ist Marketing? Ein informationsökonomischer Erklärungsansatz*. Trier: Universität Trier.

Weizsäcker, E. U. v., Young, O. R. & Finger, M. (2006). *Grenzen der Privatisierung: Wann ist des Guten zuviel?* Stuttgart: Hirzel.

Welzer, H. (2016). *Die smarte Diktatur: Der Angriff auf unsere Freiheit*. Berlin: S. Fischer Verlag.

Werner, K. (2014). Teilst du schon? URL: http://www.sueddeutsche.de/wirtschaft/trend-sharing-economy-teilst-du-schon-1.1989642 (Abruf: 15.03.2018).

Widlok, T. (2004). Sharing by default? Outline of an anthropology of virtue. *Anthropological Theory, 4*(1), 53–70.

Widlok, T. (2013). Sharing: Allowing others to take what is valued. *Journal of Ethnographic Theory, 3*(2), 11–31.

Widlok, T. (2017). *Anthropology and the economy of sharing*. London: Routledge.

Wiepking, P., Scaife, W. & McDonald, K. (2012). Motives and barriers to bequest giving. *Journal of Consumer Behaviour, 11*(1), 56–66.

Wigley, K. J. (1997). Assessment of the importance of the rebound effect. *Proceedings of the 18th North American Conference of the USAEE/IAEE*, San Francisco, USA.

Wilhelms, M.-P., Henkel, S. & Falk, T. (2017). To earn is not enough: A means-end analysis to uncover peer-providers' participation motives in peer-to-peer carsharing. *Technological Forecasting and Social Change, 125*, 38–47.

Wind, Y. (1986). Models for marketing planning and decision making. In V. P. Buell (Ed.), *Handbook of modern Marketing* (1–49). New York: McGraw-Hill.

Wittgenstein, L. (1918). Logisch-philosophische Abhandlung. In M. Ostwald (Ed.), *Annalen der Naturphilosophie* (185–262). Leipzig: Veit.

Wittgenstein, L. (1971). *Philosophische Untersuchungen (1958)*. Frankfurt: Suhrkamp.

Wolf, M. & Ritz, W. (2018). When sharing was a necessity: A historical perspective of collaborative consumption in East Germany. In P. A. Albinsson & B. Y. Perera (Eds.), *The rise of the sharing economy: Exploring the challenges and opportunities of collaborative consumption* (29–50). Santa Barbara: ABC-CLIO.

Woolf, N. (2016). Airbnb regulation deal with London and Amsterdam marks dramatic policy shift. URL: https://www.theguardian.com/technology/2016/dec/03/airbnb-regulation-london-amsterdam-housing (Abruf: 20.02.2017).

Xiao, M., Wang, R. & Chan-Olmsted, S. (2018). Factors affecting YouTube influencer marketing credibility: A heuristic-systematic model. *Journal of Media Business Studies*, 1–26.

Yang, S., Song, Y., Chen, S. & Xia, X. (2017). Why are customers loyal in sharing-economy services? A relational benefits perspective. *Journal of Services Marketing, 31*(1), 48–62.

Yin, J., Qian, L. & Singhapakdi, A. (2016). Sharing sustainability: How values and ethics matter in consumers' adoption of public bicycle-sharing scheme. *Journal of Business Ethics*, 1–20.

Young, C. A., Corsun, D. L. & Xie, K. L. (2017). Travelers' preferences for peer-to-peer (P2P) accommodations and hotels. *International Journal of Culture, Tourism and Hospitality Research, 11*(4), 465–482.

Zabkar, V. & Hosta, M. (2013). Willingness to act and environmentally conscious consumer behaviour: Can prosocial status perceptions help overcome the gap? *International Journal of Consumer Studies, 37*(3), 257–264.

Zaichkowsky, J. L. (1985). Measuring the involvement construct. *Journal of Consumer Research, 12*(3), 341–352.

Zaleski, O. (2018). Inside Airbnb's battle to stay private. URL: https://www.bloomberg.com/news/articles/2018-02-06/inside-airbnb-s-battle-to-stay-private (Abruf: 05.03.2018).

Zeit Online. (2009). Ökonomie-Nobelpreis geht erstmals an eine Frau. URL: http://www.zeit.de/wirtschaft/2009-10/wirtschaftsnobelpreis (Abruf: 08.04.2018).

Zhao, D. (2010). Carsharing: A sustainable and innovative personal transport solution with great potential and huge opportunities. URL: http://www.frost.com/sublib/display-market-insight.do?id=190795176 (Abruf: 06.02.2017).

Zinser, O., Perry, J. S., Bailey, R. C. & Lydiatt, E. W. (1976). Racial recipients, value of donations, and sharing behavior in children. *The Journal of Genetic Psychology, 129*(1), 29–35.